버섯의 산책

조덕현 著

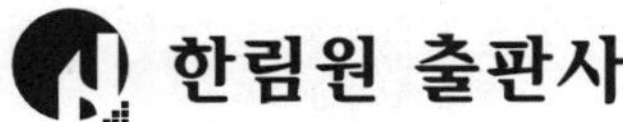

머리말

버섯공부를 하는데 내 생애의 대부분을 보냈다. 나의 교직생활의 외로움과 괴로움을 잊는데 많은 도움을 받아 왔다. 어쩌면 생활의 동반자로서 어려움을 이겨내는데 큰 힘이 되었다. 버섯을 통해서 나의 즐거움도 얻을 수 있었고 무료함, 심심함을 달랠 수 있었다. 그래서 언제나 나는 일을 할 수 있는 여건이 주어진 것이다. 산에 가서 버섯을 찾는데 몰두하다보면 시간도 훌쩍 지나가고 잡념도 사라져 버린다. 나에게는 큰 행운이라면 행운이었다.

버섯을 전공한 덕분에 여러 혜택도 받았고 또 버섯으로 괴로움도 받았다. 괴로움은 순전히 나의 욕심 때문이었다는 것을 깨닫고 있다. 이제 80살 가까이 되다 보니 여러 가지 만감이 교차하고 스스로를 돌이켜 본다. 앞으로 남은 여생도 버섯과 더불어 살아가야하는 알찬 내일을 꿈꾸어 본다.

내가 그동안 학교에 재직하면서 월간버섯, 대학신문, 기타 잡지에 글을 써 왔다. 그 글이 대단한 것은 아니다. 그러나 내 생활의 한 단면을 그때 그때 생각나는 대로 적었다. 누구나 겪는 보통의 일들을 적었다. 그러니 사람들에게 감동을 줄만한 글이 아니다. 그러나 먼 옛날로 사라진 희미한 일들을 불러오는 계기가 될지도 모른다. 그리고 지나간 자기의 발자취를 반추하는 계기는 되리라 본다.

사람들은 누구나 간직하고 싶은 이야기, 들려주고 싶은 이야기, 영원히 숨기고 싶은 이야기를 가지고 있다. 나는 이 글들이 우리의 마음 한구석에 숨겨두었든 신기루 같은 이야기를 불러오기를 바라는 마음이다. 이런 일들이 세상에서 빛을 본다면 본인도 무언가 새로운 삶을 사는 계기가 될 수도 있을지 모른다. 누구나 이 세상에 한번 왔다가 언젠가는 사라져간다. 사라져 가면 다 잊어버린다. 누구가 그 사람을 기억하겠는가.

이 글을 읽는 사람들이 있다면 지나온 인생을 반추하는 기회가 되기를 바란다.

조덕현

목 차

Ⅰ. 버섯의 산책

Ⅱ. 자연의 청소부

Ⅲ. 버섯의 사생활

Ⅳ. 버섯의 여행

V. 인간과 버섯

I

버섯의 산책

Chapter I

버섯의 산책

 나의 반려자 버섯

나는 매일 아파트 산책을 하면서 주위를 살피곤 한다. 이것이 나의 습관이다. 그러다 보니 자연스레 아래쪽 땅을 보게 된다. 그래서 아내가 나보고 땅만 보지말고 고개를 들고 앞을 보면서 당당히 걸으라고 잔소리한다. 풀밭의 버섯이 날만한 곳은 쉬지 않고 열심히 뒤진다. 올해는 장마가 지면서 예년에 보지 못했든 버섯들이 나기 시작한다. 특히 젖버섯아재비인데 이 버섯이 사실은 가을에 나는데 여름철에 우리아파트 산책길의 곳곳에서 발견이 된다. 그래서 여러장 사진을 찍었다. 지나가든 초등학교 3학년생이 관심을 보여서 내가 나를 잘 알려줄 스마트폰 사이트를 알려주었다. 그리고 자기 이름도 기억하라고 신신당부한다. 자기는 연예인 등에 대해서는 별로 관심이 없단다. 그래서 나는 집에 가서 꼭 스마트폰으로 확인하라고 약속했다. 또 산책길을 따라 집으로 오는 도중에 정말 생각지 못했든 곳에서 주름버섯류가 무더기로 나는 것을 발견했다. 사실 전연 기대하지 않했든 곳에서 찾아냈다. 사실 외부로 나가는 길과 산책길이 갈라지는 곳의 소나무 밑둥 근처에 아주 보기좋게 나고 있었다. 하루에도 서너번 다니는 길옆이고 나도 자주 유심히 보는데 갑자기 보여서 놀라웠다. 카메라삼각대를 세우고 여러번 찍었다. 그런데 필름이 바닥나서 집에 가서 필름을 새로 갈아 끼워야 할 형편이어서 집으로 와서 필름을 갈아 끼우고서 다시 갔다. 그런데 찍으려고 연출까지 했든 버섯이 엉망이다. 누군가 발로 차 버린 것이다. 할 수 없이 나는 버섯을 자루가 부러진 것은 원상태처럼 놓고 처음의 의도와는 다르게 겨우 사진을 찍었다. 그런데 다행히 그와 똑같은 버섯이 눈에 잘 띄지 않는 곳에 발생하고 있어서 다행이었다. 날이 저물어서 어두워서 일단 집으로 돌아 왔다. 다음날 아침, 아침 운동을 마치고 다시 그 장소로 갔다. 그런데 오늘은 운좋게 매미가 버섯에 붙어 있다. 어떻게 보면 매미는 죽은 것처럼 보인다. 다리와 더듬이가 버섯의 가장자리에 살짝 걸치고 있는 것이 금방 떨어질 것같다. 나는 조심스레 카메라의 각도를 맞추었다. 사실 각도를 맞춘다는 것이 이럴때 제일 어렵다. 조금 건드려 졌는지 매미가 푸드득거리다가 다시 가만히 죽은 것처럼 붙어 있다. 다시 버섯을 뒤집어 쓰고 그대로 붙어 있는데 더듬이를 자꾸 움직인다. 더

듬이가 움직이지 않을 때까지 기다려서 찍었다. 이런때 언제 더듬이를 움직일지 아니면 언제 날아갈지 초조하다. 조금 있으니 움직이지 않아서 다행이었다. 산책하든 중년의 아저씨가 궁금한지 쳐다보고 물어서 내가 하는 일을 보여 주고 스마트폰 사이트도 알려주었다. 정말 한가할 때 내 사이트를 검색할지 모르겠다. 그리고 이번에는 지금 우리아파트에 지천에 널리 나는 것이 주름볏싸리버섯이다. 이번에는 이 버섯들을 찍기로 하고 가장 많이 발생되는 곳을 선택하여 찍었다. 올해는 이 버섯들이 아파트 곳곳에 널려 있을 정도로 많이 난다. 하얀 작은 송곳모양으로 나와서 멋진 모습인데 이것을 감상하는 사람은 나 한사람인지 모른다. 그것이 뭐 대수인가. 이 아파트 숲의 하얀 진기한 모양을 감상하면 그만이다. 누가 이런 것을 제대로 보기나 하는가. 사진을 찍지만 내가 원하는 대로 잘 나올런지 궁금하다. 나는 이렇게 매일 쉬지 않고 산책길에서 버섯이 발견되면 사진을 찍는다. 이렇게 찍은 것들도 나의 도감에 만드는데 많이 사용된다. 몇 년 동안 살아있는 나무나 베어낸 밑둥에 처음에 노란 균사체가 뭉쳐서 균모를 만들고 구멍을 만드는 참나무시루뻔버섯이 있다. 이 버섯은 처음에 균모를 안만들고 노란균사체가 대단히 크게 나와서 무슨 버섯인가 궁금하다. 한동안 자라면 이제 균모는 구불구불하며 가장자리는 아직도 노란색으로 남는다. 성장하면 거의 적갈색의 겹친 기왓장처럼 된다. 구멍은 아주 미세하다. 재미있는 것은 작년에 자란 버섯이 썩으면 다시 균사체를 형성한다. 버섯을 다 채집하여도 또 그 자리에 버섯이 자란다. 작년에는 이것이 자라면 찍으려했는데 누군가 따가버려서 못 찍었지만 올해는 운좋게 찍었다.

버섯처럼 산다

이 세상의 만물이 태어나고 또 사라져간다. 태어난 모든 생명체의 본능은 똑같다. 자기의 유전자를 가진 후손이 세상에 우뚝 서서 세상을 지배하기를 바란다. 그런데 그것이 뜻대로 되지 않는다는 것이다. 만물의 영장이라는 인간이 이 세상을 맘대로 하는 것처럼 알지만 과연 그럴까 곰곰이 생각해 볼 필요가 있다. 인간이 다른 생명체를 죽이고 지배하며 살아가는 것처럼 우리 눈에 비친다. 그러나 자세히 들여다보면 인간도 눈에 보이지 않는 박테리아나, 바이러스의 침입으로 고통을 받고 죽어 간다는 것을 알아야한다.

몇 년 사이에 나와 인연이 깊었든 동료, 은사들이 돌아가시는 것을 보면서 내 생활을 반성하고 뒤 돌아 보는 계기가 많았다. 결국 기고만장하든 사람도 천년 만년을 살것 같든 사람도 그리고 자기는 거뜬히 백수를 누릴 것이라고 하든 사람도 죽는 것을 보면서 이 세상에 영원불멸의 생명체는 없다는 것을 깨닫게 된다. 내가 생각했든 삶도 뜻대로 되는 것이 하나도 없다는 현실에서 무력감을 느끼기도 한다.

생명체들은 생태계에서 보이지 않는 투쟁을 하면서 살아

남기 위해서 부단히 애쓴다. 아무 말없이 살아가는 것처럼 보이는 이세상의 삼라만상이 사실은 그들 나름대로 갖가지 생존 방법을 동원하면서 살아간다. 때로는 죽음을 당하면서 까지 자기목적을 위해서 희생도 하고 때로는 살아남기 위해서 상대를 무자비하게 죽음으로 몰아 넣기도 한다. 우리는 다만 그것도 모르고 자연의 한 현상으로 돌리기도 하고 당연한 생태계의 질서로 여기기도 한다.

버섯도 자연에서 아무런 방비도 없이 자연의 순리대로 사는 것처럼 보이지만 이들도 목숨을 건 투쟁을 벌이고 있다는 것을 알아야한다. 다른 생물의 먹이가 되어 준다고 서러워하지 않는다. 그는 다시 자기를 희생시킨 동물의 똥으로 살아남는 방법을 진화시켜 왔다. 그리하여 이들의 똥에 섞여서 자연으로 나온다. 포자는 그 똥에서 발아하여 자기의 끈질긴 목숨을 잇는 방법으로 자기종족을 이어 가는 것이다. 자기의 주어진 환경에서 어쩌면 운명처럼 현실을 받아들이면서 거기서 한탄하지 않고 살아남는 방법을 터득한 것이다. 이처럼 천적의 먹이가 대어주는 대가로 자기종족을 퍼뜨리는 교묘한 방법을 체득하였다. 때로는 직접 먹이감을 위해서 공격하기도 한다. 살아 있는 나무에 붙어서 겨우 목숨을 부지하다가도 나무가 약해지면 거기다 자기의 둥지를 만들어서 자기 세상을 만들기도 한다. 그렇다고 그것이 오래가지 못하고 또 다른 천적으로부터 자기의 보금자리가 약탈당하는 수난을 당하기도 한다. 그렇게 묵묵히 살아간다. 말이 좋아 묵묵히 사는 것이지 사실은 아픔을 딛고 일어서는 것이다. 그 가운데서 자기의 종족을 위해서 포자를 성숙시켜 산포하기도 하고 성숙 안된 포자를 날려 보내면서 스스로 성숙한 포자가 되어 낙하한 곳에 자기의 터를 만든다. 정말 끈질긴 생명체다. 그런 탓으로 4억년 전 지구상에 출현한 버섯이 지금도 멸종 되지 않고 지구 생명체의 일원으로 살아가는 것이다. 어떠한 고난도 견디어 내면서 앞만 보고 살아가는 것이다.

지금까지 살아온 나도 이런 범주에서 벗어나지 못한다. 나의 이익을 위해서 의롭지 못한 행동도 서슴치 않았고, 남에게 많은 상처를 주었을 것이다. 그러다보니 나도 너무 억울하게 당하는 아픔을 격어야만 했다. 인생의 좌절이란 좌절은 다 겪으면서 살아 온 것이다. 다른 점이 있다면 나는 미워하기도 하고 때로는 좋아하면서 살아온 것이다. 요즈음은 억울해도 참고, 손해가 나도 감수하고 이세상의 모든 것을 마음속에 품으면서 살아가려고 애쓴다. 그러나 그것도 상황에 따라 이랬다 저랬다 한다. 내가 어떤 사람인지 분칸키 어려운 때가 많다. 버섯처럼 세상 세파에 시달려도 아무 불평없이 삶을 살려고 노력하지만 그것이 생각대로 되지 않는다. 그래서 한없이 나 자신이 슬프고 한심스러운 때도 있다.

버섯은 세상에 왔다가 아무 말없이 사라져간다. 아침에 어린버섯을 보고 오후에 가보면 흔적도 없이 사라져간 것도 얼마든지 있다. 자기 본분을 다했든 안했든 그것은 문제가 안된다. 그저 자연이 준 환경에 적응하면서 살아가는 것이다. 때가 되면 생물들은 자기가 떠날 때를 알고 말없이 사라져 간다. 인간인 나도 조용히 왔다가 아무 말없이 떠나고 싶은 것이 나의 조그마한 바램이 아닐까 생각하여 본다.

버섯처럼 살다 가리라

작년 이맘때 큰 형님이 하늘 나라로 떠나갔다. 옛날 같으면 아버지와 아들같은 나이 차이가 난다. 장수를 늘이시다 갔지만 말년엔 방광암으로 고생도 하셨다. 장지에 가면 언제나 나도 언젠가 자연으로 돌아가야 한다. 어떻게 돌아갈 것인가. 며칠 전엔 양서, 파충류 전문가 한분이 돌아 가셨다고 문자 메시지를 받았다. 장래가 촉망되는 전도 양양한 젊은 학자다. 이번에도 나는 어디로 가는가 하는 생각에 잠겼다. 가끔 누구나 나이가 들면 어떻게 이 세상을 하직하여 어디에 어떤 형태로 묻힐 것인가를 한번쯤은 생각하였을 것이다. 더구나 요즈음처럼 바쁜 세상에서 자식들이 부모의 장례까지 생각하기에는 여유가 없는 세상이 아닌가. 나도 부모님의 묘가 군산과 서울에 분산되어 있어서 같이 합장하려고 하지만 뜻대로 되지 않는다. 세상에 태어나서 별로 한 일도 없으므로 이름 없는 버섯처럼 돌아가야 한다고 생각한 적이 많다. 버섯은 주어진 여건에서 생태계에서 살아남고 종족을 보존하기 위하여 생존하여 왔다. 때로는 다른 생물의 먹이가 되고, 사람들이 발로 차면 멀리 날아가고, 그야말로 생태계의 힘없는 존재로 살아 왔는지 모른다. 내 인생의 모든 것이 버섯보다 별반 다를 것이 없는 생을 살아 왔다. 다른 점이 있다면 살아가기 위하여 온갖 발버둥을 쳤다는 것이다. 그래서 나는 버섯박물관을 세우면 화장하여 한쪽 구석에 구덩이를 파고 묻히기를 바라곤 하였다. 햇볕이 잘 드는 곳이라면 더 좋겠지. 호사를 부린다면 그 자리에 “버섯처럼 살다, 버섯처럼 사라져간 사람 여기에 묻히다”라는 팻말을 세워지기를 상상하였다. 그리고 부모님도 같이 이장하여 같이 잠들기를 생각한 적이 한 두번이 아니다.

그러나 어디 그것이 맘대로 되는 일인가. 버섯은 여건이 안되면 기다릴 줄 아는 생물이다. 나도 기다릴 줄 아는 사람으로 버섯의 지혜를 배워야할 것 같다.

기다림

추석이 며칠 남지 않았다. 추석이 오면 많은 생각이 머리를 스치고 지나간다. 먼저 어머니가 타지에서 직장 생활을 하는 나를 기다리는 모습이 떠오른다. 이제나 저제나 오나 기다리든 모습이 나를 울린다. 그 당시는 아니 지금도 어머니의 진정한 마음을 헤아리지 못했든 내가 한없이 서글퍼진다. 나는 언제나 상냥한 모습을 보여주지 못했든 내가 한없이 미워진다. 사실 나는 그 당시는 귀찮은 시기였다. 무엇하나 제대로 되는 일이 없었든 시절이다. 그래서 웬만하면 하숙집에서

뎅굴뎅굴 굴면서 잠이나 자고 싶었다.

그러나 이제 나이가 70세가 넘으니 기다림의 의미를 알 것 같다. 기다린다는 것은 얼마나 아름다운 것인가. 지금은 누굴 애타게 기다리는 사람은 없어도 괜히 내 집에 누군가 올것 같은 사람이 있는 것 같다. 타지에 간 자식이 가장 보고 싶어하는 것이 부모님의 마음이다. 그래서 왠지 기다린다는 것이 얼마나 나를 과거로 몰아가는지 모른다. 나를 그리워하면서 기다리든 어머니를 생각하면 괸스리 마음이 울컥하여진다. 나는 그런 것을 모르고 나 편한대로 생각하고 생활 하였으니 얼마나 불효막심한 죄를 저지런지 모르겠다.

지금은 딱히 그리워져서 기다리는 사람은 없다 그래도 무언가 자꾸 그리워지고 보고 싶어지는 마음을 어떻게 설명해야 할지 모르겠다. 그러나 한때는 아들 딸이 타지에서 생활하든 때는 나도 자식들을 그리워하면 기다린 때가 있다. 특히 먼 이국땅에서 공부한다고 고생하는 모습을 그려 보면 어쩔수 없는 부모여서인지 마음이 저려오는 때도 있었다. 기다림도 한해도 아니고 몇 년이 흐른다면 누구나 그리움은 쌓이게 되며 쌓인 것은 기다림으로 되는 것이다. 그러나 나는 나도 애타게 기다리는 사람이 있다는 것은 그리움이나 안타까움으로 생각하지 않는다. 그것이 아무도 모르고 나만 아는 행복이라 생각하곤 한다. 누군가를 그리워서 기다린다는 것은 우리들 만물의 영장만이 느끼는 것이기 때문이다.

이제 나이가 들어서 기다려지는 사람도 없지만 괜히 기다림이 있다. 무슨 기다림이 있는 것도 아니지만 마음이 쓸쓸해지는 것이 나이 때문인지 모른다. 어제 초등학교 때의 담임 선생님한테 전화를 걸었다. 무척이나 반가워한다. 한번 시골 내려오라고 한다. 그러나 지금은 코로나19 때문에 이동이 어려운 시대다. 내가 이제 내가 초등학교를 다녔든 곳으로 내려간다는 것이 참 어려운 현실이다. 거기에 내려 갈 여유가 있어야 하는데 그것이 없다. 어릴적 친했던 동창들도 아득히 멀어져서 기억도 잘 나지 않는다.

그래도 누군가 그리워하고 보고싶다는 생각이 전연 없는 것은 아니지만 그들을 만난다는 것은 어쩌면 이제는 꿈에서나 가능할 것 같은 생각이 나를 더욱 외롭게 한다.

느린 미학

최근에 슬로우시티(Slow city)를 조성하는 지자체가 늘어나고 있다. 슬로우시티 조성사업에 선정되면 정부에서 보조를 받는 것으로 들었다. 그 사업이라는 것이 전원주택을 조성하여 은퇴자들이 살도록 하는 것이다. 이것은 그동안 우리네 삶이 숨도 제대로 쉴 수 없을 정도로 바쁘게 살아 와서 이제는 좀 시골에서 한가하게 살 수 있도록 함에 있다. 그래서 은퇴자들이 함께 마을을 이룬다든지 집단을 형성하여 여유롭게 살자는 것이다. 우리의 삶이 그동안 아니 지금도 도시생활을 보면 그야 말로 말로 표현하기 어려울정도로 바삐 돌아가는 것을 볼 수가 있다. 전철을 타러 바쁘게 걷고 전철이 들어오는 낌새가 있으면 뛰어서 간다. 막 도착한 전철문이 열리면 우르르 사람들이 몰려나온다. 그리고 다른 전철을 환승하려는 시간에 쫓겨서인지 아니면 약속시간을 맞추려고 뛰어 가는 것을 볼 수가 있다. 또 전철을 탈때도 내리는 손님이 다 내리기 전에 문으로 잽싸게 들어간다. 그래서 먼저 빈자리에 앉는 것을 종종 본다. 또 차가 출발하여 문이 닫히는 순간에도 들어가다가 옷이 문틈에 낀다고 한다. 그래서 전철당국에서는 이런 일이 없도록 홍보를 하지만 제대로 안 되는 모양이다.

서울에서 함양을 가는데 버스터미널이 동부터미널과 남부터미널 두 군데가 있다. 나는 어느 터미널에서 타든 함양을 가는데 시간이 똑같이 걸리라 생각했다. 난 남부터미널에서 함양행을 탔다. 그런데 동부터미널에서 걸리는 시간은 3시간, 남부터미널에서 출발하는 버스는 거창을 경류하기 때문에 4시간이 걸린다고 한다. 그러니까 동부터미널에서 타야 직통으로 함양까지 가기 때문에 3시간이 걸린다. 그걸 모르고 탄 내가 실수였다. 우연히 내가 함양을 간다는 것을 안 운전수 기사분이 함양을 빨리 가려면 안의에서 함양가는 시내버스(마을버스)를 타란다. 안의에서 마침 함양으로 출발하는 버스를 세워서 태워주면서 2000원을 더 주라고 한다. 함양행 버스를 탔는데 손님이 5명 정도다. 전부 할머니들이다. 그런데 버스 정류장마다 정차하는데 타고 내리는 손님은 할머니 한명이거나 아예 없다. 타고 내리면서 서로들 인사하고 내리니 시간이 더딜게 뻔하다. 타고 내리는 할머니들은 동네 소식이며 여러 소식을 묻고 대답한다. 30분정도 가는데 타고 내리는 손님 전부가 아는체를 한다. 그렇다 보니 버스는 조금 가다가 서고 한다. 모두가 느릿, 느릿하고 느긋하다. 할머니들이니 거동이 불편 할 수밖에 없다. 나만 마음이 바빠서 빨리 목적지에 가야 하기 때문에 애가 탈 뿐이다. 어느 할머니가 나보고 어디서 오는가를 물어서 서울서 온다고 하니 자기 동네에 귀농분이 잘사니 귀농하려면 살기 좋은 자기 동네로 오라고 자랑도 한다. 시골이라 차도 거의 없고 내가 탄 차도 그리 속력을 내지 않는 것 같다. 그저 목적지까지 가면 된다는 듯 버스는 천천히 달린다. 그래도 어느덧 함양읍에 도착한다. 내 생각으로는 직행이라면 얼마 걸리지 않는 거리 같았다.

우리는 빨리 빨리라는 것에 너무 익숙해져 있다. 그것이 우리문화의 한 패턴으로 된 것 같다. 무엇을 하든 빨리 해야지 그렇지 않으면 불안해한다. 외국에 진출한 우리나라 기업에 근무하는 현지 직원들이 제일 먼저 배우는 말이 빨리 빨리란 단어라고 한다. 무슨 일을 하든 빨리 하라고 한단다. 우리가 하는 이 말은 습관때문인 경우가 많으며 사실은 천천히 해도 되는 일들이 많다.

지난해에 스페인에서 모로코로 갈 때 배로 갈아타고 지중해를 건너야하기 때문에 짐을 끌고 배로 이동하는데 항구에서 일하는 모로코 직원들이 한국인을 보면 빨리 빨리란 말을 하면서 짐을 옮겨주기도 한다. 물론 그들은 빨리 빨리 행동하는 한국인들이 그들 눈에는 아주 재미있게 보이는 모양이다. 급하지도 않은데 거의 뛰다싶이 배를 타기 위해서 달려가는 모습이 신기할 뿐이다. 어차피 다 손님들이 다 타야 출발할 텐데 너무 서둔다.

이제 은퇴도 하였으니 여유롭게 살아야 하는데 우리네 삶은 그렇지가 않다. 이유야 많지만 경제적 어려움 때문에 또다시 생활전선에 뛰어들어야하기 때문인 사람이 많다. 나 같은 경우는 현직에서 내연구의 모든 것을 끝냈었어야 하는데 그렇지 못하여 마무리를 하느라 조금도 여유롭지 못하다. 오히려 일에 파묻히는 경향이 있다. 나도 언젠가 느긋한 생활을 하게 되는 때를 꿈꾸며 산다.

여 행

작년에 시베리아 횡단 열차를 타고 블라디보스톡에서 모스크바까지 가는 여행을 예약도 하고 준비도 하였다. 그런데 느닷없이 헝가리의 부티페스트에서 우리나라 관광객이 탄 유람선이 사고가 나는 바람에 취소되었다. 헝가리 부다페스트는 작년에 여행한 적이 있다. 세계 3대 야경의 하나로 꼽히는 헝가리의 다누브강 야경투어는 전세계적으로 이름난 투어여서 헝가리를 여행하는 사람들은 빼놓을 수없는 곳이다. 사고 소식을 접하고 나서 안도의 한숨이 나는 것이었다. 만약 올해 갔더라면 영락없이 나도 물귀신이 될뻔 하였기 때문이다.

또 하나의 여행은 아마죤강의 열대우림에서 버섯을 채집하는 것이다. 그리고 마지막으로 스페인의 산티아고 순례자의 길을 가는 것이다. 그중에서 아마죤강의 열대우림버섯채집은 포기하였다. 현재 몸으로 열대우림에 가면 뎅구모기같은 해충의 침입으로 병에 걸려 죽게 될 것이다. 그만치 나는 면역력이 현저히 떨어져 있어서 그런 열대우림은 포기하지 않을 수 없게 되었다. 그래도 지금 할 수 있는 것은 시베리아를 횡단하는 것이다. 시베리아 횡단 여행을 못하게 된것은 사람들이 혹시나 배의 충돌사고를 우려해서 취소하였기 때문이다. 시베리아 횡단 열차중 이루크추크의 빠이갈호수에서 유람선을 타는 일정이 있기 때문이다. 나는 시베리아의 파리라 불리우는 이루쿠추크는 가본적이 있다. 이루크추크의 국립대학이 저의 대학교와 어학교류협정의 그 일환으로 학생를 인솔해서 갔던 것이다. 그때도 빠이칼호수에서 보트를 탄적이 있다. 빠이칼호는 오염이 안된 호수로 알려져 있지만 내가 학생들과 함께 갔을 때는 식수로는 사용할 수 없는 지경이었다. 시베리아 횡단여행이라고 하지만 사실은 블라디보스톡에서 이루크추크까지만 기차여행이고 그 이후는 비행기로 하는 여행 스케쥴이었다. 처음의 계획에 차질이 생겨서 나는 다시 블리디보스톡에서 이르크추쿠까지만 가는 시베리아 여행도 신청하였지만 이것도 예약한 관광객이 취소함으로서 수포로 돌아갔다. 해외 여행이 어디 내 마음대로 되는 것은 아니다. 그래서 다음에 기회가 오면 다시 가보려고 마음먹었다.

중국의 사기(史記)를 저술한 사마천이라는 사람은 여행을 많이 하라고 하였다. 그래야만 견문이 넓어져서 저술하는데 도움이 된다고 하였다. 나는 이번의 여행의 차질은 올해는 여행을 포기하라는 암시로 받아들이기로 하였다. 신년벽두에 특히 명절이 연휴여서 가까운 일본이라도 가려고 여행사에 들려서 알아보았다. 대마도가 1박 2일에 일인당 십만원정도니 싸긴 싸다. 그러나 다른 부대조건을 계산하니 아이보다 배꼽이 더 큰 계산이 나와서 포기하였다. 물론 여행 스케쥴이 있어서 꼭 일본을 가야하나 생각되었다.

사부곡

지난 5월에 거제도에 있는 외도를 관광할 기회가 있었다. 거의 10여년 전에 무료로 외도를 관광시켜 준다고 하는 전단지를 보고 아침 일찍 밥도 안먹고 버스에 올라탔다. 그런데 시내 몇 군데의 정류소를 거쳐서 사람이 10여명만이 탔다. 그랬드니 건장한 청년의 안내원들이 말도 안되는 이유를 붙여서 갈수 없다고 한다. 그래도 미안 했든지 아침으로 마련한 김밥을 준적이 있다. 이것은 무료로 관광시켜 주는 대신에 차안에서 갖가지 상품을 강매하다 싶이 한다. 그런것을 알고서 우리 부부는 물건을 안사면 되지 하고 마음먹고 탔는데 가지 못하게 되었다. 공짜라면 양잿물도 먹는다는 우리 속담을 생각나게 하는 대목이다. 사실 공짜로 가면서 갖가지 감언이설로 주로 노인을 상대로 상품을 파는 것이다. 그러니 노인들은 미안한 마음에 터무니없이 검증도 안된 상품을 비싸게 사게 마련이다. 그들은 그렇게 하여 경비를 충당하고 돈을 버는 것이다. 이와 비슷한 일이 지금도 시골에서 일어나고 있다. 시골의 노인회관 같은 곳에서 노인들에게 여러 가지 유흥을 베풀고서 물품을 사게 하는 것이다. 노인들은 마음이 여려서 아무 대가도 없이 즐겁게 해준 분들의 답례로 필요도 없는 물건을 사게 만든다. 믿을 수 있는 물건이면 좋은데 거의가 다 형편없는 물건인데서 문제가 발생한다. 그 후로 외도를 가려고 하였지만 갈 기회가 없었다. 이번에 2박 3일 예정으로 거제도를 중심으로 하는 여행 상품이 있어서 가게 되었다. 나는 외도를 아름답게 가꾼 것이 선생님 내외분이라는 정도를 알고 있었고 지금도 살아 계신 것으로 알고 있었다. 그런데 부인이 남편을 추모하는 게시판을 보고 마음이 찡하였다. 흔히 어머님을 그리는 사모곡은 많이 보았지만 남편을 그리는 것은 거의 본적이 없기 때문이다. 성묘를 가서 무덤들 앞에 쓰여진 글귀를 본 것 중에서 남편의 병간호를 하다가 먼저 간 부인을 그리는 비문을 본적은 있다. 결국 병환에 시달리는 남편의 고통을 같이하다가 오히려 남편보다 먼저 세상을 떠난 것이다. 먼 옛날에는 남편이 배를 타고 돈벌러 갔다가 돌아오지 않으면 부인이 산에서 남편이 돌아오기만을 기다리다 죽은 경우도 있었다는 이야기가 소설에 등장하기도 한다. 그런 때에 동네 사람들이 망부석을 세워서 부인의 넋을 기린것 같다.

부부가 같이 비바람을 맞으며 이 섬을 가꾼 것이 이렇게 훌륭하게 꾸며 놓고 먼저 세상을 떠난 남편의 그리움이 구구절한 사연이 잘 새겨져 있었다. 듣기로는 이곳으로 부부가 낚시를 하러 왔다가 풍랑 등으로 뭍으로 나갈 수 없게 되는 계기가 되고, 이 섬의 아름다움에 매료되어 이런 좋은 정원을 만든 것으로 안다. 배도 없고 선착장도 없는 이런 무인도를 개간한다는 것이 얼마나 힘든 일인가는 상상만 하여도 절로 머리가 숙여진다. 자신의 모든 재산을 이곳에 쏟아 부어 만든 것이다. 생사고락을 같이 하다가 남편의 죽음으로 혼자 남은 부인의 심정은 충분히 헤아려 볼만하다.

몇 년 전에 후배가 젊은 나이에 암으로 죽은 적이 있다. 이분은 일본에서 학위를 받고 돌아 와서 여기 저기 취직을 하려고 노력하였지만 헛수고였다. 내가 알기로는 대학의 시간 강사를 한다는 것이 얼마나 고된 일인지는 해본 사람이 아니면 모른다. 이분은 일본에서 균학을 공부하였고 상당히 독특한 분야를 연구한 것으로 안다. 그런데 이분이 죽고 나서 그의 가족들이 추모하는 의미에서 이분이 연구한 분야의 일부를 화랑에서 전시한 적이 있다. 나는 그 카다로그를 받고서 상당히 감동적이었다. 그 내용이 훌륭해서가 아니고 남편, 아버지를 그리는 가족들의 애틋한 마음이 너무나 대단한 일이라 생각하였다. 집의 가장이 죽고 나면 가족들은 앞으로의 생계 걱정이 앞서는데 그 어려움 속에서 남편, 부친을 기리는 조촐한 기념 전시회를 여는 것을 보면서 마음이 뭉클한 적이 있다.

나는 안사람에게 이런 이야기를 하면 어떤 반응을 보일까. 하기사 반대로 아내가 죽으면 내가 이런 일을 할 것인가를 나한테 반문하면 나는 어떤 행동을 할까. 나도 선뜻 대답이 안나온다. 지금 우리 사회에서는 망부석같은 이야기와는 정반대로 돈 때문에 또는 치정으로 남편이나 부인을 죽이는 것을 매스컴에서 종종 보면서 과연 인간이라는 동물은 어떤 생물인가 곰곰이 생각해보게 된다.

한줌의 행복

내가 매일 헬스장에 들어서면 벌써 와서 운동하는 중년을 보게 된다. 여기서 내가 중년이라 표현한 것은 UN이 정한 나이므로 70세가 훨씬 남은 나이다. 그분은 오로지 앉아서하는 자전거를 탄다. 타면서 가만히 있지 않고 계속 고개를 좌우 위아래로 흔들고 손으로 얼굴 마사지를 한다. 어느때는 수건으로 마사지를 한다. 요새는 무슨 쪽지를 갖고 거기에 무엇이 적혀 있는지는 모르지만 계속 읽으면서 운동한다. 자기말로는 젊어서 육상을 하였노라 해서 나는 육상 선수인줄 알았다. 아마도 동네의 육상선수거나 면(面) 정도의 선수로 체육대회에 동네, 면을 대표해서 출전하지 않았나 생각된다. 그래도 헬스장에서 가끔 나한테 와서 인사를 나누는 유일한 사람이다. 한번은 그 분의 옆에서 같은 자전거를 타게 되었다.

“요즈음 재미있는 일이 있느냐”

“무슨 재미있는 일이 있겠느냐, 이렇게 아침에 운동하는 것이 재미라면 재미지요”

“암 그렇지, 재미란게 뭐 별건가”

나는 덧붙여서 부자들이라고 밥을 하루에 4번 먹는 것도 아니고 하루 세끼 먹기는 다 같지 않느냐. 하루에 4끼 먹어 봐야 오히려 여러 가지 성인병이나 질병을 유발하여 수명이 짧아진다는 것은 다 아는 사실이다. 이런 말을 주고 받으면서 운동을 한적이 있다. 어쩌면 이런 대화를 주고 받으면서 서로를 배려하면서 운동하는 것이 행복일 수도 있다는 생각을 요즈음은 한다. 행복에 대해서 많은 사람들은 자기 나름대로의 말을 한다. 내가 느끼는 행복, 즐거움이 남에게도 그렇다고 할 수는 없다. 내가 느끼는 어려움이 남에게는 대수롭지 않은 것이 대부분이고, 그 반대로 남이 생각하는 즐거움이나 행복이 나에게는 시큰둥하게 느껴질 때가 많다. 나이가 들면서 생각나는 것은 과연 나도 즐거운 때가 있었는지, 행복했든 때가 있었는지 도무지 생각이 안난다.

지금 생활하는 이 순간, 이 시간이 행복인지도 모른다. 동화속에 나오는 왕자님과 공주의 무지개 빛 사랑과 행복을 꿈꾸며 살아왔다. 왕자님과 공주의 행복이나 사랑은 존재하지 않는다는 것을 깨닫지 못하는 것이 우리를 불행하게 만들고 있는지도 모른다. 행복과 사랑은 끝이 없는 것이다. 거기에 도달하면 사랑이나 행복은 저만치 도망가서 따라오라고 손짓하는 것이다. 행복이란 과연 어떤 것일까하고 반문하는 때가 한 두번이 아니다. 돈을 많이 가진 사람이라고 말하는 사람은 없지만 모두가 돈을 많이 가지려고 발버둥치고 있다. 그것은 돈을 많이 벌면 행복할 것이라는 생각을 하기 때문일 것이다. 그래서 돈을 많이 벌면 행복해 지겠지 하지만 돈을 많이 벌면 또 더 많은 돈을 벌려고 애쓰는 것을 본다. 행복은 끝이 없는 것인지도 모른다. 과연 그런 것을 행복이라고 말할 수 있을까.

행복이나 사랑은 느끼지 못하고 우리 곁을 지나치는 것이 아닌지 모른다. 진정한 행복과 사랑은 느끼지 못하고 우리 곁을 지나가는 것인지도 모른다. 다만 우리가 그것을 알지 못하는 것이다. 행복과 사랑을 측정할 도구가 없기 때문이다. 행복이나 사랑을 무게로 달아 볼 수 있는 것도 아니고 자로 길이를 측정할 수 있는 것도 아니기 때문이다. 우리가 모르고 지나치는 행복이 진정한 행복일지 모른다. 행복은 우리 곁에서 우리와 같이 항상 존재하면 살아간다. 하지만 우리 인간의 욕심이 참다운 행복과 사랑을 느끼지 못하고 있을 뿐이다. TV에서 보면 어렵고 안타까운 사연이 있는 프로그램을 보면서 안쓰러워 한다. 그러나 그들도 우리가 모르는 행복을 느끼면서 산다는 것을 알아야한다. 많이 가진 사람이나 적게 가진 사람이나. 건강한 사람이나 몸이 성치 않은 사람이나 그들이 느끼는 행복은 다 왕자님과 공주의 사랑과 행복을 꿈꾸는 것이다. 성공하였다고 하는 것은 남들이 부르는 이름이지 정작 본인은 그렇게 느끼지 않는 경우가 허다하다.

내가 모르고 지나치는 행복과 사랑이 많다는 것을 모르고 살아간다. 그저 무지개 빛 행복과 사랑을 추구하다보니 행복과 사랑은 점점 더 더 멀어지는 것이다. 스쳐 지나가는 한줌의 행복과 사랑이 많다는 것을 깨달으며 마음속에 새겨보자.

중학교 영어 시간에 서양의 속담에 "행복은 자기 만족에 있다"라는 글귀가 새롭다.

행 복

행복의 정의는 무엇인지 나는 잘 모른다. 사람들은 자기의 욕구와 욕망이 성취되어 즐거움을 느끼는 것으로 다들 알고 있다. 그렇게 되면 진정한 행복이란 없는 것이다. 어떻게 자기의 욕구와 욕망이 성취 될 수 있겠는가. 욕구와 욕망은 끝이 없다는 것은 신도 알고 있다.

행복이란 사람에 따라서 다 다른 것 같다. 어떤 사람은 마음 편히 근심걱정 없이 사는 것이라 하는 사람도 있을 것 같고 어떤 사람은 고래등 같은 호화스러운 집에서 떵떵거리며 사는 것이라 하는 사람도 있을 것 같다. 아주 오래전에 신문의 까십란에서 읽은 적이 있는데 사람이 죽으면 누구나 염라대왕 앞으로 나가서 심판을 받고 끝으로 희망을 말하게 된다고 한다. 세상에서 도둑질만 하다가 죽어서 염라 대왕앞에서 심판을 받고 희망을 말하는 순서에서 나쁜짓만 하든 도둑은 아무것도 바라는 것이 없고 마음 편히 근심 걱정없이 가족과 오손도손 사는 것이 희망이라 말하였다. 이 말을 들은 염라대왕은 벌컥 화를 내면서 그렇게 살 수 있다면 나도 염라 대왕직을 그만 두고 그렇게 살겠다고 하였단다. 이 말은 죽은 사람을 심판하는 염라대왕도 마음 편히 살고 있지 못하다 것을 반증하는 것이다. 이것은 이 세상에 아니 저승에도 행복이란 없다는 말일 수 있다. 그러나 우리는 흔히 행복을 말한다. 진정 행복이 무엇인지 곰곰이 생각하여 보는 때가 자주 있다.

며칠 전 손주 둘을 유모차에 태우고 산책하는데 어떤 분이 참 행복하겠다고 말하여서 나는 마음이 산란하였다. 사실이 손주 녀석들이 울고 불고 하여 달래다 못하여 유모차에 싣고 나온 것이었다. 애기를 본다는 것이 얼마나 힘이든 것이라는 것은 애기들을 돌보는 사람은 잘 알고 있다. 만만치 않은 힘이 드는 일이다. 다들 하루 종일 일을 하면 하지, 애기는 안보겠다고 한다. 땅에 내려 놓으면 한놈은 위쪽으로 한놈은 아래쪽으로 아장 아장 걸어간다. 혹시 넘어 질세라 둘다 건사하려면 이건 보통 일이 아니다. 정말 쩔쩔매기가 일수다. 혹시 넘어지거나 아니면 다른 물체에 부딪히면 큰일인 것이다. 우리아파트는 다행이 산책로에 자전거, 롤라스케이 등을 탈수 없도록 금지하여서 다행이지 그렇지 않으면 부딪혀서 상처를 입을 수도 있다. 사실 이만 저만 힘든 일이 아니다. 이럴 때는 애기를 돌보지 않는 사람들이 한없이 부러워진다. 그러나 이 손주녀석들이 재롱을 부릴때는 귀찮고 힘들었든 것은 금방 사라지고 귀여워 지고 사랑스러워 진다. 그래서 가끔 행복감에 젖는다.

요즈음 나는 행복이란 고생과 어려움을 극복해야만 얻어지는 것이라고 생각한다. 호의호식하면서 얻어지는 행복은 없다는 것이다. 그 마음의 희열도 얼마가지 못하고 어쩌면 순간적으로 지나가 버린다는 것이다. 어려움과 힘든 일이 계속 된다는 것이다. 사람들은 다들 근심과 걱정을 한짐씩 등에 지고 살고 있으면서 실날같은 희망에 기대를 거는 것이다. 그래서 마음속에 자기만족으로 살면 그것이 진정한 행복일 것이다. 남이 보는 시선을 의식하면 행복은 멀리 날아가 버린다. 이제 우리 손주들이 무슨 말썽을 부릴지 모르지만 인간으로서 이들이 있다는 것 자체가 행복이라 생각한다.

만물의 영장은 이런데 과연 버섯들도 행복과 불행을 느끼면서 살아갈까. 땅속에서 몸부림치면서 세상밖으로 나오면 그들에게 고통이 수반되는 기후와 천적들이다. 그것들을 잘 극복하여 자실체를 형성하여 포자를 만들면 최대의 행복일 것이다. 인간도 종족을 보존하는 것으로 행복을 느꼈으면 얼마나 좋을까 생각하여본다.

텅빈 행복

이번 2019년 추석에 나는 생각지 못했든 선물을 받았다. 선물을 받는다는 것은 어느때, 어디서나 그리고 그가 누구든 즐겁고 행복하다. 선물을 보내 준 박선생은 광주 교대생일때 만나게 되었다. 광주교대의 최도성교수로부터 자기 학생중에 버섯공부를 하고 싶다는 학생이 있어서 나에게 소개하였다. 그런 인연으로 우리 실험실에서 버섯을 공부하였다. 내가 알기로는 학과 성적이 우수한 학생이었다. 사실 자기 모교를 떠나서 다른 학교로 진학한다는 생각은 우리현실에서 상당히 모험을 하는 것으로 대부분 생각한다. 특히 본인들이 더욱 그렇게 생각한다. 그리고 그것도 광주가 아니고 타도인 전주쪽으로 진학을 한다는 것은 용기가 없으면 결단하기 어려운 것이다. 그렇다고 우리대학이 명문대학도 아니기에 더더욱 그렇다. 버섯에 대한 열정으로 대학원의 생물학과에 입학하였다. 아주 열심히 공부하였다. 우수한 성적으로 이학석사학위를 받고 대학원을 졸업하였다. 결혼을 하게 되었는데 주례선생을 모시는데 보통은 남자쪽에서 주례선생을 모시는 것이 관례로 알고 있다. 무슨 인연으로 내가 주례를 하게 되었다. 남편 되는 분이 영광 원자력발전소에서 근무하는 건실한 청년이었다. 하여튼 나는 안사람과 함께 영광으로 주례를 갔든 기억이 새롭다. 나는 내심 더 공부를 하였으면 바랬지만 그것이 어디 쉬운 일인가. 나도 바쁜 생활로 까맣게 잊고 생활하였다. 정년을 하고 나서 무심코 지냈는데 무슨 바람이 불었는지 박선생 생각이 났다. 그래서 광주교육청에 전화를 하였다. 그런데 근무지 학교나 전화번호를 알려줄 수 없다고 한다. 이유는 개인정보를 함부로 알려줄 수 없다는 것이다. 전후사정 이야기를 하고 사정을 하여 겨우 박선생의 근무 학교를 알아서 전화를 하게 되어 그동안의 신상을 알게 되었다. 가끔 나는 남편 따라 외국에 나가지는 않았는지 생각하였다. 왜냐면 남편이 원자력 발전소에 근무하므로 흔히 있을 수 있는 일이기 때문이다.

그런데 이번에 너무 고마운 선물을 받았다. 영광굴비였다. 한번은 영광으로 채집을 갔을 때 영광읍에서 굴비집으로 제일 유명하다는 식당으로 밥을 먹으로 간적이 있다. 그런데 가격도 꽤 비싼데 굴비는 한 마리도 없고 다른 잡고기만 나와서 너무너무 실망한 적이 있다. 마음과 선물이 한꺼번에 들어오니 안사람이 너무너무 좋아한다. 영광굴비어서가 아니고 마음을 잊지 않고 있는 고마움 때문일 것이다.

전연 생각지도 않고 마음에만 새기는 즐거움이 왔기 때문일 것이다. 마음을 비우고 바라지도 않고 가물가물 잊어질 쯤에 받은 선물은 나의 가슴에 무언가 가득 찬것 같은 것이

밀려와서 행복을 느끼는 것인지도 모른다. 사람들은 마음을 비우면 거기에 채울 것이 많다고 한다. 사실 나같은 사람은 마음을 비우려고 생각도 많이 한다. 하지만 그것이 쉬운 일인가. 내가 나를 다스려야 가능한데 특히 마음을 다스려야 하는데 그것이 용이치 않다. 가끔 메모지에 모든 것을 잊어버리자 하고 굳게 써놓지만 실천이 너무 어렵다. 하기사 내가 비워야 할 것이 너무 많아서도 아니다. 어떻게 보면 마음에 무엇이 있는지 나도 모른다. 그러니 무엇을 어떻게 버릴 것인가를 통 생각이 안난다. 얼른 생각나는 것은 아마도 재물에 관한 것이 아닐까 생각한다. 재물을 더 모으려고 하지도 않는다. 더 모을 수도 없다. 지금 내가 무슨 재물을 모을 수 있단 말인가. 내가 지금하고 있는 도감집필 작업같은 것은 버려야하는지 아닌지 모르겠다. 가끔 나는 집필 작업 때문에 번민에 빠지기기도 한다. 집필에 필요한 여러 가지 자료들, 필요한 문헌을 구할 수 없을 때 무력감을 느끼기도 한다. 내 만족으로만 이 집필 작업이 끝나지 않을까. 이 분야의 독자들은 이것도 도감이야 하고 핀잔을 줄것 같은 부질없는 생각에 몰두하기도 한다. 그래서 텅빈 머리로 무언가를 해야 하겠다고 마음을 다지기도 해보지만 이것 자체가 내머리를 텅비하게하는 것과는 거리가 멀다.

텅빈 마음

요즈음 모든 것이 어수선하다. 그래서 손에 잡히는 것이 하나도 없다. 할 일은 많은것 같은데 어떤 것을 하여야 할지 정할 수가 없다. 딱히 잡아서 할 일이 없다. 한국의 균류 마지막 6권째를 써야하는데 정리가 안되고 갈피를 못잡고 있다. 그래서 마지막에 변형균류를 쓸려고 하는데 이것도 무엇부터 써야 할지 생각의 정리를 못하고 있다. 이것은 대부분 내가 다른 일을 마무리를 못하고 있기 때문이다. 마무리 짓지 못하는 그것이 과연 무엇일까. 이런 저런 일로 마음이 무겁고 뇌리에 떠도는 잡념을 버려야 하는데 그것이 쉽지 않다.

그래서 마음을 비우라고 하지만 남한테는 아주 그럴듯하게 하면서 당사자인 나는 갈팡질팡하고 있다. 마음을 비우면 그 빈곳에 채울 것이 너무나 많다고 한다. 하지만 난 채울 것이 없을 것 같다. 무엇을 채울 것인가를 생각하니 도무지 생각이 떠오르지 않는다. 그것은 버릴 것을 못버리고 마음에 가득 채우고 있기 때문일 것이다. 무슨 사연이 있기에 버리지 못하고 망설이는지 도무지 나자신도 모른다. 나도 모르는 것이 내마음 구석을 채우고 그것을 금과 옥조로 생각하는 진부한 생각때문일 것이다.

마음을 비우면 채울것이 많다고 한다. 세속에 찌든 고리타분한 것을 버리고 거기에 신선한 것을 채우는 것일 텐데 말이다. 나한테 신선한 것은 무엇일까. 버려야 할 것 중에 흔히 욕심을 말한다. 욕심이란 끝이 없는 것이다. 우리속담에 쌀 99가마를 가진 사람이 쌀 한가마를 가진 사람한테 100가마를 채우려니 한가마를 달라고 한다고 한다. 이것이 인간이 가진 가장 기본적인 욕심중의 하나다. 욕심중에는 자기가 원하는 욕심을 채우고 나면 행복해지는 줄 알지만 욕심은 풍선처럼 더 부풀러져서 끝없는 것이 되고 만다. 우리가 잘 아는 이야기가 있다. 어느 가난한 사람한테 부자가 말하였다. 아침에 말을 타고 달려서 해가 질때까지 돌아오면 그 땅을 주겠노라고 한다. 그래서 새벽녘에 말을 타고 넓은 대지를 달리기 시작하였다. 너무 정신없이 차지할 들판을 달리다 보니 해가 지는 줄도 몰랐다. 그래서 해가 질무렵에야 부자와 약속한 시간이 다가오는 것을 알고 서둘러 출발점으로 되돌아 오려고 다시 말을 달렸다. 기운도 쇄진하고 마음은 급하고 해는 서산에 지고 있었다. 그러나 이 가난한 사람은 죽을 힘을 다해서 출발점으로 돌아 왔지만 해는 이미 서산에 져버렸다. 이 가난한 사람도 너무 기진맥진하여 그만 그 자리에 쓸어져 죽었다. 결국 그의 욕심으로 모든 것이 물거품이 된 것이다.

고행을 하고 수도를 하는 사람들은 마음을 비우고 수행을 하는 수도승의 마음을 헤아려 본다. 과연 그들은 무엇을 버렸을까. 그리고 무엇으로 텅빈 마음을 채우려 할까를 생각하여 본다.

행복의 기준

요즈음 내가 많이 생각하는 것이 우리에게 행복은 어떤 것인가를 생각한다. 남들이 나를 보고 행복할 것이라 말하지만 실상 나는 행복하다고 느껴 본적이 없다. 그리고 다른 사람들에게도 행복해 보이는 것을 본적이 없다. 어떤 모습을 행복하다고 해야 하는지 모르겠다. 행복이란 어떤 것인지는 말하기는 어렵다.

사람들과 이야기하다보면 행복하다고 이야기하는 사람은 좀처럼 만나기도, 보기도 어렵다. 드라마에서 행복을 논하지만 과연 그것이 그 사람의 행복을 이야기하는지는 모르겠다. 행복에 대한 정의는 과연 무엇인지 도무지 알 수가 없다. 보통 어려움을 극복하거나 고통에서 벗어났을 때를 마음이 편안해지는 때를 말하는 것 같기도 하다. 보통 부모님이 느끼는 행복, 자식이 느끼는 행복, 우리 모두가 느끼는 행복이 어쩌면 다 다른지도 모른다. 부모님이 생각하는 행복도 남편과 부인이 같지도 않다. 가령 자식의 장래에 대해서 이야기 할 때 궁극적인 것은 같을지 모르지만 자식의 미래를 성취하여 가는 방법은 엄청 틀리다는 것을 알 수가 있다. 자식들도 부모님이 원하는 것을 그대로 행하는 것이 자기의 행복이 아니라는 것을 안다. 부모님의 뜻대로 할려고 하지만 그 과정에서 엄청난 괴리를 느낀다. 행복은 우리가 모르는 사이에 우리 곁을 지나가는 것이 아닌지 모른다. 일상생활에서 희노

애락을 경험하며 살아가는 것이 행복이란 생각을 많이 한다. 그것이 때로는 담담하고 지루하기도 하고 어떤 때는 분노도 하고, 어떤 때는 재미에 흠뻑 빠지는 것이 다 행복이다.

행복은 자기 만족에 있는 것이지 결코 어떤 목표에 도달하는 것이 행복은 아니다. 진정으로 부모님을 행복하게 할 수 없다는 것을 안다는 지혜가 필요하다. 부모님도 자기의 만족에 가까운 행복은 없다는 것을 깨닫는 것이 필요하다. 자식이 부모님을 행복하게 하려면 자기의 만족과 부모님의 만족이 일치하여야 하는데 그 접점을 찾기가 매우 어렵다. 자기가 추구하는 것을 하여야하고 부모님이 원하는 것을 동시에 이룬다는 것은 어려운 일이기 때문이다.

굳이 행복을 말한다면 지금 현재 내가 생활하고, 만나고, 이야기하는 것이 행복이다. 행복은 멀리있는 것이 아니고 나와 같이 있는 것이 진정한 행복이 아닐까 생각한다.

희망의 꿈

고속도로를 달릴 때 길이 반듯하면 자기도 모르는 사이에 악셀레이터를 세게 밟아서 가속도가 붙는 것을 모르고 운전하는 때가 있다. 본인도 모르는 사이에 규정 속도보다 빨리 달리게 되는 것이다. 자칫 잘못하면 대형 사고를 불러 일키는 수가 있다. 길이 조금 구불 구불하고 또 약간의 굴곡이 있으면 정신을 차려서 조심해서 운전하게 된다. 혼잡한 시내에서는 약간의 접촉 사고는 있어도 인사상의 큰 사고는 거의 일어나지 않는다. 이것은 사람이 앞뒤, 좌우를 잘 살피면서 운전하기 때문이다. 사람은 방해물이 없으면 방심하게 되는 것이다.

인생에 있어서 차가 탄탄대로를 달리듯이 고속 승진을 하는 경우 부러움의 시선을 받는다. 그러나 이런 사람이 끝까지 목적지에 승승장구하며 도착하는 경우는 드물다. 고민, 좌절을 실망하면서 어렵게 승진하는 사람이 끝까지 목적지에 도달 할 수가 있다. 그것이 값진 인생이인 것이다. 자기가 하는 일에 누군가가 질투를 하고 시기를 하고 있다는 것을 알아야한다. 그것이 자기가 하는 일에 한번쯤 다시 생각하게 되는 계기로 삼아야한다. 사람은 자기 뜻대로 일이 안될 때 지나온 과거를 반성하고 새로운 방법을 찾게 되는 것이다. 일이란 잘 나갈 때는 한없이 잘 나갈 것으로 생각하지만 끝까지 그런 경우는 절대로 없다. 오히려 빨리 승진하든 사람이 난관에 부딪히면 어떻게 할지 우왕 좌왕하여 일을 그르치게 된다. 좌절과 낙담으로 빠져들게 된다.

삼라만상에서 봄에 싹이 나서 풀들이 자랄 때 보면 여름에는 금방 온 세상을 다 뒤엎고 푸른 색깔로 물들일 것같이 보인다. 그것도 잠시뿐이다. 가을로 접어들면 푸르름은 누렇게 시들어 가는 것을 보게 된다.

인생의 모든 것이 어느 때인가는 시들어 사라져 간다. 순조롭게 모든 일이 조금 잘 된다고 끝까지 순탄하지 않는다.

그러다가 일이 제대로 안되면 그 낙담은 훨씬 배가 된다. 일이 제대로 안 풀리고 어려울 때 꿈을 꾸자. 잠시 희망의 꿈을 꾸어보자. 꿈은 현실의 어려움을 잠시 잊게 하여 활력소를 준다. 우울하고 기분이 엉망일 때도 꿈을 꾸자. 조금은 아니 잠시 동안이라도 마음의 안정을 찾을 수가 있다. 지금의 어려움은 나에게만 오는 것이 아니고 사람이면 누구나 겪게 된다는 사실을 알면 조금은 위안이 된다. 현대는 누가 누구를 위로하여 주고, 위로 받기에는 각박한 세상이다. 내가 나를 위로하고 나에게 용기를 주는 마음을 가져보자. 하는 일이 뜻대로 잘 안 풀릴 때도 한번쯤 하늘을 보고 숨을 크게 쉬어보자. 지금 내가 달리는 속도가 과속이 아닌지 계기판을 들여다 보자.

푸시킨의 시처럼 "삶이 그대를 속일지라도 슬퍼하거나 노여워하지 말라, 슬픔의 날 참고 견디면 기쁨의 날이 오리니, 마음은 미래에 살고 현재는 늘 슬픈 것, 모든 것은 순간에 지나가고, 지나간 것은 다시 그리워지나니."

감각기관이 발달 안된 식물같은 것은 기쁨이나 슬픔을 모른다고 생각한다. 그러나 식물도 상처를 주면 진같은 것을 내 놓는다. 이것은 아픔의 신호다. 햇볕이 따뜻하고 상쾌한 날에는 꽃들이 만개하여 화창하다. 이것은 기쁨의 표현일 것이다. 버섯도 환경에 따라서 멋진 모습일 때가 있고 어떤 때는 전연 볼품없는 모습일 때가 있다. 이것은 버섯도 희로애락을 안다는 것일 것이다.

겨울의 꽃 팽나무버섯

눈이 펑펑 내리고 온세상이 하얀세로 덮인 엄동설한에도 새 생명을 이어가는 생물이 있다. 우리가 생각지도 못했든 것 중에서 팽나무버섯이 있다. 온갖 생물이 죽은 듯이 숨을 죽이고 움치리는 자연에서 고고하게 굳굳하게 자태를 뽐내는 모습이 당당하다. 팽이버섯은 한겨울에도 눈속을 뚫고 발생하여 생명의 위대함을 전하는 것이 어찌보면 인간에게 어려움 있더라도 용기를 가지라고 격려하는 버섯이다. 한 겨울에 추위를 견디어 내고 나온 것이 이것 뿐은 아니다. 복수초라는 것도 한겨울에 눈속에서 꽃봉오리를 터뜨린다. 어쩌면 좌절하고 고민하는 사람들에게 봄이 얼마 안 있어 올 것이니 희망을 가지라는 자연의 섭리인지도 모른다.

팽나무버섯은 팽이버섯이라고도 부른다. 팽나무에서 발생하므로 팽나무버섯이라고 붙인 것이다. 그러나 팽나무에만 나는 것은 아니고 다른 고목에도 난다. 야생의 팽나무 버섯을 품종 개량하여 상품화하여 팽이버섯이라는 이름으로 상품화 한 것이다.

이 버섯의 크기는 균모(갓)의 지름이 5cm 정도로 낮은 둥근모양이며 주름살은 백색이나 연한 갈색이고 자루는 짧으며 갈색 또는 흑갈색이며 물렁물렁하다. 오래되면 가운데가 검은 갈색을 나타내기도 한다. 버섯 전체에 털이 비로드처럼 나 있어서 만지면 부드럽다. 또 버섯이 습기를 가진 상태에 따라 색깔에 상당한 차이를 나타낸다. 이 버섯은 초겨울에서 늦봄까지 여러 고목에 난다. 자연계에서 목재부후균으로서 유기물을 자연으로 환원 시키는 우리에게 고마운 생물이다. 우리나라 전국에서 발생한다. 북한에서는 이 버섯을 팽나무 버섯이라부른다.

이 버섯의 학명인 플라무리나 벨루티푸스(Flamuulina velutipes)인데 속명인 플리무리나(Flamuulina)는 라틴어로 불꽃이라는 의미고, 벨루티페스는(velutipes) 라틴어로 "양의 털 또는 모피에 발"을 더한 의미다. 그러니까 털발이라는 의미다. 특히 자루(대)가 비로드같은 발이라는 뜻이다. 그래서 유럽에선 보통 부르는 이름이 털발(Velvet Foot), 미국 등에서는 털다리(Velvet Shank)라고 부른다. 대표적인 겨울의 버섯이다.

이 버섯은 마트에서 봉지에 싸서 팔고 있다. 가격도 만만치 않다. 이것은 이 버섯의 재배사를 짓는데 상당한 설비가 들어가고 재배하는 온도, 습도등을 맞추는 비용이 많이 들기 때문이다. 마치 콩나물처럼 대가리가 있고 그 아래로 가는 자루가 길게 뻗어 있다. 시중에서 판매되는 버섯은 보통 팽이 버섯이라 부른다. 그래서 팽이라는 이름이 더 많이 불리어지고 있다. 시중에서 파는 재배종은 야생의 종과는 전연 다른 색깔이다. 이것은 품종개량을 통하여 전연 다른 모습의 버섯으로 보이는 것이다. 근래에는 황색 계통의 품종도 시중에서 판매되고 있다. 팽나무 버섯은 저온성 버섯이어서 원산지가 북쪽이다. 그런데 이 버섯들이 점점 남쪽으로 생활 영역을 확대하여 남쪽으로 이동하는 것이다. 생물들은 버섯뿐만 아니라 다 자기종족을 보존하고 퍼뜨리기 위하여 생활영역을 넓혀 나가는 것이다. 마치 중국의 화교들이 외국으로 진출하는 것과 비슷하다.

이 버섯이 사람들에게 인기가 있는 것은 식감이 쫄깃하기 때문이다. 한국 사람들은 식감이 쫄깃 쫄깃하여야 좋아하는 경향이 있다. 그리고 색깔이 순백이어서 또한 우리에게 호감이 가는 버섯이다. 음식재료로서만이 아니고 약리성, 항암성분도 가지고 있어서 건강 보조식품으로 좋다. 버섯은 고혈압, 비만, 당뇨 등 성인병 예방에 좋다. 한 두번 먹어서 효과를 보는 것이 아니고 꾸준히 오래 동안 먹어야 효과를 볼 수가 있다.

산 보

일어나는 시간이 일정치 않다. 새벽 5시 정도 일어나면 홍삼 한 봉지를 먹고 글을 쓰려고 책상에 앉지만 글이 마음대로 써지지 않는다. 내 조그마한 서재실에서 이것 저것 생각하다. 30~40분에 나는 간단한 운동복 차림으로 집을 나서서 간이 운동시설장에서 운동을 하고 헬스장으로 간다. 헬스장은 6시에 문을 열기 때문에 부지런한 사람들이 줄을 서서 입장하기를 기다린다. 1시간 가량 헬스장에서 남들 따라 이것 저것 운동을 하고 사우나탕으로 가서 목욕을 한다. 그리고 집에 오면 8시 전후가 된다. 그러니까 2시간 정도 운동을 하는 셈이다. 집에 오면 바나나를 하나 우유에 갈아서 마신다. 머그컵으로 1잔 반정도다. 이걸 먹고 아내와 함께 길 건너에 사는 딸네집으로 가서 손녀 서연이를 차에 싣고 온다. 서연이 엄마는 출근한다. 그런데 손주네 집에서 손주 서연이가 제때에 밥을 먹고 옷을 입고 오면 수월한데 그렇지가 않다. 언제나 칭얼대고 고집을 부려서 많은 시간을 보내게 된다. 서연이를 유아원에 데려다주고 집에 오면 보통 10시가 훨씬 넘는다. 그러니 아침의 일하기 좋은 시간을 거의 다 보내고 만다. 다음에 우리도 대충 아침밥을 먹는다. 과실, 채소 등을 요쿠르트에 버무려서 먹고 나면 그때서야 나의 작업시간이 된다. 원고정리를 1~2시간 하면 점심때가 된다. 점심을 대충먹고 나서 나는 산보에 나선다. 가을에는 아파트 한바퀴를 돈다. 그러면 40~50분 걸린다. 거리는 정확히 2,6km다. 집에 들어 와서 내일인 원고 작업을 하는데 정말 하기 싫다. 돌아가신 이지열박사가 나보고 언제나 만나면 하는 말이 하루에 2시간 이상 일을 하지 말라고 하셨다 건강을 위해서 너무 많은 시간을 일하는 것은 무리라 하셨다. 꼭 그래서만은 아니지만 일하기가 정말 싫다. 그러나 할 수 없이 출판사에 원고를 넘겨야하기 때문에 능률이 오를 리가 없다. 오후 2~3시경에는 나의 잡무 일을 하게 된다. 은행에 가서 통장 정리도 하고 또는 가끔 부동산중개사무소에 들러서 아파트 시세도 알아보곤 한다. 나의 재산의 대부분을 아파트가 차지하고 있기 때문이다. 이것은 우리나라의 대부분의 사람이의 재산이 부동산이기 때문일 것이다.

그럭저럭 오후 3시반이 넘으면 손주 아이를 데릴러 가야한다. 어떤 때는 아들의 손녀인 예진를 먼저 데리고 서연이의 유아원에서 같이 차로 데리고 온다. 집에 오면 4시가 훌쩍 넘은 시간이다. 그리고 하기싫은 일을 조금하다 가끔은 산보에 나선다. 저녁에는 서연이의 엄마가 퇴근하여 우리집으로 딸을 데리러 온다. 그때는 서연이 엄마가 저녁을 먹고 차에 태워서 길건너 집으로 데리고 간다. 그러나 수월하게 서연이가 가면 좋은데 어느때는 안간다고 떼를 쓰는 때도 있다. 아마도 예진와 노는데 푹 빠져서 인지도 모른다. 그러다가 싸우고 금방 언제 싸웠냐는 듯이 하하 웃고 논다. 저녁에는 일을 거의 하지 못한다. 가끔은 서연이의 아빠가 일찍 퇴근하여 같이 가는 날도 있다. 그렇지 않으면 거의 내가 동승하여 집까지 같이 간다. 보통 보따리 2~3개가 서연이의 짐이가 때문이다. 거기서 나는 길을 건너서 아파트 한 바퀴를 걸어서 온다. 도중에 우리 아파트 자이안 센터에 들려서 물을 한잔 먹고 잠간 쉬웠다 오기도 한다. 집에 오면 9시가 넘는 때가 많다. 뉴스를 거의 보지 않기 때문에 10시 전후로 잠자리에 드는 날이 많다.

이렇게 반복적인 일을 하는 것이 어쩌면 건강을 지켜주는 버팀목이 되는 지도 모르다. 하기 싫은 일이지만 하게 되면 상당한 운동 효과를 가져오기 때문이다. 하기 싫다고 누워 있거나 하면 오히려 몸이 뿌직뿌직하다.

생명의 탄생

작년 12월 하순에 며늘 아이가 출산을 하였다. 내 생애 70평생에 손녀를 본셈이다. 다른 사람들이 손주녀석들을 보면 귀엽고 너무 좋아서 어쩔줄 몰라 하든 모습이 떠오른다. 나는 뭐 저리 좋을가 생각하곤 하였다. 나도 아내에 이끌리다 싶이하여 병원에 갔다. 신생아이를 보는 면회시간이 정해져 있어서 시간에 맞춰 갔다. 사실 신생아 전부가 강보에 싸여있어서인지 다 똑 같아 보였다. 다른 사람들은 사진을 찍느라 분주하다. 마침 우리아이는 산모 방에 있어서 나도 볼 기회가 있었다. 애가 너무 크고 제 날짜에 출산을 안해서 제왕절개 수술을 하여 낳았다. 몸무게가 3.5kg이 넘는다고 한다. 그런데 애가 울면 배가 고파 우는지 아파서 우는지 도무지 가늠이 가지 않는다. 퇴원하여 집에 와서 잠만 자고 먹지를 않으니 몸무게 줄었다고 걱정을 한다. 잠만 자니 울지도 않는다. 그러니 자연 아기가 울기를 고대하게 된다. 운다는 것은 대체로 배가고파 울기 때문에 젖을 먹일 수 있기 때문이다. 부모는 아이가 울면 우는대로 걱정이고 안울면 안우는 대로 걱정인 것이다. 아이들은 태어날 때는 모체로부터 면역력을 가지고 태어나서 상당기간 질병에 괜찮다고 한다. 그래서 너무 걱정을 안해도 된다. 우리 애기의 탄생은 우리 가족 모두가 축하하고 기뻐하고 있다. 지구상의 생명체가 수천만 종인데 그중의 하나로 당당히 세상속으로 들어가기 때문이다.

사람이 태어난다는 것은 경사로운 일이다. 지구상의 모든 생명체가 새로운 자기 종족을 위해서 새 생명을 잉태하여 세상에 나온다. 비록 그것이 하찮은 생물이라 할지라도 신의 축복을 받아야한다.

버섯도 인고의 끝에 세상에 나온다는 것을 아는 사람은 몇이나 될까. 버섯의 모체인 균사는 땅속에서 분열을 할 때 얼마나 어려울까. 온도(추위), 영양, 환경의 열악한 조건을 극복해야만 한다. 사람의 산고만큼이나 아픔과 고통의 시간을 잘 견디어서 균사체를 만들어 땅속을 뚫고 어린 버섯으로 세상에 나오는 것이다. 세상 밖으로 나오면 그를 기다리는 것은 아늑한 것이 아니라 오히려 더 혹독한 환경에 시달려야한다. 시달림 속에서 성숙한 버섯이 되면 그때서야 비로써 포자를 바람, 곤충, 물 등을 이용하여 산포시키는 것이다. 버섯도 사람만큼 어려운 역경을 이겨내고 생물의 세계 속으로 들어가게 된다.

버섯의 숙명

겨울철 무등산 자연자원조사를 가기 위해서 정재연 연구원과 함께 새벽에 광주행 고속버스를 탔다. 광주에는 도착하여 만나기로 한 동료연구원을 만날 수가 없었다. 그래서 신세계주차장, 터미널주차장을 왔다 갔다 했다. 전화를 여러번 걸었지만 받지도 않는다. 사실 나는 겁이 덜컥 났다. 혹시 오다가 차 사고가 난 것은 아닌가하는 걱정이 앞섰다. 전날에 이메일로 만나자고 소식이 왔는데. 통화가 안되니 걱정과 괴씸한 생각이 오락가락 하였다. 할 수 없이 점심을 먹고 무등산으로 갔다. 채집을 하고 저녁을 먹으러 "수자타" 채식집으로 갔다. 혹시나 해서 전화를 하였더니 그제서야 통화가 되고 지금 무등산 입구에서 내가 내려오기를 기다린다고 한다. 정말 기가 찰 노릇이다. 차속에서 깜박 잠이 들었단다. 전화 한통화면 만사가 될 일인데 말이다. 그 말을 믿은들, 안 믿은들, 화를 낸들, 지나간 일들이 원래대로 돌아오는 것이 아니잖는가. 나는 그저 앞으로의 일만 보통 때처럼 의논하였다. 내가 한마디 해보아야 그것은 잔소리고 그에게는 마(馬)의 동풍일테고, 말한 나만 기분이 찝찝할테니 말이다.

버섯은 자연에서 주어지는 대로 살아간다. 물론 인간처럼 약속도 거래도 없으니 기분 상할 일이 없을 것이다. 추운 겨울에도 자기에 유리한 환경이 조성되면 자실체를 만들어서 종족보존에 최선을 다 한다. 우리 눈에는 한심한 것처럼 보이지만 그것이 얼마나 여유 있는 삶인가. 여건이 좋으면 좋은대로 활짝 피어나고 나쁘면 나쁜대로 움추려 들면서 자연에 순응하면서 살아간다. 상대방을 질투하거나 불신할 필요가 없는 버섯들이 부러울 뿐이다. 그렇다고 버섯의 생존경쟁력이 무기력한 것은 아니다. 그들도 자기의 위험에 대처 할 수 있는 무기를 가지고 있다. 그들은 평소에 자기가 살아 있는 동안 상상 할 수 없는 많은 포자를 퍼뜨린다. 자기를 해치는 천적무리에게는 독성분으로 방어한다. 독버섯의 독이 그 좋은 예이다. 그러나 그들은 먼저 다른 생물을 공격하지는 않는다. 자기의 생존을 위해서 최소한의 방어무기를 가진것 뿐이다. 그래서 버섯처럼 살아가려고 노력하지만 잘 되지를 않는다. 나의 생활이 점점 그들을 닮아가는 것은 아닌지 모른다.

효 도

내가 작업하는 일이 뜻대로 잘 되지를 않아서 여러 잡념에 잠길 때가 있다. 내가 하는 일이란 한국의 균류 도감을 쓰는 일인데 사진을 골라 놓고 내용을 쓰려고 하면 이번엔 문헌이 부족해서 애를 먹는다. 오래전에 동정을 한것이라 어느 문헌을 참고로 동정하였는지 문헌 찾기가 여간 어려운 일이 아니다. 결국은 못찾는 문헌이 있다. 거의 50년 동안 채집과 촬영을 하다보니 어느 곳에 문헌을 있는지 모르게 된다. 그동안 이사를 여러번 하다보니 더욱 그렇다. 잘 챙겨서 한다고 하지만 이사를 하고 나면 언제나 똑같은 일이 벌어지곤 한다. 이럴땐 가끔 나의 불찰을 반성하면서도 쉽게 고쳐지지가 않는다. 그래서 어릴때 부모님 이사를 하면 나는 학교갔다가 이사한 집으로 가면 되었기 때문이다. 이런 때

세상에 계시지 않는 부모님 생각이 문득 문득 난다. 그리고 한번도 효도를 하지 못한 내자신이 나의 가슴을 억누른다. 무엇을 효도라 하는 것인지 곰곰이 생각하게 된다. 사람들은 부모님께 호의 호식 시켜드리는 것으로 보통 생각한다. 그것은 우리가 제대로 먹지 못하고 어렵게 살든 때는 그럴런지 모른다. 사실 효도란 부모님께 근심 걱정 끼쳐 드리지 않는 것이라고 생각도 한다. 아니면 부모님 말씀대로 고분 고분 사는 것이라 생각도 한다. 아니면 부모님께 자꾸 무엇인가를 흔히 재산등 돈 문제로 갈등을 빚지 않게 하는 것이라 생각도 한다. 또 형제가 우애가 안좋아서 언제나 싸우는 것을 보여 주지 않는 것이라 생각도 한다. 효도란 과연 어떤 것인가.

그러나 근래에 와서는 효도란 무엇인가 곰곰이 생각하곤 한다. 지금 나는 우리 자식들이 효도하기를 바랜적이 한번도 없다. 이미 우리 자식들은 효도를 한 것으로 생각한다. 사실이 애들로 얼마나 많은 즐거움이 있었는가를 기억하면 그렇다. 자랄 때 얼마나 많은 즐거움을 주었기 때문이다. 그들이 자라면서 그 많은 재롱과 행동은 우리를 고통과 슬픔에서 헤어나오게 하였고, 희망을 가지도록 하였다.

어렵고 고통스러운 터널을 빠져나오도록 나에게 지혜와 용기를 준 것을 사실은 까맣게 잊고 살아 왔다. 지금 이렇게 사는 것이 그들이 나에게 준 효도라는 것을 이제야 깨닫게 된 지금 다행으로 생각한다. 또 그들이 나의 말을 듣지 않아서 나를 화나게 하였지만 그것이 효도라는 것을 깨닫고 있다. 나를 언제나 즐겁게 하고 나의 기분을 맞추어 주었다면 나는 행복과 즐거움을 모르고 살았을 것이다. 그들이 나에게 즐거움과 기쁨을 느끼게 한 것이 또한 그들이 나를 화나게 한 것인지도 모른다.

이제 나이가 들어가니 효도를 바라기 전에 내가 먼저 자식들에게 무언가를 해주는 것이 효도를 받는 것이다. 명절에 도회지에 사는 자식들이 부모님을 뵈러 먼길을 마다하지 않고 천리길을 내려가는 것을 본다. 명절을 하루 이틀을 같이 보내고 다시 직장으로 가는 자식들에게 그동안 농사진것, 여러 가지 음식거리를 싸서 보내고 거기다 만들어 놓은 것을 바리바리 싸서 가지고 가도록 준 것은 서로가 효도를 하는 것이다. 자식들은 부모님의 흐뭇한 모습에 행복을 느끼고, 부모님들은 자기가 가지고 있든 모든 것을 주는 것으로 행복을 주는 것이다.

할머니의 마음

우리 외손주는 내가 사는 큰 길건너에 살고 있다. 이제 만 4살 이어서 구립 어린이 집에 다니고 있다. 그런데 손주가 가끔 어린이 집에 안 간다고 떼를 쓴다. 엄마는 직장에 나가야 하므로 달래느라 애를 쓴다. 할머니는 더 애를 쓴다. 처음은 손녀가 좋아하는 스티커 부치는 것을 사다준다고 해서 겨우 달래서 어린이 집에 간다. 어떤 때는 약속을 하고도 어린이 집 문을 열려고 하면 또 안들어 가겠다고 울기도 한다. 어린이집 선생님이 나와서 달래서 방으로 데리고 들어가기도 한다. 그때서야 할머니는 다시 차를 타고 우리집으로 온다. 운전은 내가 한다. 차의 시동을 걸고 운전을 하려고 하면 애 엄마로부터 전화가 온다. 무사히 어린이 집에 들어갔는지 궁금해서다. 그러면 할머니가 자세히 일어난 상황을 설명한다. 얼마 되지 않는 거리를 오는데 또 전화가 온다. 물어보지 못했든 간식거리, 옷 등 자질구레한 것을 묻는다. 대답은 언제나 거기서 거기다. 사실은 할머니가 더 신경을 써서 돌보는데 말이다. 그러다가 이 녀석이 며칠은 어린이 집에 잘 가는가 싶나 했는데 느닷없이 안가겠다고 떼를 써서 가족 모두 애를 먹는다. 이유를 물으면 점심에 반찬이 고기가 먹기 싫은데 나온다는 등 얼토 당치도 않은 말을 한다. 그러면 엄마가 어린이집 선생님한테 고기를 안주게 하겠다고 약속을 한다. 하여튼 쉽게 말하면 어른이 이해하기 힘든 것으로 억지를 쓴다. 그런데 어린이집도 과외를 한다. 과외는 영어와 발레다. 나도 가서 보았지만 발레는 어떻게 하는지 문을 닫아놓고 하기 때문에 모른다. 그러니 끝나면 잘 하였겠지 하고 데리고 집으로 온다. 명랑한 얼굴을 하고 나오면 재미있었다는 것을 안다. 문제는 영어 과외다. 원어민 강사, 한국인 강사가 맡아서 하는데 원어민 강사는 영어로 수업을 하다가 애들하고 손바닥을 마주치고 한다. 정말 서양식 수업이다. 어떤 애는 책상에서 미끄러지고 수업하고는 관계없이 제멋대로 하는 수업이다. 한번은 우리 손주가 다른 반에 가서 하는데 할머니가 창문으로 들여다보니 맘에 안든 모양이다. 할머니의 잔소리가 귀찮을 정도로 한다. 그리고 영어나 발레를 하는 날은 할머니가 그 시간에 맞추어서 간식을 가지고 가는데 간식을 넉넉히 가지고 가서 손주도 주고 다른 애들도 준다. 하루는 손주가 저는 안먹고 다른 애들한데 다주고 먹지 않으니 할머니 심기가 불편하기가 말이 아니다. 이렇게 할머니가 지극 정성으로 돌보는데 애 엄마한테서 자주 전화가 와서 애의 상태를 묻곤 한다. 사실 할머니가 엄마보다 더 지극 정성인데 엄마는 엄마대로 걱정이 되는 지 전화를 하는 것을 보면서 엄마의 마음을 이해도 한다. 할머니가 정성을 쏟는 것을 모르는것 같아서 서운하기도 하고 안타깝기도 하다. 이것이 누구나 가지는 마음이다.

이 민

요즈음 이민을 가려는 사람이 많다. 모 방송국의 일요스페셜을 보고 나는 적지않이 놀랬다. 이민 신드롬이 일어나고 있는 것이 아닌가 생각된다. 나는 한국이 그래도 안정되고 살만한 나라라 생각하는데 그렇지 않은 사람도 많은가보다. 이민을 가려는 사람들은 한국이 그들에게는 희망이 없다는 뜻으로 말하는 것이다. 그렇다고 그들의 현재의 직업이 보통 수준을 넘는다고 나는 생각한다. 그렇다고 우리보다 훨씬 잘

사는 나라로 가지 않는 사람도 많다. 물론 거기에는 미래의 보장, 자녀교육에 대한 어려움 등 여러 가지가 있을 것 같다. 한국에서의 생활이 어려워서 떠나려한다면 이해가 가는데 한국의 중산층이라 생각되는 사람들이 이민을 가려는 것을 보니 마음이 착잡하다. 우연한 기회에 미국 대사관 이민 인터뷰장에 가본적이 있다. 그때는 딸의 미국유학 때문이다. 그때에 웬사람이 이렇게 많은지 적지않이 놀랬다. 들은 바로는 요즈음이 더 사람이 많다고 한다.

취업이민을 가려는 사람들에 대한 이민국의 반응이 상당히 좋은것 같다. 한국인들의 우수성을 잘 알고 있기 때문이고 무엇보다 경제력이 만만치 않은 사람들이라 자기나라의 부가 축적되기 때문일 것이다. 그야말로 꿩먹고 알먹는 것이다. 한국에서 자기 가족 또는 친척 중에 이민 안간 집안은 없을 것이다. 우리집도 이모가 미국 교포와 결혼하여 이민을 가서 벌써 수십년이 되었다. 거기서 아들 딸낳고 잘산다. 이민자들의 말은 지금의 한국처럼 입시지옥이 아니어서 한숨을 돌리는 것 같다. 그리고 그렇게 한국인들이 오매불망하는 영어습득이 쉬어서 좋고 한국처럼 불필요한 경쟁을 하지 않아서 좋아 하는 것 같다. 바꾸어 이야기하면 자식을 키우는데 한국처럼 많은 과외를 하지 않아도 되기 때문이다.

지금은 취업이민을 많이 가는것 같다. 외국에 취업이 되어 이민을 가는 것이다. 들은 바로는 우리나라의 일류기업의 기술자들이 기술력이 뒤진 나라의 기술자로 가는 경우 한국

서보다 4~5배의 보수를 받는 수도 있다고 한다. 그러니 기술이 있는 젊은이들이 한번쯤은 도전해 보고 싶은 것이다. 지금 한국에서 정년이 보장되고 있다고는 하지만 관공서를 제외하면 회사들은 드문것 같다. 정년이 말이 60세이지 실제로 본인들의 말을 들어보면 60세를 채우는 정년은 거의 없다고 한다. 더 있고 싶어도 주위에서 자기보다 젊은 사람이 명예퇴직을 하면 아무리 강심장을 가진 사람이라도 버티기가 어렵다고 한다. 또 조기 퇴직을 하면 아마 명예 퇴직수당으로 상당한 금액을 얹혀 주기 때문이다. 자기보다 젊은이가 승진이 빨라서 젊은 상사를 모셔야하는 경우라면 더더욱 사정은 어렵다. 지금 한국은 모든 것이 모든 분야에 인력이 넘쳐나서 경쟁이 매우 치열하다. 이렇다보니 너도나도 정년이 보장되는 공무원이 되려고 야단들이다. 그리고 지금 사람들의 생각이 많이 바뀐것도 한몫을 한다. 먹고 살만하면 자기의 취미, 가족의 행복을 위한 일에 몰두하려는 경향이 농후하다. 그러다 보니 이런 자기 행복권을 자유롭게 누릴수 있는 곳으로 떠나려는 경향이 있다.

 이 사

이번에 이사를 하였다. 우리 내외가 큰 평수에서 사는 것은 여러 면에서 합리적이 못돼서 용단을 내려서 결정하였다. 처음에 안사람은 반대하였지만 겨우겨우 설득하여 이사를 하게 되었다. 대 여섯군데의 공인중개사가 손님을 데리고 와서 보고 갔다. 사실 집을 사거나 전세를 놓거나 모든 것이 쉬운 일이 아니었다. 거래 가격이 십억을 넘으니 사실 엄청난 액수다. 이런 큰 액수의 거래를 하다보니 여러 가지 문제가 발생한다. 가격문제, 평수문제, 집의 하자문제, 수수료 문제, 이사 차량 등의 문제가 생기게 마련이다. 이런 것에 당면하면서 사람들이 변화를 겪게 마련이다. 그래서 어떤 사람들은 이런 것이 귀찮아서 이사를 포기하는 사람도 있다. 나는 이런 것들을 여러번 겪었지만 이사를 할 때마다 새로운 여러 일에 당면하게 된다. 낯선 것에 대한 적응 이런 것들을 생각하면 마음은 그리 편치 않은 경우가 많다.

이사를 하는 사람들을 보면 경제적 여건 때문인 경우가 다반사다. 그래서 큰집에서 작은 집으로 가기도 하고 작은 집에서 큰집으로 이사를 하기도 한다. 그런 과정에서 집집마다 크고 작은 집안싸움이 있게 된다. 요즈음은 전세대신, 반전세가 많기 때문에 집의 계약이 만기가 되어 부득이 이사를 한다. 대체로 만기가 되면 집주인은 세를 올려 받으려고 하고 세든 사람은 더 받으려는 돈이 모자라면 이사를 하는 경우도 있다. 그렇게 되니 한푼이라도 더 받고, 덜 주려는 문제가 생기게 마련인데 이런 것이 우리 사회를 각박하게 만들고 황금 만능시대로 자꾸 줄 다름질 치게 마련이다.

이사를 하려고 짐을 꾸리다 보면 그동안 잃어버렸다고 포기하고 있든 물건이 어디선가 나타나서 웃음꽃이 피기도 한다. 어느 집은 결혼반지를 장롱 깊숙이 두었는데 그걸 찾지 못해서 애를 먹고 있었는데 이사하느라 짐을 꾸리다 보니 반지가 튀어 나와서 희색이 만면해지기도 한다. 이사를 하고 나서 보면 잃어버리는 물건도 있다. 어느 짐속에 넣었는지 도무지 생각이 안나기 때문이다. 이사를 하게 되면 버리는 물건이 많이 생겨나게 마련인데 잘못하여 필요한 물건도 모르고 버려서 애를 먹는 수도 있다. 또 생각지 않았든 귀한 물건이 나와서 기쁨이 되는 수도 있다. 이번에 나는 우표를 30년 이상을 수집하여 왔다. 그중에는 주로 기념우표인데 사실 어디에 쳐 박혔는지 포기하고 있든 것을 찾아서 마음이 흐뭇하다. 더욱이 북한 우표를 찾지 못해서 글쓰기를 포기한 상태에서 찾게 되어 얼마나 다행인지 모른다. 작은 집에서 큰 집으로 이사를 할 때는 장소가 넓어지니까 문제가 안되지만 큰집에서 작은 집으로 이사를 하게 되면 물건 둘 장소가 마땅치 않아서 애를 먹는다. 나같은 경우는 시골서 서울로 올 때 너무 많은 짐을 가지고 와서 곤란하였다. 다행이도 아파트 창고를 세내어서 쓰고 있다. 그러나 필요한 물건을 찾으려고 하면 창고속을 여기저기 뒤져야 하는데 정말로 고역이다. 이러한 일을 통해서 배우는 것이 한 두가지가 아니다. 불필요한 물건은 버리게 되어 집이 가벼워지고 정돈이 되는 느낌이다. 그래서 요즈음의 젊은 세대들은 될 수 있으면 살림살이를 가능한 장만하지 않으려는 경향이 있다고 한다. 꼭 필요한 물건이 아니면 안산다는 것이다. 사실 도시에서 산다는 것은 이사를 여러번 다녀야 하기 때문에 할 수없는 일이다. 어쩌면 현세대를 살아가는 지혜는 어떻게 살림살이를 줄이는 것이다. 또 하나는 공인중개사들과의 수수료문제다. 사람은 자기에게 유리하게 거짓말도 그럴듯하게 하는 것을 보면서 돈 앞에는 장사가 없다는 것을 실감하게 된다. 그래서 계약단계에서 수수료까지 미리 정해야한다는 것을 알았다. 집을 이사하고 나면 이사간 집의 자잘 구레한 여러 하자문제가 있는데 이런 것을 공인중개사들에게 해결을 하여 달라고 하면 짜증만 낸다. 거래를 성사시키기 위해서는 갖은 말로 감언이설을 하다가도 성사가 되면 거의 나몰라라 식이다. 이런 문제도 계약당시에 할 필요가 있다는 것을 알게 되었다.

이사를 통해서 귀찮고 번거롭지만 한편으로는 인생의 측면을 보게 되어 내 삶의 또 다른 것을 느끼게 되는 것을 알았다. 내 입장에서 이렇게 말하면 공인중개사들도 그들 나름대로의 반박자료와 여러 가지 잘못된 것을 지적하리라는 것을 나는 안다. 결국 서로가 반대 입장이라는 것을 아는 지혜가 필요한 것 같다. 사람들은 조그만 변화에서도 무언가 새로운 것을 배우게 되는 것이 아닌가 생각한다.

살림의 이동이 필요없는 버섯같은 생물들이 부러워 질때도 있다. 그들은 자연의 환경에 따라서 살아가는 것을 보면 속물같은 나는 많은 생각을 하게 된다. 어쩌면 인간들이 산속에서 깨달음을 터득하려고 하는 것과 비슷하지 않을까 생각하여 본다.

인 생

사람이 왜 사느냐 물으면 나는 대답할만한 그럴듯한 말이 생각이 안난다. 이 세상에 태어났으니 할 수 없이 산다고 대답하는 사람이 많을것 같다. 태어난다는 것이 자기의 뜻과는 전연 상관없이 태어났기 때문이다. 그래서 TV의 연속극에서 그런 말을 하는 것을 가끔 본다. 우리의 의지와는 전연 관계없이 세상에 태어난다. 그래서 대중가요에도 어쩌다 태어났다고 하는 가사도 본적이 있다. 그러나 한편 생각하여 보면 태어난다는 것은 그것은 축복이자 행복이라 생각된다. 남자의 정자가 3~4억 마리 중에서 선택되어 태어나기 때문이다. 그러니까 우리가 무심코하는 말이 얼마나 잘못된 말이라는 것을 알아야 한다.

사람이 살아가면서 누군가를 사랑하고 그리워하면서 산다. 또 한편 누군가를 미워하고 질투하면서 산다. 사랑하기 때문에 질투하고 누군가를 미워하기 때문에 사랑하는 지도 모른다. 이 세상을 사랑만 하면서 살 수 있는 것도 아니다. 그렇다고 미워하고 질투만 하면서도 살수는 없다.

불가에서는 산다는 것을 고행이라고 말한다. 사실 살면서 우리앞에 놓이는 것은 고난과 시련이다. 다들 지금와서 생각하면 즐거웠든 생각보다는 어렵고 고통스러운 기억이 더 머리에 떠오른다. 한편 그 때 내가 왜 그런 행동을 해서 상대방에게 상처를 주고 원수같이 미워하면서 살았는지 후회도 한다. 상대방도 나를 얼마나 미워하고 잘못되기를 바랬을지 생각하면 당연한 일인데 그것은 네탓이고 너 때문이라고 핑계를 대는 것이 얼마나 잘못된 생각인가. 지금 생각하면 나에게 이득도 없는데 말이다. 사람이 외곬으로 생각이 되면 도무지 그 외골수 생각에서 헤어나지 못하고 깊은 수렁으로 빠지게 되는것 같다. 부모님에 대한 생각도 왜 그리 좀더 따뜻하게 해드리지 못하고 말을 제대로 듣지 않았는지도 마찬가지다. 그리 힘든 일도 아닌데 왜 그런 인생을 살아 왔는지 다들 후회를 할 것이다.

가끔 사람은 성공한 삶과 실패한 삶에 대해서 이야기한다. 이 세상에 성공이 무엇을 말하는지 곰곰이 생각한다. 흔히들 사회적 지위가 올라가고, 경제적부가 많고, 이런 것들을 척도로 이야기하지만 과연 그런지 가끔 나는 생각한다. 나는 세상에 태어나는 것 자체가 대단한 것이고, 그리고 결혼하여 종족보전을 하는 것 이상으로 대단하고 훌륭한 것은 없다고 생각한다. 성공과 실패를 무게로 측정하는 것도 아니고 무게로 달아볼 수없는 것이 아닌가. 잣대로 재볼 수도 없는 것 아닌가. 지금현재 이렇게 살아서 움직인다는 것이 성공한 삶이 아닐까 생각한다.

남과 비교하면 초라하고 별것 아닐런지 모르다. 이것은 내가 생각하고 자기 스스로를 낮추는 데서 오는 것이다. 비교대상의 그 사람도 나를 비교한다면 자기가 얼마나 형편없는 사람이라고 생각할런지 모른다는 것을 알아야한다. 사람은 언제나 남의 떡이 더 커보인다는 것을 알아야한다. 인생은 너무 거창하고 화려한 것만이 아니다. 그 화려한 삶의 뒤에는 어떤 애환이 있는지 모른다. 자기만이 늘 고통과 슬픔이 있지 않다는 것을 알자. 그래서 가끔 스포트라이트를 받든 연예인들이 극단적인 선택을 하는 것을 우리는 현실에서 보고 있다.

인생이란 그리 거창한 것이 아니다. 자기의 주어진 환경에서 자기만의 생각으로 꿈을 키우고 희망을 갖고 사는 것이 중요하다. 남들이 보기에는 화려하고 행복해 보이지만 본인은 반대의 생각을 할런지 모른다는 것을 알아야 한다.

진실한 마음

나는 사람으로 태어난것이 어떤 때는 행복인지, 불행인지 헷갈릴 때가 종종 있다. 사람은 누구나 남이 자기보다 잘되는 것을 바라는 사람은 없다. 있다면 그것은 부모님 일 것이다. 형제간에도 이것은 어쩔수 없는 현실이다. 그것은 재벌들의 재산 싸움을 왕자의 난이니 하는 등으로 신문지상에 오르내린 것을 보면 알 수 있다. 그러니 보통의 우리네들에게는 이것은 지극히 자연스러운 것이다. 그래서 나는 애초부터 그런 마음을 갖지 않으려고 무척이나 노력한다. 정년하기 전에도 같이 입사한 동료가 있었다. 어쩌다 내가 먼저 학장이 되는 기회가 있었다. 사실 나는 남보다 앞서는 것이 많았지만 그것은 현실하고는 거리가 멀었다. 한때는 그렇게 친하고 좋았든 동료가 그렇게 싹 돌변할지를 몰랐다. 그래서 나는 또 외로운 것을 알아야 했다. 지금은 내가 바라는 바를 남이 나에게 해주기를 바라지 말고 내가 먼저 그에게 해주어야한다고 생각한다. 자기는 남에게 주지 못하면서 받으려고 하는데 모든 것이 문제가 야기되기 때문이다.

내가 광주보건대학에서 근무할 때 비교적 믿고 지내든 분이 전화가 왔다. 어떻게 전화번호를 알았는지 모르지만 반가웠다. 자기가 장흥에 버섯시험관계로 가서 나의 제자로부터 점심대접을 받았다고 하면서 여러 가지 소식을 듣게 되었다. 사실 내가 광주를 떠날 때는 그래도 나에게 저녁 대접을 과분하게 받았든 분이라 고맙게 생각하든 사람이다. 그리고 우리학교 세계 버섯축제 때도 왔었다. 내가 모든 것이 낯선 광주에 근무할 때 많은 정보를 그로부터 들어서 도움이 되었다. 나는 내가 소속한 과의 정보를 모르지만 그 사람들의 여러 정보를 나에게 알려주어서 많은 도움을 받았든 분이다. 내가 너무나 허약한 힘없는 사람이어서 동정심에서 그랬든 것 같다. 그러니 그 당시는 상당히 도움이 되었다. 광주를 떠나서 오랫동안 소식이 없었다. 거의 30년 만에 전화를 받고 또 내가 근무한 대학의 시시콜콜한 소식도 들었다. 내가 전연 관계도 없는 것을 이야기도 하여서 약간은 얼떨떨하였다. 그래서 나의 근황 중에서 지금 집필하는 "한국의 균류도감"

드리겠다고 약속하였다. 도감이 출간돼서 보내려고 주소를 물으니 자기는 버섯에서 손을 떼고 필요 없다는 것이다. 적지않이 당황하였다. 그간의 내 이력서를 책 표지와 함께 보낸 적이 있다. 거기에는 자기가 생각했든 것과는 전연 다른 것이라 어떤 생각을 했는지는 모른다. 그는 내가 광주에서 근무 할 때의 모습을 생각했든 모양이다. 다시 말하면 아무 힘없이 살아왔을 거라고 믿었든 것 같다. 그러나 그동안 직장을 옮겨서 피나는 노력으로 업적을 쌓았다는 것을 모르고 지낸 것이다. 나는 속좁은 생각으로 내가 자기가 생각했든 그런 범주에서 벗어나 그래도 열심히 살았다는 것을 보고 기분이 상한 것이 아닌가 엉뚱한 생각 들었다. 쉽게 말하면 자기보다 내가 훨씬 출세한 편에 있다는 것을 질투한다는 기분이 든 것 같다. 평생 버섯공부를 하고 무슨 말이 나오면 침이 마르도록 이야기하든 분이 그렇게 돌변하다니. 지난번 전화에서 자기가 관여하는 학회에 나오라고 독려하면서 나를 위한 선처를 하는 듯하였다. 그러면서 서울서 열리니 꼭 나오라고 하던 분이 그렇게 변하는 것을 보고 나는 놀랐다. 처음 약속대로 완성된 도감의 하나를 드리겠다고 하였기 때문에 약속을 지키기 싶었든 단순한 생각이외에 다른 의도는 없다. 자기는 이제 시골로 들어간다는 말을 하는 것이다. 그래서 도감 같은 것이 필요없다고 한다. 정말 시골 생활로 들어갔을까.

사람은 남보다 자기가 우월하기를 바란다. 그것은 지극히 자연스럽고 훌륭한 생각이다. 지난번에 졸업한 초등학교가 있는 군산에 갔을때 친구가 다른 친구를 비교하여서 기분이 상했다. 그날 쥬스를 얻어 마신 댓가로 내가 도감 한권을 보냈더니 전화가 왔는데 말소리 태도가 달라져 있었다. 사실 나는 지금 생각하면 내가 얼마나 잘못된 생활을 하였는가를 알 수 있는 잣대로 생각하니 마음이 한결 가벼워짐을 느꼈다. 사람을 그 사람의 권력, 재력, 사회적 지위로 비교하려고 해서 기분이 너무나 상했다. 그래서 인지 고향 초등학교에 가고 싶은 마음이 없어진다. 그래서 사람 만나는 것이 두려워진다. 지금 와서 생각하니 나이 70을 넘고 보니 삶을 평가하는 할 수 있는 잣대가 있을까.

파리나무십자가 합창단

서연이 엄마로부터 파리나무십자가 소년합창단 초대권 2장을 받았다. 오래간만에 음악회에 가게 되었다. TV에서만 보든 합창단의 노래를 직접 보고, 듣게 되었다. 세계적으로 유명한 합창단이라 모르는 사람이 없다. 이미 지방공연을 끝내고 마지막으로 서울에서 휘날레를 장식하는 것이다. 나는 노래에 대해서는 잘 모르고 그리고 부르는 것은 음치에 가깝다. 그러나 노래는 좋아한다. 나뿐만 아니라 가족 모두가 음악에는 별로인것 같다. 대체로 노래를 잘 하는 사람들은 집에서는 시간만 나면 노래를 부르거나 콧노래를 하는데 우리 집에서는 그런 일이 없다.

나는 파리나무십자가란 말이 무척 서정적이고 정감이 가는 말로 내 몸에 와 닿는다. 파리는 프랑스의 수도이자 전 세계의 문화의 중심지라 할 수 있다. 모든 문화의 발상지라 수 있으며 유행의 최첨단을 걷는 도시다. 파리의 나무하면 "마르니에"가 생각나며 무언가 추억과 향수를 불러 일으킨다. 세이느 강변을 따라 가로수로 심어져 있고 특히 개선문을 향하는 양쪽 길가에 서있는 모습을 TV에서 보아 익히 알고 있다.

1990년 9월에 독일의 레겐스부르크대학에서 개최된 국제균학회(IMC4)에 참석하였다가 독일 관광단에 편승하여 파리를 관광한 적이 있다. 레겐스부르크에서 오후 4시에 출발하여 다음날 오전 9시 정각에 파리의 노틀담사원 옆의 주차장에 도착 하였다. 그러니까 꼬박 17시간 걸렸다. 벌써 25년 이상이 흘렀으니 노틀담의 옆의 주차장도 마르니에 나무도 많이 변하였을 것이다.

합창단의 복장인 헐렁헐렁한 하얀 수도복을 입고 전부 양팔을 앞으로 끼고 있는 것이 정말 인상적이었다. 목에 건 커다란 나무십자가 때문에 합창단 이름이 붙여졌을 것이라 생각되었다. 십자목걸이가 마르니에 나무로 만들어 졌을 것 같다. 하얀 수도복 허리에 허리띠를 길게 늘어뜨린 모습도 인상에 남는다. 수도복 때문에 우리가 볼 수 있는 것은 얼굴뿐 그 외 모든 신체는 하얀 수도복 속으로 감추어져 있는 것이

나는 좋다. 하얀 수도복이 이세상의 모든 더러운 것을 감싸주는 것이 좋다. 영화같은 것에서는 검은색의 수도복 차림을 익히 보와 왔기 때문일지도 모른다. 이들의 목소리를 천상의 화음이라고들 말한다. 천사들이 내는 목소리는 이런 것일 것이다. 아름다운 미성의 소리를 내기 위해서 얼마나 많은 발성 연습을 하고 화음을 맞추기 위하여 많은 반복의 훈련을 하였을 것이다. 아름다운 소리에 매료되어 한곡 한곡이 끝날때마다 박수를 치곤하였다. 나는 그들이 부른 노래의 곡명을 모른다. 그저 지금까지 듣지 못했든 아름다운 소리라는 것을 알뿐이다. 내가 아는 곡은 아리랑과 크리마스 캐롤의 한두곡정도만 들어 본적이 있다. 그렇지만 무언가 말할 수 없는 아늑함과 편안함으로 나도 모르게 꿈속의 나라로 빨려들어가는 기분이었다.

버섯도 노래를 부를까. 식물을 가꾸는 사람들은 노래를 매일 들려주면 식물도 잘 자라고 예쁘다고 한다. 이것은 식물도 아름다움을 느끼는 DNA유전자를 갖고 있다는 의미다. 식물이 가지고 있다면 버섯도 당연히 갖고 있을 것이다. 버섯을 재배하는 분들에게 아름다움 음악을 재배사에 틀어주면 일하는 사람과 버섯이 함께 즐거움을 느끼고 좋은 버섯이 나오지 않을까 상상하여 본다.

겨울의 균류

추운 날씨니 지상에서 발생하는 버섯은 없다. 그래도 나무와 더불어 생활하는 목재부후균들은 예외다. 어떻게 보면 오히려 겨울에 더 활발하게 살아가는 것 같다. 귀털융단버섯(*Tomentella crinalis*)을 여름에 보령의 성주산에서 채집한 적이 있는데 이번에 통나무를 쌓아 논 더미에서 발견하였다. 자실체를 건드리니 포자가 연기처럼 휘날린다. 여름에는 이런 현상을 못 보았는데 이번에는 무수히 포자가 날려가고 손에도 무수히 묻는다. 이 버섯의 자실체는 적벽돌색이고 뽀무라지처럼 튀어 올라온 모양이다. 그래서 오래되면 이 뽀무라지들이 사그라들고 바탕색 속으로 합쳐진다. 그래서 거의 편평하게 된다. 외국문헌에는 겨울 균류로 기록되어 있다. 그런데 사실 여름에도 발견한 적이 있다. 도감의 설명이 다 맞는 것은 아니다. 균류의 동정은 같은 종이라도 장기간의 관찰을 요한다는 것을 의미한다. 또 하나의 종은 살색구멍버섯(Junghuhnia nitida)인데 고목의 표면을 피복하고 있었다. 이 버섯은 여름에도 고목의 표면을 덮고 있는 것을 발견한 적이 있다. 도감에는 여름에서 가을에 발생하는 것으로 기록되어 있다. 생물의 생태적 관찰은 알고 있는 종(species)도 꾸준히 관찰할 필요가 있는 것이다. 자연생태계에서 생물들은 적응 진화가 끊임없이 진행되고 있는 것이다. 그리고 이런 변화가 관찰되면 원래의 기재에 더 보완해 나가는 것이 진정한 종의 기재가 될 것이다.

Ⅱ

자연의 청소부

Chapter Ⅱ

자연의 청소부

 버섯은 자연의 청소부

버섯을 이야기하면 대부분의 사람들은 먹을수 있느냐, 없느냐, 독버섯이냐에 관심을 가진다. 그만큼 먹거리에 관심을 가지고 있다. 근래에 와서는 버섯이 항암 성분을 가지고 있다는 사실이 알려짐으로서 버섯이 더욱더 세간의 관심을 모으고 있다. 특히 비타민 D가 골다공증 예방에 좋다는 이야기에 버섯이 건강식품으로 각광을 받고 있다. 오래전부터 버섯식품이 성인병인 고혈압, 당뇨, 비만에 좋다는 것을 익히 들 알고 있다.

버섯무리인 균류는 생태계에서 생산자, 소비자, 분해자의 단계에서 분해자의 기능을 하는 훌륭한 생물이다. 지구는 30~40억년 전에 태양계에서 떨어져 나왔다고 한다. 그러나 생물이 지구상에 출현한 것은 3~4억년전 쯤으로 생각한다. 인류가 지구에 출현 한 것은 30~40만년전 쯤으로 추정된다. 그로부터 생물들은 진화하면서 이루 헤아릴 수 없는 생명체가 나타났다가 사라지고 하면서 현재에 이르는 생물들이 남았다. 대체로 버섯무리로 추정되는 것들은 4억년쯤 전인 데본기 시대에 출현한 것으로 학자들은 추정한다. 그 후 지구의 악조건의 환경속에서 진화를 반복하면서 현재의 버섯으로 되었을 것으로 본다.

이 오랜 세월동안 많은 생물들이 생태계에 적응 진화하면서 거기에 수반되는 생존 경쟁을 하면서 살아 왔다. 이러한 결과로 생물들의 부산물로 생긴 것은 엄청난 것이다. 그 중의 대표적인 것이 사체, 이들이 만들어 낸 노폐물이 얼마나 될런지를 상상하면 그 양은 엄청 날것이다. 문제는 이 사체와 노폐물들이 썩지 않고 지구상에 그대로 있다면 이 지구는 어떻게 되었을까. 사실 그것들이 그대로 지구상에 있다면 이 지구는 사체더미, 쓰레기들로 지구를 뒤덮고 있어서 모든 생물들이 살 곳이 없을 것이다. 이것은 바로 생물들의 죽음으로 내몰림을 의미한다.

그러나 이와같은 최악의 상황은 일어나지 않고 수백만 종의 생물이 살아가면서 진화를 거듭하고 있다. 사체, 쓰레기와 노폐물이 지금 없다는 것은 얼마나 신기한 일인가. 이러한 엄청난 재앙을 막아준 것이 무엇인가를 생각해본 적이 있는지 궁금하다. 바로 우리 옆에서 항상 만나는 균류인 곰팡이 무리, 버섯무리, 세균과 같은 미생물이다. 이처럼 모든 생물의 생존의 바탕을 마련하여 준 것이 이것을 분해한 생물들이다. 이러한 분해자들의 대표적인 것이 균류인 곰팡이, 박테리아, 바이러스 등 소위 미생물이라 부르는 것들의 덕분이다. 버섯은 곰팡이 무리 중에서 가장 진화가 잘 된 생물이다.

버섯은 몸체가 균사라는 간단한 세포로 구성되어 있다. 따라서 고등한 식물이나, 동물처럼, 소화기관, 감각기관 신경계같은 것으로 분화 되어 있지 않다. 이들은 녹색식물처럼 스스로 필요한 영양을 만들지 못하고 다른 개체가 만들어 놓은 영양물을 얻어 생활한다. 생물은 그 수명이 다하여 죽게 되면 분해자들이 이들을 분해하여 자기의 영양원으로 하고 또 다른 생물의 거름으로 이용되기도 한다. 생물체의 사체 등을 분해한다는 것은 이 생물체를 구성하는 유기물을 구성하고 있는 이산화탄소와 물로 분해하게 된다. 분해되면 이산화탄소는 공중으로 날아가고, 물은 증발하거나 땅속으로 스며든다. 원래 자연의 상태로 돌아가는 것이다. 이것이 물질의 순환인 것이다. 물질의 순환이 이루어짐으로서 자연 생태계는 깨끗하게 정화 되며 평형상태를 유지하는 것이다. 이러한 역할을 버섯무리가 하므로 자연의 청소부라 부른다.

죽 음

며칠전 매스컴에서 한국의 지성인을 대표하는 분의 근황을 본적이 있다. 지금 머리에 남는 것은 연로하신 분이라 자기는 이제는 죽음을 기다리며 산다고 한다. 천수를 누리신 분이라 그런말이 적절한 표현이라 생각된다. 죽음이 두렵지 않은 사람이 어디 있겠는가. 그러나 죽음에 대한 마음가짐은 사람마다 다를 것이다. 어떤 사람은 죽음을 피해서 멀리 달아나는 사람도 있을 것이고, 어떤 사람은 죽음과 같이 생활하면서 자기가 죽음과 같이 사는 것을 모르기도 하고, 또 어떤 사람은 죽음을 향해서 달려가는 사람도 있을 것이다. 자기의 삶이 어느 것에 있든 그들 나름대로 살아가는 것이다. 나는 어느 부류에 속할지 생각해본다. 나라고 죽음이 무섭고 두렵지 않겠냐만은 나는 죽음에 맞서 싸우면서 달려가는 쪽이 아닐까 생각해본다. 문득 죽는다는 생각을 하면 무섭기도 하지만 그 무서움에 두려워 할 수만은 없다. 그래서 나는 아침에 일어 날 때 살아야한다는 생각을 하면서 일어난다. 가끔 지금 내가 하는 일을 끝내지 못한다면 하고 걱정도 한다. 특히 몸이 아프거나 일이 뜻대로 풀리지 않을 때 그런 생각을 한다. 살아가다 보면 왜 내가 사는지 하는 의문이 들때도 있다. 그래서 안사람에게 이렇게 살다 죽는 것이 아닌가 하고 말할 때가 가끔 있다. 아내는 모든 사람이 다 우리처럼 이렇게 산다고 한다. 오래전에 TV프로에서 어느 부장판사에게 후배가 도움을 청하기위해서 찾아가서 선배님 요즈음 어떻게 생활하시는가를 인사말로 건넸다고 하니 그 사람이 말하기를 죽지 못해 산다고 하더란다. 사람은 다 나름대로의 말 못할 사정이 있다는 것이다.

그래서 나는 나 자신에게 격려하고 용기를 주려고 애쓴다. 가끔씩 나는 주님께 지혜와 용기를 달라고 기도한다. 지금 나에게 필요한 것이 무엇인지 잘 모르지만 건강하게 지금의 작업을 마무리하는 것인데, 그것이 생각처럼 안된다는 것이다. 옛날에는 교사들은 교단에서 학생들에게 가르치다 쓰러져 죽는 것이 제일 행복하다고 생각한 적도 있다. 그러니 나같은 사람은 어떻게 죽어야 할지 감이 잡히지 않는다. 실제로 죽는 것을 못보았으니, 그것은 환상일지 모른다. 죽음도 사람에 따라서 여러 가지 의미를 우리에게 안겨준다. 나의 죽음관은 무엇일까. 나는 가끔 내가 죽으면 슬퍼할 것이 없기를 바란다. 그리고 아무한테도 알리지 말고 조용히 화장해서 내가 원하는 곳에 묻기를 바란다. 사람이 죽으면 만만치 않은 돈이 들어간다. 그래서 나는 내가 죽은 다음에 그런 걱정을 하지 않도록 준비하려고 한다. 나 때문에 자식들간에 분란이 없기를 바라기 때문이다.

새 해

세월은 정말 빠르게 흐르고 있다. 2015년이 시작된지 엊그제 같은데 새해를 맞이한 것이다. 한 일도 없는것 같은데 나이 한 살을 더 먹은 것이다. 올해도 지난해처럼 한해가 지나 갈 것이다. 그리고 년말에는 내가 뭘 했나하고 후회하는 사람들이 많을 것이다.

나는 "바람과 함께 사라지다"의 마지막 장면을 떠올리곤 한다. 비비안리가 삽을 들고 큰나무 아래서 땅을 파는 장면이 떠오른다. 오늘의 태양은 내일도 뜬다. 바로 이것이다. 어제의 태양과 오늘의 태양은 똑같다. 작년에 좌절하고 못한 일이 있다면 올해에 다시 도전하여 성공하라는 뜻으로 생각한다.

우리는 어떤 일을 하는 것이 참되고 중요한가를 많은 사람들은 혼돈하고 있는것 같다. 일상 우리가 하는 일들이 얼마나 중요한 일인지를 모르고 지나간다. 거창한 일을 하여 매스콤에 오르내려야 중요한 것은 아니다.

톨스토이의 소설에 이런 단편이 있다. 어느 왕이 철학자를 찾아가서 백성에게 언제, 어디서 어떤 일을 하는 것이 백성들에게 중요한지를 물었다. 철학자는 대답하기를 지금이 중요하고, 지금 이곳에서, 지금 하는 일이 백성을 위한 것이라고 대답하였다. 지금 자기가 하는 일이 소중한 것이다. 거창한 계획이나, 돈을 들여서 할려고 하지말고 평상시대로 부지런히 살아가라는 뜻일 것이다. 지금 우리가 열심히 살아가는 평범한 진리를 터득하는 것이 중요하다. 이런 평범한 진리가 얼마나 위대한 가를 모르고 지나가는 것이다.

지난 해에 내가 한일은 운동을 열심히 하면서 손주들을 돌보고, 박물관 부지를 보러 다니고, 틈틈이 외국여행도 하고, 도감을 집필하는 것이었다. 경제 전반에 걸쳐서 불황이 와서 회사들도 구조 조정을 하고 있다. 세간의 말로는 불황이오면 출판계가 제일 먼저 불황을 면치 못한다고 한다. 이런 어려운 상황에서 한국의 균류를 6권정도로 집필하기로 계약을 맺은 것은 나에게는 큰 행운이다. 백두산의 버섯도감(1, 2권)을 출판을 하려는 회사가 없어서 고민한 적을 생각하면 천만 다행이다. 11월에는 한국의 균류 1권(자낭균류편)을 출판사에 넘기고 나니 마음이 얼마나 가벼워지는지 몰랐다.

나는 올해에 계획을 세워서 특별히 할 일은 없다. 그저 작년에 하던 일을 계속할 것이다. 지금 살고 있는 집이 우리 부부에게 너무 커서 한번 옮겨 볼까 생각한다. 큰 평수에 분수에 안 맞게 2사람이 살다보니 부대비용이 많이 나간다. 아무리 생각해도 비경제적이다. 지금은 손주 둘을 돌봐 주고 있어서 그런대로 위안을 삼는다. 손주들도 올해는 2돌이 지나 3살로 되니 우리의 도움이 없어도 자기들 집에서 살아가는데 큰 어려움은 없을 것 같다. 어떤 때는 손주들이 더 자라서 유치원에 다닐 때까지 여기서 살까 생각도 해보곤 한다. 다만 내가 일을 제대로 못하게 되는 것이 문제다.

한국의 균류 도감 1권(자낭균류)에 이어서 2권(광대버섯과, 주름버섯과, 송이버섯과)을 집필하려고 한다. 이미 500여 종의 사진을 골라놓아서 집필하는 데는 도움이 될 것 같다. 계획은 3권(벚꽃버섯과, 느타리과, 낙엽버섯과 등)까지 끝내려고 하는데 계획대로 진행이 될지는 나도 모르겠다. 집을 옮기는 경우 여러 가지 번거러운 일로 시간에 쫓기게 되면 어려움이 있게 마련이다. 사람이 살다 보면 언제나 뜻하지 않은 일이 생기게 마련이다. 그러면 그 일에 매달리게 된다. 그 때문에 계획대로 일이 안 될지도 모른다. 이 세상에 뜻대로 되는 일은 없다. 지금까지 살아 왔듯이 운동하고, 부딪치는 일은 그때 그때 해결하면서 부지런히 살아가려고 한다. 하늘은 스스로 돕는 자를 돕는다고 한다. 문득 중학교 영어 시간에 배운 글귀가 떠오른다.

새해의 소망

꼬기요하고 새벽을 알리는 횃대의 수컷 닭의 우렁찬 소리가 들린다. 금년에는 닭들처럼 부지런한 생활을 다짐해본다. 닭들은 아침부터 저녁까지 모이를 찾아 마당의 이곳 저곳을 휘집고 다닌다. 그래서 마당이 지저분하고 어지럽혀서 닭들을 쫓느라 애를 먹은 어릴적 기억이 새삼스럽다. 귀한 손님이 오면 의례 닭을 잡아서 닭 원반을 만들어 대접한다. 내 어릴적은 큰 형님이 서울서 오면 행하든 행사였다.

작년 11월 어느 날 내가 다녔든 초등학교를 찾아갔다. 실로 60여년 만에 교정에 들어섰다. 내가 다니든 시절의 건물은 다 없어지고 새로 지은 건물들이다. 매스컴에도 보도 되었든 도서관에 들렀다. 시골 학교에 이처럼 크고 훌륭한 도서관이 있는 곳은 별로 없다. 이 도서관은 이 학교 출신의 성공한 분이 자기이름을 따서 지어준 도서관이다. 도서관 앞에는 그분의 동상도 그럴듯하게 세워져있다. 이 도서관이 어찌보면 그분의 업적을 기념하는 하는 듯하다. 그분이 이룩한 대학, 병원 등의 조형물이 도서관안에 떡 하니 자리잡고 있다. 내가 모교에 관심을 가진 것은 정년을 하고 나서다. 내가 할 수 있는 것은 버섯도감 20여권을 줄 수 있는 것이 전부였다. 사서는 내가 쓴 책을 어린이들이 잘보고 있다는 말로 위로하여 준다. 도서관 사서가 나한테 리본 같은 것을 주면서 짤막한 글을 부탁해서 나는 "꿈이 있는 곳에 희망"이라는 글귀를 남겼다. 그 리본을 걸어 놓아서 어린이들이 읽도록 하는 것 같았다. 70평생을 살아온 삶이 남의 모범도 안 되었고, 내세울 만한 것이 별로 없다. 그렇다고 학문이 뛰어 난 것도 없고, 재산을 많이 모아서 부자소리를 듣는 것도 아니다. 생각하면 그저 평범한 생활을 한 것으로 남들은 알지만 나 자신은 정말 피나는 노력, 고통, 슬픔, 질투, 미움 등이 뒤얽힌 생활로 오늘날까지 살아오고 있는 것인지도 모른다. 위안을 한다면 부지런히 살아온 것뿐이다. 그렇다고 남에게서 칭찬 받을 만한 일도 못했고, 어쩌면 남이 못되기를 바라는 마음이 더 많았는지 모른다.

이제 남은 여생을 어떻게 살 것인지도 가끔 생각하여 본다. 내 생애의 전부를 버섯속에서 살아왔다. 그러니 버섯 속에서 생을 마쳐야 할지도 모른다. 버섯은 자연의 순리에 따라 살아가는 생물이다. 생태계가 그에게 악조건을 형성하면 땅속, 나무속에서 웅크리고 있으면서 근근히 생명을 유지하면서 때를 기다린다. 절대로 서두르지 않는다. 조건이 좋으면 좋은대로 버섯을 만들지만 조건이 나빠지면 아무 군소리 없이 거기에 적응하여 생을 마감하기도 한다. 비바람이 불면 포자를 거기에 날려서 종족을 산포하고 날씨가 추우면 또 거기에 적응하는 휴면포자나 내성포자를 만들어 생명을 간신히 보존한다.

요즈음 생각하는 것은 나의 일상이 버섯처럼 살아가기로 마음을 먹지만 뜻대로 되지 않는다. 버섯은 생태계에서 화려한 대우를 받거나 취급 되지 않는다. 자연에서 가장 밑에서 생태계의 정화를 하지만 누구하나 알아주는 사람은 없다.

나도 그런 삶을 살아야 하는데 그렇지가 못하다. 남에게서 무시를 당하고 업신여김을 받아도 받아 들여야 하는데 그것이 잘 되지를 않는다. 특히 가족사이 그것도 안사람한테서 잔소리를 들으면 버럭 소리를 지르거나 화를 내는 때가 종종 있다. 남한테서는 참을 수 있는 것이 안 사람한테서는 잘 안된다.

분명한 것은 버섯은 본체인 균사때도 버섯을 형성 하였을 때도 한결같이 순응하며 산다는 것이다. 언제 어디서든지, 어느 곳이든지, 가장 밑바닥에서의 취급을 받아야하는 사람이다. 이런 생활을 잊지 말아야 한다는 것을 알면서도 실천이 안된다.

우리네 엄마

요즈음 TV 드라마에서 엄마에 관련된 드라마가 2개나 방영되고 있다. 내용은 엄마의 자식에 대한 헌신적인 사랑과 봉사를 내용으로 하고 있다. 하나는 엄마, 아빠를 중심으로 가족들 구성원의 이야기로 우리 일상생활을 통하여 가족애의 일상생활을 그린 것이다. 또 하나는 혼자된 엄마가 가족을 이끌어 가면서 생활주변을 소재로 하고 이 엄마가 새로운 삶을 꾸리는 것이 소재다. 우리내 가족사에서 누구나 겪었고 그런 현실에서 살아 왔고 살아가고 있다. 엄마라는 이름 때문에 자기의 모든 것을 버리고 오직 자식을 위해서 살아오는 것이 우리네 엄마다. 이런 것은 비단 인간만이 하는 것은 아니다. 세상에 생물로 태어 난 것은 자식을 위해서 자기의 목숨을 기꺼이 버리는 것 때문에 생물들이 지구상에서 살아남아서 오늘의 생태계를 이룬 것이다. 이런 것을 무어라 말해야 할지 모른다. 나는 생물들이 가장 위대한 일을 하고 있다고 생각하곤 한다. 다만 인간들만이 정치적 권력, 경제적 부, 사회적 명예 등에 이름을 올려야 잘나고 위대한 것으로 생각하지만 그렇지 않다. 생물들은 자식을 위해서 헌신한 것은 누가 무어라 해도 위대하다. 따지고 보면 인간이나 다른 생물들이 남겨 놓으려고 애쓰고, 남겨놓는 것은 똑같다.

요즈음 끔직한 매스컴 보도가 있다. 엄마와 아빠가 어린 자식을 학대하여 숨지게 하는 사건이다. 이런 뉴스를 보면서 가슴이 울렁거리고 떨리는 것을 금 할 수가 없다. 과연 어떻게 저렇게 잔인한 행동을 할 수 있을까를 상상만 하여도 무섭다. 이유야 여러 가지가 있지만 그것은 어린 자기자식을 숨지게 할 정도의 변명으로 설명이 안된다. 생물의 기본적 본분을 망각하고 저지르는 일들을 보면서 가슴이 저려오는 것을 금할 수가 없다. 이런 것이 현대의 물질 만능때문인지 아니면 날로 심해지는 생존경쟁의 산물때문인지 아니면 내면에 있든 어떤 무엇이 작용하기 때문인지 가늠이 가지 않는다. 이런 장면의 TV 화면이 나오면 나는 채널을 바꾼다.

나는 학교에 있을 때 수업시간에 가끔 인생살이를 이야기 하곤 하였다. 사실 지루한 학문적 이야기만 하면 학생들은 내 강의를 듣고 적는 것 같지만 그렇지만은 않다. 그래서 내 인생의 짧지 않은 과거사를 회상하면서 이야기를 나누곤 하였다. 그중의 하나가 부모님에 대한 생각이다. 내가 여학생들에게 여러번 말한 것은 엄마에 대한 태도다. 우리네 엄마들은 많이 배우지도 못하고 아는 것도 그리 많지 않다. 그래서 자식들의 일거수 일투족을 몹시 알고 싶어 한다. 자식의 모든 행동이 자기의 것으로 생각하는 때가 많다. 자식이 시무룩하고, 걱정하는 내색이 있으면 그 이유를 알고 싶어 한다. 물론 해결책을 내놓을 수는 없지만 위로의 말은 할 수가 있다. 그 괴로워하는 모습을 자기의 괴로움보다 더 아파하는 것이다. 엄마가 걱정스런 말로 물어보면 여학생들의 대부분은 엄마는 몰라도 돼 하고 쏘아 붙이거나 아니면 말하여도 엄마는 몰라 하면서 집밖으로 나가버리는 수가 있다. 엄마는 힘든 일을 하고 있는 데도 도와 줄 생각은 안하는 것이 다반사다. 남학생들은 엄마가 물어보면 들은둥 말은둥 대답도 안하고 집밖으로 나가버리는 수가 왕왕 있다. 성인이 되면 그런 것들이 후회로 돌아온다는 것을 그 당시는 모른다. 이런 것은 나도 그렇게 하였기 때문인지도 모른다. 지금 생각하면 눈물이 날 정도로 가슴이 아프고 저리다. 그러다가도 용돈이 필요하고 아쉬움이 있으면 엄마에게 손을 내밀고 아무렇지 않았다는 돈을 달라고 한다. 용돈이 적으면 투덜되고 원하는 것 만큼 못준 엄마는 마음이 아프지만 참는다. 오히려 자기가 무능하여 돈을 벌지 못하여 자식에게 만족스럽게 못해준 것을 무슨 죄라도 지은 듯이 고개를 떨군다. 그래도 우리네 엄마들은 그런 자식이 너무 대견하고 고마운 것이다.

이 세상에 엄마로 태어나서 산다는 것이 너무 어려운 것이다. 그것을 잘 알면서도 우리네는 엄마를 너무 업신여기는 것이다. 한없이 떠받들고 모셔야 함에도 불구하고 잘못되면 다들 엄마 탓으로 돌리는 때가 있다. 우리도 언젠가 엄마, 아빠가 된다는 것을 생각하자. 과연 그때 내가 우리 엄마처럼 자식을 위해서 헌신 할 것인가를 한번쯤 생각하게 된다.

희 망

창밖을 내다 보면서 가끔 상념에 잠긴다. 우리집에서 보면 저멀리에 제일 약품 간판이 보이고 더 멀리에 교보문고 강남점의 건물이 눈에 들어온다. 또 한쪽에는 비너스 여자옷 선전 간판이 보인다. 빽빽한 빌딩숲이나 아파트로 가득찬 곳에서 생활하다보니 이런 것이 없으면 괜히 마음이 허전해지는 때도 있다.

눈내리는 창밖을 내다보면서 지나온 과거가 가끔 새삼 떠오른다. 기뻤든 일보다는 불쾌한 일로 마음이 아렸든 생각으로 머리를 뒤흔든다. 나와 경쟁 아닌 경쟁으로 나를 미워했든 사람들이 떠오르기도 한다. 나도 지나간 일들이 생각이 떠오르는 것을 보면 나도 그들을 증오하고 미워했다는 반증일 것이다. 그런데 손에 들어 온 이득은 하나도 없다. 옛말에 사촌이 땅 사면 배 아프다는 심정처럼 내가 못한 일을 하면 칭찬하여야 하는데 그렇지 못하다. 나는 그런 사람의 하나이다. 나하고 아무 상관없는 일에 남이 잘되면 겉으로는 칭찬하는 척하면서 속으로는 질투하는 심정이 있는 것이다.

그래서 어떤 사람은 모임에 잘 안나간다고 한다. 모임에 나가면 남의 약점을 잡아서 거기를 콕 찌른 말을 해서 기분을 망치게 한다. 그런 것이 가까운 사람한테서 더 많이 듣게 된다. 사업을 하다 망한 사람에게 위로의 말을 하지만 사실은 너 사업이 망해서 고소하다는 조롱조로 들리는 경우가 많다고 토로하는 말을 들은 기억이 새롭다.

올해의 희망은 이런 이중성의 마음을 털어 버리기를 희망한다. 마음가짐은 쉽지만 실천하기란 정말 어렵다. 막상 일이 닥치면 마음먹었든 것이 사라지고 위에서 말한 대로 되어가는 것이다. 그러나 꾸준히 해보아야 할 것이다. 나는 아는 선배나 동료를 만나면 주로 건강해 보인다 말을 한다. 물론 그 사람의 정확한 건강상태를 모르면서 어쩌면 건성으로 말한다. 그러면 대체로 상대방은 좋아 한다. 그래서 많이 늙었다든지, 건강이 좋아 보이지 않는다는 등 상대방을 자극하는 말을 안하려고 애쓴다.

작년에 우연히 사우나탕에서 파주에서 큰 산을 가지고 야영장, 레저사업을 하는 사람과 이런저런 야기기를 하였다. 사람은 어울려 살아야하고 더불어 살아야한다고 하면서 사우나탕에서 큰소리로 이야기하는 것을 들은 적이 있다. 우연히 조우가 되어 내가 박물관을 하려 한다고 하니 자기가 파주에 많은 땅이 있으니 그곳에 박물관을 세울 수도 있다고 하여 이야기를 하게 되었다. 그 분의 사업현장을 가게 되었다. 그분의 생각은 자기가 사업으로 하다 실패한 건물을 박물관으로 하면 어떠냐는 것인데 도저히 박물관으로는 이용가치가 불가능한 건물이다. 방갈로로 사용하다 안되서 방치한 건물이고 위치도 산꼭대기에 있으니 도저히 할 수없는 건물이다. 그 건물이 폐건물로 되어 가니 많은 돈을 들여서 만든 것이 쓸모없게 되니 안타까워서 죽을 지경인 모양이다. 대안으로 땅을 일부 사서 하는 문제가 나와서 협상을 하였지만 안 되었다. 공시지가는 20,000원밖에 안된 것을 30~40만원을 원하는 눈치여서 어렵다. 1차선 도로가 2차선으로 확장되는데 보상가격이 30~40만원을 한다고 한다. 도로 보상 가격이 그대로 땅 값으로 생각하니 불가능한 협상이다. 그래서 땅을 무상 임대를 하여 주겠다고 하는데 그것도 쉽지 않다. 임대기간 필요한 면적, 위치 등이 사업주와의 의견 차이로 포기하기로 맘을 먹었다. 이런 것은 나의 욕심과 사업주의 욕심이 충돌하기 때문이다. 그래서 근처의 땅을 매입하려고 여기 저기를 다녔지만 그게 어디 쉬운 일인가. 마음에 들면 너무 비싸고, 좀 싸다 싶으면 집을 짓기에는 너무 허술한 땅이니 쉽지 않은 일이다. 그러나 실망하지 않고 부지를 찾아 볼 것이다. 사실 도감 집필작업과 겹쳐서 마음대로 시간을 낼 수 없어서 정보를 수집하는데 애로가 많지만 꾸준히 찾아 볼 것이다.

희망을 꿈꾸는 것이 나의 삶이다. 올해의 희망은 박물관을 건립하는 것이다. 처음 맘 먹었든 규모의 건물이 아니라 조그마한 건물을 지어서 시작하려고 한다. 거창하게 시작은 못하지만 그래도 내 꿈의 한부분을 실현하려고 노력한다. 뜻이 있는 곳에 길이 있다는 서양 속담을 되새겨 본다.

마스코트

마스코트란 어떤 행사를 할 때 그 행사를 대표하는 상징적인 캐릭터다. 동식물 등으로 본뜨며 행사가 성공하고 행운을 가져다 주기 위해서 사용한다. 개인적으로 행운을 가져오고 자기를 보호해 주는 것으로는 작은 인형, 동물, 식물같은 모형을 가지고 다닌다. 마스코트란 말은 프랑스의 프로방스 지방에서 작은 마녀란 뜻에서 시작되었다고 한다. 어째서 마녀가 행운을 가져다 주는 걸까. 모든 동물들은 어릴 때는 한없이 귀엽고 사랑스럽다. 그 무서운 맹수인 호랑이 새끼, 사자새끼도 보면 얼마나 귀엽고 사랑스러운지 TV에서 보아서 익히 잘 알고 있다. 작은 마녀란 그런 의미에서 사용되었을 것이다. 이번 광주 하계 유니버시아드 마스코트는 "누리비"라 한다. 무슨 뜻인지 얼른 생각이 떠오르지 않는 단어다. 누리는 세상의 순수한 우리말, 비(飛)는 날다의 한자말로 우리말과 한자의 합성어다. 그러니 처음 듣는 사람들은 잘 모를 수에 없다.

나는 요즈음 한국의 균류 1권 자낭균류편을 쓰면서 마스코트로 삼고 있는 것이 있다. 우리집 손녀들이다. 이제 갓 돌을 지난 아이들이라 세상물정을 모르는 갓난 애들이다. 예진이는 행동이 느리고 세심하다. 그렇지만 자기가 하고 싶은 것은 끝까지 해낸다. 그래서 무슨 장난을 하드라도 먼저 못하고 남이 하는 것을 보고 한다. 서연이는 예진이보다 3달이 늦은 손녀다. 천방지축으로 무서울것 없이 행동한다. 이제 둘다 아장아장 걷는데 예진이는 눈을 뜨고 뛰뚱 뛰뚱 걷고 뛰는데, 서연이는 눈을 감고 걷고나 뛰어서 앞의 물체와 부딪혀서 울기도 한다. 둘다 내 서재실에 관심이 높다. 방에 들어오면 책꽂이의 책, 슬라이드 북이 신기한지 자꾸 빼내려고 안간힘을 쓴다. 특히 서연이는 글을 쓰고 있을 때 어느새 들어와서 책과 슬라이드를 빼내서 들고 나가기도한다. 그러면 예진이도 따라 책과 슬라이드 북을 빼내려고 한다. 그리고 방바닥에 내 물건들을 빼놓아서 어지럽힌다. 서재실이 협소하다보니 필름과 서적을 놓을 공간이 모자라서 방바닥에 놓게 된다. 문을 열어 놓고 글을 쓰고 있으면 어느새 들어와서 필름북이나 책을 어지럽히고 못 만지게 하면 들고 방 밖으로 뛰어 나간다. 들고 나간 필름을 뺏으면 울고 불고 야단이다. 필름같은 것이 손에 쥐기 안성맞춤이기 때문인지 손에서 놓지를 않는다. 책상의 볼펜, 컴퓨터 마우스 등 손이 닿는 물건들을 들고 나가기 때문에 위험할 때도 있다. 또 책상 뒤의 컴퓨터 전기줄을 잡아당겨서 위험하기도 한다. 그래서 한바탕 나하고 손주들과의 전쟁을 치룬다. 물건을 뺏으면 울기 때문에 위험하지 않은 물건은 내가 양보하고 위험한 것은 울어도 뺏는다. 그러니 승부는 반반일 수밖에 없다. 그런 와중 속에서 도감작업을 하다보니 상당히 더딜 수 밖에 없다. 하기사 손주들이 그렇게 안한다고 일이 빠른 것도 아니다. 그런 것이 없으면 괜히 게을러져서 글을 쓰느냐하면 그렇지도 않다. 어쩌면 사람은 없는 시간을 짬내어서 작업을 할 때가 더 능력이 오를 수도 있다. 그래서 손녀들이 낮잠을 자는 시간이나 새벽에 작업을 많이 하는 셈이다.

그래서 나는 맘속으로 내가 도감작업을 하는 지금 나의 마스코트로 손녀 둘을 정하였다. 그래서 인지 올해는 출판계가 불황이라고 아우성이고 더욱이 출판비가 많이 드는 도감작업을 기피하고 있는 실정이다. 출판사에서 먼저 한국의 버섯도감을 시리즈로 출판을 제의하여 계약을 하였다. 작년에 출간한 백두산의 버섯도감이 우수 학술 도서로 선정되었고, 중국시장으로 진출을 할 것 같다는 소식을 듣고 마음이 흐뭇하였다. 중국의 서점에 백두산의 버섯도감이 전시되어 팔릴 수 있게 되면 얼마나 영광스러운 일인가. 나의 마스코트가 갖다 준 행운의 선물이 이루어지기를 기원한다.

복지시대

나는 가끔 한국은 노인 복지 왕국이라 생각하는 때가 많다. 노인들에 대한 인간적 대우면에서가 아니라 국가의 노인에 대한 서비스 면에서 그렇다. 경제적 측면에서 노인에게 베푸는 혜택이 한 두가지가 아니다. 그중의 하나가 전철이다. 시니어 패스를 가지고 하루 종일 전철을 타고 다녀도 무료다. 그러니 전철을 타지 않고 그냥 걸어가면 되는 거리도 전철을 타는 경우가 많다. 나같은 경우 집에서 고속버스터미널까지 한정거장이다 그래서 웬만하면 걸어가도 된다. 지하상가의 아이쇼핑도 하면서 가면 즐거움이 배가 된다. 그러면 건강에도 좋고 여유가 있어서 좋다. 지방에 살 때는 웬만한 거리는 걸어서 다녔는데 서울로 이사 와서는 정반대로 전철을 이용한다. 전철 회사들은 적자라고 하는데 그 원인중의 하나가 노인들의 무료승차 때문이라고 한다. 버섯 채집하러 동구능, 서오능을 자주 가는 편이다. 이곳의 입장이 무료다, 그뿐만 아니라 국가나 지방자치 단체가 운영하는 공공시설물의 대부분이 거의가 무료거나 할인을 받는다. 노인들의 다수가 경제적 여건이 좋지 않은 것은 사실이지만 그렇지 않은 노인들도 많다. 먼 거리를 갈때 나는 철도를 거의 이용하지 않는다. 철도도 노인들에게 할인을 하여 준다. 지방에 내려가면 반드시 묻는 것이 KTX로 왔느냐를 묻는다. 또 서울은 KTX로 가느냐를 묻는다. 그것은 철도는 노인들에게 요금을 할인하여 주기 때문일 것이다. 나는 언제나 고속버스를 이용한다고 대답한다. 그것은 고속버스를 이용하는 것이 편하기 때문이다. 우리 집 옆에 고속버스터미널이 있기 때문이다. 철도를 이용하는 것이 경제적일수도 있지만 나 같은 경우는 버스가 훨씬 편하기 때문이다.

무상급식이 나라를 뜨겁게 한 적이 있다. 국가가 자라나는 어린 학생들에게 무료로 점심을 준다는 것은 참 좋은 일이다. 문제는 그 비용을 누가 감당하느냐이다. 어느 지방자치단체는 무료급식을 할 수 없다고 선언한 곳도 있다. 그러니 학부모들과 관련단체가 들고 일어나 시위를 하는 곳도 있다고 들었다. 정부가 당연히 예산을 대주어야한다고 시끄러웠다. 무료급식 때문에 서울 시장이 바뀌는 일도 있었다. 대체로 진보층에서는 무료급식을 주장하는 반면에 보수층에서는 전면 무료급식은 경제상 어렵다고 하는것 같다. 우리나라의 경제가 선진국처럼 모든 것이 무료로 가는 것은 분명한 것 같다. 얼마 안 있으면 대학도 무료로 다니는 때가 올 것도 같다.

경제적 측면에서는 노인들에 대한 혜택은 무한히 많고 대우도 매우 흡족하다고 생각한다. 그러나 노인들에 대한 인간적인 대우는 어떠한지 생각하여 보아야 한다. 전철을 타면 나는 젊은이들이 귀에 이어폰을 끼고 노인이 앞에 서있는데도 모른척하고 잠을 자는 시늉을 하거나 열심히 스마트폰을 보는 것을 본다. 어쩌면 자기도 미안한 마음에서 그런 행동을 하리라 본다. 요즈음 노인들은 자기 스스로 살아야 한다는 것을 너무나 잘 알고 있다. 그래서 자리같은 것을 양보받으려고 하지 않는 것을 나는 참 훌륭한 일이라 생각한다. 그럼에도 불구하고 가끔 씁쓸한 생각이 드는 때가 있다. 가끔 젊은 청년이나 아가씨들이 자리를 양보하지만 나는 거의 자리를 양보 받지 않는다. 아직 서서 가는 것이 나에게 힘들지 않기 때문이고 폐를 끼치고 싶지 않기 때문이다.

복지는 이제 우리가 두가지 측면에서 생각해야 하는 때가 온 것 같다. 경제적 복지는 잘 되었지만 인간적인 예우의 복지가 경제적 복지에 상응하여 이루어 졌으면 한다. 물론 후자는 인간의 마음이기 때문에 통제도 할 수 없고 강요도 할 수 없어서 어려움이 따르기 마련이다. 노인들에게 자리를 양보하는 광경을 보면 마음이 괜히 흐뭇하여 진다. 헬스장에서 운동을 하다 보면 운동 기구들을 사용하는데 미리 예약을 하듯이 사용하는데 어떻게 모르고 사용하면 자기가 쓸 것이라고 한다. 물론 나는 두말없이 물러선다. 사실 나는 내가 쓰다가 잠깐 쉬는데 다른 사람이 쓰려고 하면 노소를 막론하고 양보한다. 내가 남에게 할 수 있는 것이 이런것 뿐이기 때문인지도 모른다. 진정한 복지를 이제는 인간적인 마음에서도 이루어 졌으면 하고 꿈꾸어 본다.

비 석

3월 손 없는 날 아버지 산소의 무덤을 납골당으로 옮긴다고 연락이 왔다. 나는 부랴부랴 아버지묘소가 있는 군산의 대야로 갔다. 아버지가 돌아가신 날이 내가 고등학교 2학년 때였다. 그때가 1962년 4월 23일이라는 것도 이번에 정확히 알았다. 그러니 반세기가 넘는 세월이 흘렀다. 봉황공원 인부들이 와서 무덤을 파기 시작하여 얼마 안되서 유골이 나왔다. 우리는 모든 것이 다 썩어서 거의 아무것도 없을 것으로 알았지만 두개골 일부, 치아, 골반엉덩이의 다리뼈가 몇개가 남아 있었다. 수습하여 회장터에서 화장을 하여 가루를 납골당에 모셨다. 나는 무덤을 파헤치는 동안 많은 생각이 뇌리를 스치고 지나갔다.

나를 무겁게 한 것은 비석이 없다는 것. 그것이 뭐 대수가 되겠냐고 하겠지만 나에게는 후회로 가득히 차 있는 것이다. 어머님의 아버지에 대한 생각과 아쉬움을 들어주지 못한 생각이 눈물이 나오는 것을 참느라 가슴이 져며 왔다. 그러니까 아버지가 돌아가시고 어머니는 아버지의 묘에 비석을 세우기를 간절히 고대하였다. 가끔 시골에 내려가면 아버지 묘에 비석을 세웠으면 하였다. 물론 그때 어머니의 소원을 들어주지 못한 것이 후회스럽기 짝이 없다. 생전에 아버지와 어머니가 사이가 좋은 것은 아니었다. 피난을 나오면서 여러 가지 어려움 때문에 다툼이 있었든 것이 떠오른다. 그것은 순전히 생활고 때문이었다. 어렸지만 가끔 말다툼을 하고 싸우는 것을 본 기억이 어렴풋이 떠오른다. 우선 경제권을 어머니가 쥐고 있었다. 어머님이 장사를 하여서 우리 살림을 꾸려나가기 때문이다. 아버지는 말은 달변이었지만 생활 능력은 어머니에 비하여 떨어져 있었다. 위기가 닥치면 남자보다는 여자가 훨씬 대처 능력이 강하기 때문이다. 피난 생활에서 남자보다는 여자가 생활 능력이 앞섰다. 아버지는 또 생활의 어려움 때문인지 질병에 시달려야 했다. 여러번 병원에서 수술도 하였다.

아버지가 위독하다는 전갈을 받고 집에 도착하였을 때는 아버지는 마지막 숨을 몰아쉬고 있었다. 나는 마지막으로 미음을 입에 떠드렸다. 물론 아버지는 나를 알아 볼 리가 없다. 그렇게 아버지는 하늘 나라로 갔다.

그 후 나는 시골집에 내려가면 어머니는 아버지 묘소에 비석을 세웠으면 하는 말을 여러번 하였다. 아버지 묘소는 비교적 큰 봉분이었다. 어머니는 항상 그것에 어울리는 비석을 하나 세웠으면 했다. 물론 그만한 돈도 있었다. 그것을 나보다는 형들하고 의논하여야 했지만 그 당시 우리 집은 그럴 형편이 못 되었다. 의논 상대가 나뿐이었는지 모른다. 내가 나서서 그것을 해결할 힘도 없었고, 경제권도 없었다. 타지에서 공부를 하고 있었기 때문에 사실 콧등으로 흘려 들었다. 아버지의 묘를 이장하려고 파묘를 보면서 어머니의 모습이 떠오른다. 그 원하든 비석 하나 세우지 못했든 나의 무능을 가슴속에 담아야 했다. 나는 누구도 원망하지 않는다. 이제 세월의 뒤안길로 날려 보내야 하기 때문이다.

피난 나와서 생활의 고통 때문에 다투었든 남편을 그래도 생각한 사람은 어머니였다. 죽은 아버지를 생각하고 그리워하는 것은 자식도 아니고 남남으로 만나서 백년해로를 하려고 했든 어머니뿐이다. 자식들이 많지만 그 누구하나 아버지를 떠 올리고 그리워하는 형제는 없다. 물론 나역시 마찬가지다. 그때는 몰랐지만 지금 와서 내가 어머니의 아버지에 대한 그리움을 얼마나 애절 했나를 조금이나마 깨닫게 된다. 어머니는 나에게 많은 교훈을 주고 갔다.

그동안 아버지 묘소의 벌초가 큰 어려움이었다. 나는 전주에 있을 때는 한식과 청명에 묘소에 가곤 하였다. 추석에도 빠지지 않고 가곤 하였다. 서울로 오고 나서는 군산 형님이 하셨지만 언제나 벌초는 어려웠다. 이번에 파묘를 하여 납골당에 모시므로써 자연스럽게 해결되어서 마음이 가벼워졌다. 반세기가 넘도록 아버지의 묘소에 비석하나 제대로 세우지 못한 아들의 불효를 용서하여 주기를 빌 뿐이다.

6.25 회상

6월인데도 벌써 무더운 더위가 극성을 부리고 있다. 정부에서는 전력비상이라고 연일 보도하면서 전력 소비를 자제하여 달라고 호소한다. 내가 어렸을 때는 무더위를 알고 지냈는지 모르고 지냈는지 도무지 기억이 안 나지만 6.25에 대한 여러 가지 행사를 한 것이 생각이 난다. 6.25가 다가오면 이북 공산당에 대한 갖가지 나쁜 생각으로 표어를 모집하고, 글짓기를 하여 잘된 것은 뽑아서 표창을 하든 시절이다. 그리고 6.25날에는 어김없이 웅변대회를 하였다. 나도 교내 웅변대회에 두어번 나갔다. 4학년 때 담임선생님이 원고를 써가지고 나보고 웅변대회에 내보냈든 기억이 난다. 그때가 1950년대 후반쯤으로 생각된다. 내가 웅변에 소질이 있어서가 아니고 순전히 공부를 조금 잘하고 급장이었기 때문이다. 그래서 나는 원고를 집에 와서 2~3일 걸려서 다 외었다. 선생님 앞에서 외운 것을 적잖이 연습하였다. 공산당을 퇴치하여야 한다는 중요 대목에서는 연단을 주먹으로 쳤다. 그러면 청중들은 예외 없이 박수를 치는 것이다. 연습을 열심히 하여 교내웅변대회에 나갔다. 웅변대회 날 교실 2개를 터 만든 강당에서 하는데 내가 얼마나 빨리 말하는지 교실 뒤쪽 게시판(학생들 작품을 붙이는 곳)에 아주 큰 글씨로 천천히란 글씨를 쓰시든 선생님이 생각난다. 물론 나에게 말할 수 없으니까 뒤의 글씨를 보고 천천히 하라는 신호다. 웅변을 하게 되면 성격이 조금 급한 편인지 아니면 외운 웅변 원고를 잊어 먹을까 싶어서 빨리하게 된 것이다. 그러니 듣는 학생들이 무슨 말인지 알아들을 리가 없었을 것이다. 하여튼 어떻게 웅변을 끝냈는지는 기억이 없다. 잘했다고 상을 받은 적도 없다. 이제 6.25가 돌아와도 이런 행사는 우리나라 어느 초등학교에서도 하지 않는다. 아니 6.25가 돌아와도 무덤덤하다. 지금 초등학교 학생들에게는 6.25는 먼 옛날의 이야기로만 들릴 것이다. 격세감이 느껴진다.

건강시대

요즈음 TV를 보면 프로그램의 상당수가 건강에 관한 프로라 보아도 무방하다. 어떤 식품은 어디에 좋고 어떤 식품은 어느 질병에 나쁘다고 연일 방송한다. 전문가들도 헷갈릴 정도다. 그 말이 정말 다 맞는다고 생각하는 사람이 얼마나 되는지 의심스럽다. 또 그런식으로 하여 건강을 되찾았다는 사례, 그런식으로 하여 성인병을 고쳤다는 사례를 보면서 나는 언제나 씁쓸한 생각을 지울 수가 없다. 어떤 식품이 어디에 좋다고 하면서 반드시 주의 할 점을 내어 놓는다. 실제로 추천한대로 했는데 효과를 못보는 사람들은 주의할 점을 소홀히 했기 때문이라 말한다. 그래서 방송되는 그 홍수같은 식품의 효능을 따라 먹는다는 것은 오히려 우리에게 스트레스를 가져 올수가 있다.

뉴욕 타임지가 선정한 3대 식품이니, 10대 식품이니 하고 추천하는 식품이 희귀한 식품이 아니고 우리주위에서 흔히 먹는 식품들이다. 버섯이나 양배추가 건강 3대 식품이라고 하여 다른 채소는 소홀히 하는 경향은 없는지 곰곰이 생각하게 된다. 우리 몸에 대해서 우리가 알고 있는 지식은 사실은 구우일모에 불과하다. 생물학적으로 채소류들은 다 비슷한 성분을 가지고 있다고 보아야 한다. 같은 량이라면 양배추가 몸에 좋은 어떤 물질을 가졌다면 다른 물질은 적게 가졌다는 말이 된다. 양배추가 아닌 다른 채소는 양배추가 가지지 못한 다른 성분을 상대적으로 많이 가지고 있다는 이야기가 된다. 생물들이 생태계에서 살아남아서 종족을 보존하기 위한 물질을 만들어 축적하여 온 것이다. 그러니까 양배추나 다른 채소나 거의 같은 환경에서 생활하여 왔기 때문에 대동소이한 물질들을 함유하기 마련이다. 그래야만 다들 생태계에서 살아남을 수 있기 때문이다. 그 채소들이 남극이나, 북극, 열대에서 자란 채소가 아니라면 말이다. 오랜 세월이 흐르면 지금 우리 몸에 좋다는 물질에 내성이 생겨서 이 내성을 무력화할 수 있는 물질이 있어야 할지 모른다. 생물들의 몸의 구성 물질은 기본적으로 탄수화물, 단백질, 지방의 성분을 근간으로 이루어져 있다. 그리고 거기에 비타민, 무기염류가 필요한데 이런 것들은 대부분 외부로부터 공급받아야하는 것들이다. 그래서 특별히 어느 식품이 어디에 월등하다든지 효험이 좋다든지 하는 것은 사실은 너무 억지에 불과하다. 예를 들면 당뇨에 채소류가 좋다고 채소류를 먹으면 병이 낫는 걸로 보통 이야기하고 그렇게들 알고 있다. 그러나 채소류를 먹고 당뇨병을 고쳤다는 말은 들어 본 적이 없다. 이것은 우리 인류가 아주 오랜 옛날부터 힘을 얻을 수 있는 물질을 요구하여 왔다. 왜냐하면 인류는 아주 열악한 환경에서 살아 남기위해서는 가장 필요한 물질이 에너지를 많이 발생할 수 있는 탄수화물, 단백질, 지방이 필요하였다.

인류가 습관적으로 많이 먹어온 식품들이 인류에게 어떤 의미에서 내성(적당한 말은 아니지만)같은 것이 생겼다고 볼 수가 있다. 그래서 내성을 이겨 낼 수 있는 물질로 비타민이나 무기염류가 필요했을 것으로 생각한다. 그런데 다행이 채소류가 비타민이나 무기염류를 만들 수 있었기 때문이다. 클로로필을 가진 녹색식물인 채소류들은 다른 동물처럼 그렇게 많이 탄수화물, 단백질, 지방을 필요로 하지 않는다. 포유류들은 자기가 이 3대 영양소를 만들 수 없기 때문에 언제나

이 3대 영양소를 가지고 있어야 생존이 가능 한 것이다. 그러나 채소류는 자기에 필요한 영양물질이 부족하면 언제나 스스로 만들 수 있기 때문에 포유류처럼 3대 영양소를 갈구할 필요가 없었든 것이다. 그렇다고 채소류가 3대 영양소가 없는 것은 아니고 이들도 역시 제일 필요로 하는 것이 이 3대 영양소다.

버섯이 건강 3대 식품이니, 10대 식품이니 하지만 매스컴에서 다른 식품처럼 중요하게 취급하는 것은 아닌것 같다. 그저 보조식품정도로 다루는 것은 무슨 이유인지 곰곰이 생각하게 된다.

100살을 살기 위한 몸부림

이제 우리는 100살을 거뜬히 살 수 있는 시대에 들어섰다. 인생칠십고래희(人生七十古來稀)라는 고사성어는 이제는 사라진지 오래다. 내 주위에서 웬만한 사람들의 나이를 보면 거의 80세 전후를 살고 있다. 이들의 건강상태는 내가 보기에는 60대 전후의 사람들에 뒤지지 않는다는 느낌을 받는다. 확실히 건강 상태가 좋아진 것은 확실하다. 그들의 활동 영역을 보면 아직도 사업을 계속하고, 무언가 배우기 위해서 열심히 움직이는 것을 볼 수가 있다. 가장 중요한 것은 자식들의 도움을 받지 않으려고 경제활동을 하고 있다는 것이다. 물론 그중에는 연금이나, 퇴직금 등 다양한 형태로 노후 준비를 하였기 때문일 것이다. 그러나 상당수는 자기 호구를 자기가 해결해야하는 사람도 많다. 그래서 그들은 이른 새벽에 배낭 등을 지고 일터로 가는 모습을 볼 수가 있다.

아침 방송을 보면 방송국에서는 건강프로그램을 내보내고 있다. 건강 프로그램을 보고 있노라면 나도 아픈곳이 하나도 없는 건강상태로 되는것 같다. 무얼 먹으면 좋은가를 알려준다. 그리고 우리 몸을 튼튼하게 할 수 있는 갖가지 비법도 알려준다. 맞춤형 건강비법이라 할까 어디가 아프면 무슨 약, 무슨 음식을 먹으면 좋다고 하면서 나아가서 무슨 운동을 하면 도움이 된다고 알려준다. 가끔 나는 이런 것을 보면 죽는다는 것은 상상도 할 수가 없다.

그러나 반대로 건강프로그램에서 예시하는 항목들을 보면 나도 질병을 가진 사람같기도 하고 아무렇지도 않지만 질병에 걸릴 것만 같은 두려움도 있는 것도 사실이다. 그래서 나의 결론은 나름대로 건강 수칙을 잘 지켜 나가야하는 것 같다. 규칙적인 생활을 해야 100세까지 산다고 홍보하지만 거기에다 나만의 건강수칙을 만들어서 지켜야 한다는 것을 나는 잘 안다.

한편 100세를 사는 것이 우리의 목표라 해야 하는지 의심이 들때도 있다. 지금 대부분의 사람들이 80~90세를 넘어서 100세에 가깝게 사는데 그들의 생활상을 보면 안타까울 때가 있다. 오래는 살지만 거의 10년 이상을 병상에 누워 있거나 아니면 거동이 불편하여 죽지못해 사는 정도로 사는 것을 보면 꼭 오래 사는 것만이 전부는 아니라는 생각이 들때가 많다.

이제는 우리가 원하든 원하지 않든 오래 살게된 사회 시스템이 되어 있고 그기에 나도 모르게 말려 들어가고 있다는 사실이다.

버섯의 욕망

우연히 알게 된 최씨였다. 연세는 지금 80이 넘었다. 처음 만났을 때는 상당히 건강하여 보였다. 아침마다 새벽교회에 나갔다가 바로 소요산까지 갔다 온다고 하였다. 집에 오면 저녁무렵이 된다고 하였다. 그 후 한참 뜸하였다. 다시 만났을 때 많이 수척하여져 있었다. 여러 질병에 시달린다고 한다. 가끔 아파트 산책길에서 만나면 건강에 관한 이야기를 자연스럽게 하게 되었다. 위 수술도 하였고, 또 다른 곳도 수술을 하여 몸이 많이 야위어 있었다. 그렇지만 헬스장도 오고 사우나에도 열심히 오셔서 건강관리를 하는 것을 보면서 대단하다고 생각하였다. 삶과 건강에 대한 집착이 강하였다. 그래서 나는 이분의 이러한 노력과 생각을 희망이라 생각하였다. 요즈음은 혼자 걷기도 어려워서 보조 장치를 이용해서 걷거나 아니면 도우미 아줌마의 수레에 의탁해서 이동하고 있다. 아파트의 헬스장이나 사우나에 가면 못들어 오게 한다고 한다. 아파트측의 말로는 사우나장에서 쓰러져서 구급차에 실려 병원으로 후송된 적도 있다고 한다.

아침 산책길에서 만났다. 몸이 많이 야위어 있었다. 제일 어려움이 잠이 안온다는 것이다. 많이 자야 20분정도 자면 잠이 깨니 긴긴밤을 거의 뜬 눈으로 지샌다고 한다. 우리도 잠을 제대로 못자면 그 피곤함을 익히 알고 있다. 그래서 나는 잠이 보약이라고 생각한다. 몸이 아파서 병원에서 MRI를 찍었는데 80만원이 들었고, 피검사하는데 20만원을 냈다고 하면서 아까워하는 눈치다. 듣기로는 대단한 재력가로 듣고 있다. 시내에도 빌딩이 있고, 아파트도 자기 것이라니 만만치 않은 부자인 셈이다. 우리는 흔히 이런 분들에게 번돈 다 쓰고 가라고 쉽게 말하곤 한다. 오늘 내일 하는 분이 그까짓 돈 몇 백만원이 대수인가, 그런데도 돈에 집착하는 것을 보면서 인간의 욕망은 죽으면서도 무덤으로 가지고 가는 것이라 생각이 든다. 어찌 보면 재산의 욕망이 바로 자식이 더 잘살기를 바라는 마음에서 나오는 자연의 이치인지도 모른다.

버섯들은 사그라 들어 죽어 갈때 어떤 생각을 할까 궁금하여진다. 그들은 오로지 강한 유전자를 만들기 위하여 포자를 더 성숙하게 영글게 할 것만 같다. 인간과 버섯의 욕망은 자연의 순리에서 일치하는 것이 아니겠는가.

버섯의 유산

내가 어렸을 때 결혼을 하면 장남이 아니면 보통 제금을 낸다고 하여 아들을 분가시키는 것이 상례였다. 제금을 낼 때는 방 하나를 얻어주고, 논이나 밭 한떼기, 생활에 필요한 몇 가지 생활필수품을 주는 것이 전부였든 시절이 있다. 오늘날로 보면 부모가 자식에게 유산을 물려주는 것이다. 분가한 아들 내외는 열심히 일하여 한 가정을 일궈어 나갔다. 그래서 부모가 자식을 결혼시켜서 독립시키는 것이 부모가 할 수 있는 가장 큰 일이었다. 그리고 그것을 큰 보람으로 살아왔다.

요즈음은 부모의 경제 능력이 옛날같지 않아서 결혼하면 독립시킬 능력이 없는 경우가 많다. 집 한칸이라도 얻어서 내보내야 하는데 그렇지가 못한 경우가 많다. 집 한칸이라도 얻어서 내보내야 하는데 그 집 한칸의 가격이 만만치 않기 때문이다. 반대로 자식의 집에서 부모가 얹혀사는 경우가 있게 된다. 자식의 경제적 능력이 있으면 다행이지만 그렇지 못한 경우에 서로가 어려움이 있게 된다. 지금 세상에 어느 며느리가 부모님을 모시고 살려고 하겠는가. 자식이 부모를 모시고 사는 경우에 자기들의 생활도 빠듯한데 부모까지 모시고 살게 되면 경제적 어려움이 많기 때문이다. 부모가 자식의 눈치를 보면서 사는 것이 얼마나 어려운가는 매스컴에서 항상 보도하고 있다. 부모를 모시고 사는 것이 옛날에는 당연하게 받아 들였지만 지금은 그렇지 않은 세상으로 바뀌었기 때문이다.

나는 얼마 전 친척의 결혼식에 간적이 있다. 거기서 친척의 한분이 부모가 자식에 물려줄 수 있는 최대의 유산은 부모가 자식으로부터 독립하는 것이란다. 자식에게 경제적 부담을 안주는 것이 유산이라는 것이다. 옛날에는 상상조차 못한 현실이 이제 우리 앞에 놓여 있는 것이다. 그러니 자식도 부모에게 유산을 바라지도 않고, 대신에 부모도 자식에게 부담을 주지 않는 것이 제일 좋다는 뜻이다.

버섯의 유산은 과연 무엇일까. 인간을 제외한 어떤 생물도 유산을 물려주는 일은 없다. 버섯같은 생물들은 종족보존이 위대한 유산이다. 강한 유전인자를 물려주어서 생태계에서 살아남는 유전인자를 물려주는 것이다. 만물의 영장이라는 인간만이 유산이라는 것이 있는 것이다. 이제 점점 인간도 버섯들처럼 생태계에서 살아남는 강한 유전인자를 물려주는 것으로 만족하게 되는 세상이 될지도 모른다.

신종 버섯

며칠 전 KBS의 "싱싱농수산"이라는 프로에 인터뷰를 한 적이 있다. 30분에 걸친 꽤 긴시간 동안 인터뷰를 하였다. 질문 중에서 나를 곤혹스럽게 하는 것은 어떤 계기로 버섯을 연구하게 되었냐고 묻는 대목이다. 사실 어떤 특별한 계기가 있어서 시작한 것은 아니고 정말 우연하게 시작되었다고 하면 실망을 하는 것 같다. 그리고 질문자가 바랐든 대답은 좀 거창한 그럴듯한 계기로 시작되었다고 하는 것을 바랐을 것인데, 이건 정말 뜻밖의 대답에 청취자들이 실망하기가 쉬울 것 같다. 말하자면 그 당시는 살아가기가 어려운 시절이었다. 나라 전체가 먹을 것이 없고 어려운 시절이라 식량난 해결을 위해서 공부를 하게 되었다는 식의 거창한 목표였다면 청취자들이 감동을 받게 될 텐데 말이다. 인터뷰 중 버섯을 연구하면서 제일 보람되고 즐거웠든 일을 물었을 때는 서슴없이 신종(New species)을 발견하였을 때라고 대답하였다. 백두산에서 그것도 비가 내리는 원시림에서 발견하였으니 말이다. 버섯위에 다른 버섯이 또 발생한다는 것은 착취 생활하는 버섯을 다른 버섯이 또다시 착취한다는 것은 놀라운 일인 것이다. 지금 한국에서 신종으로 발표되는 종(species)은 본인만 발견하였지 다른 사람은 발견치 못하고 있다는 것은 좀 안타까운 일이다. 그래서 신종이 신종으로서의 지위를 확고히 확보하지 못하고 있는 실정이다. 물론 희귀종이어서 지금까지 발견이 어려웠을 것이라 생각도 해볼 수 있다. 다른 사람이 발견하였다고 하여도 자실체 관찰 등의 차이 등으로 신종인데도 다른 종으로 분류되는 수도 있을 것 같다. 그러나 백두산에서 본인이 발견한 가는대덧부치버섯(Aterophora gracilis)은 생태적 특성이 뚜렷하기 때문에 구분이 가능하다. 버섯을 채집, 연구하는 사람들에게서 가는대덧부치버섯이 발견되기를 기원하여 본다.

세월의 유산

세월이 유수(流水)처럼 흐른다고 한다. 붙잡아 둘수도 없고 멈추게 할 수도 없고 지나가는 것이 세월의 흐름이다. 유수의 말속에는 세월의 빠름과 허무함이 있기 때문일 것이다. 지금은 고인이 된 김삼순(전 서울여대교수)박사가 노년에 몇 번 만난 적이 있다. 만날 때마다 인생이 허무 하다고 하는 말을 자주 하곤 하였다. 내가 생각하기에는 그분 정도라면 만족할만하다고 생각했는데 말이다. 대한민국 학술원회원이면 학문하는 사람으로서는 누릴 수 있는 최고의 자리에 오른 것이 아닌가. 나는 이런 말을 들을 때마다 인간의 욕망은 어디가 끝인가 하는 생각이 든다.

세상에 어마 어마한 업적을 이루고 남들이 칭송하는 것만이 그 사람의 업적이라 생각하지는 않는다. 사람도 생물인 이상 생물의 본능인 자기 종족인 자식을 낳아 잘 길렀다면 그 또한 위대한 일을 하였다고 본다. 허무 하다는 말은 할 일을 다 못하였다고 생각하는 뜻일 수도 있다. 그러나 이 세상에 자기의 뜻을 다 펼치고 떠나는 사람은 없는 것이 역사가 잘 증명하고 있다. 이 세상에 나와서 최선을 다해서 살았다면 나는 그것이 최고의 값진 삶이라 생각한다. 사람들은 지금 자기가 생활하는 것이 위대하다는 것을 모르고 역사적 인물이나 다른 사람과 비교함으로서 자기의 삶을 초라하게 만드는 것은 아닌지 자문해 보아야 한다. 현재를 최선을 다해서 생활하는 사람 때문에 다른 사람의 업적이 빛나고 나의 삶의 가치가 위대한 것이다. 사람뿐 아니라 모든 생물이 다 같은 것이다. 버섯도 먹이, 온도, 습도 등의 환경의 한계를 극복하여 오늘에 이르렀다. 데본기(4억년전)에 원시적인 형태의 균류는 살아남아서 종족보존을 위하여 녹색식물과 공생의 길을 걸었다. 공생의 과정에서 그 얼마나 어렵고 고난의 인고를 겪었을 것이다. 그 버섯들 모두가 위대한 삶을 살아서 오늘날의 버섯으로 진화되었다는 것을 아는 사람은 그리 많지 않다.

힐링(Healing)

요즈음 유행하는 말 중에서 힐링(healing)이란 말이 있다. 이 말은 몸과 마음을 치유한다는 뜻이다. 사람들은 몸이 아프거나 좋지 않을때 병원이나 약국의 도움을 받아 고치는 것을 치료한다는 말을 주로 쓴다. 치유하면 자연료법적인 뉘앙스를 많이 느끼는 말이다. 몸과 마음이 안정되는 뜻으로 보면 좋을것 같다. 물론 사람마다 해석은 다 다르다. 치료는 병원, 약국에서 주사나 화학제품인 항상생제에 의하여 고친다는 뜻이다. 질병의 근원을 없앤다는 느낌이 강하다. 치유는 몸과 마음을 자연의 맑은 공기, 깨끗한 물, 오염 안된 음식으로 고쳤다고 하여 매스컴에서 심심찮게 보도한다. 매스컴에 오르내린 곳은 강원도의 곰배령이다. 좋은 공기, 물, 자연식 등으로 암을 고쳤다는 것을 TV에서 방영한 적이 있다.

어떻게 이러한 자연생활이 몸을 낫게 했는지의 검증은 되어 있지 않다. 또 치유하지 못하고 돌아가신 분도 있다는 것을 간과해서는 안된다.

힐링이란 말이 몸과 마음을 고친다는 말이 얼마나 광범위한 말이라 이해가 어려운 것도 사실이다. 치료는 대상이 분명히 있어서 이해가 간다. 치유가 몸과 마음의 병을 고친다는 것은 구체적인 대상이 분명치 않아서 도무지 이해하기가 어렵다. 그렇다고 힐링을 통해서 모든 사람들이 얼마나 질병을 고치고 예방하는지는 정확한 통계도 없다. 몸을 치유한다면 병이 낫고, 마음의 상처가 아문다고 하는 것이 어떤 기준이 없기 때문에 얼마나 추상적인 말인가. 사람은 때에 따라서 일시적으로 기분이 좋아지기도 하고 나빠지기도 하는 것은 누구나 겪는 현상이다. 이런 애매모호한 말이 우리생활의 중요 잇슈로 떠올라서 건강에 관한 책들은 힐링 서적이라 할 정도로 책표지의 제목으로 사용하고 있다. 힐링 캠핑, 힐링 여행, 힐링 음식 등 수없이 사용한다. 이런 의미에서 버섯도 힐링의 한 부분을 차지 할 수가 있을 것 같다. 어찌보면 힐링은 인간들이 문명의 세계에서 원시의 세계를 들어가 생활하라는 뜻으로 생각한다. 원시의 세계에서 인간들은 자연그대로를 이용해서 먹고 마시고 하였다. 그러나 그때도 오늘날 같은 질병들이 있었겠지만 모르고 살았다. 그 당시 생활의 어려움은 상상하기조차 어렵다. 그 어려움을 오늘날처럼 개선하여 안락한 생활로 바꾸는데 20만년정도 걸린 것이다. 정말 지금 사람들이 말하는 힐링 생활을 실천한다면 몸과 마음이 치유되고 즐겁고 행복한 삶을 누릴 수 있을가를 생각해 본다.

희망은 생명

이 나이에 무슨 일을 하느냐, 이제 늙고, 기운 없는 내가 무슨 일을 하느냐, 돈도 없고 살기도 빠듯한데 무슨 낙으로 사느냐 등 사람들은 이런 식으로 자기 자신을 한탄하는 사람들이 주위에 많다. 희망은 이런 사람들을 위해서 생겨난 말인지도 모른다. 나는 미국에서 유학하든 딸에게 어떤 일이 있어도 희망의 끈을 놓지 말라고 격려 아닌 위로의 말을 자주 하곤 하였다. 사람들은 외국의 유학생활 특히 미국유학을 떠나면 부러운 눈으로 선망의 눈빛을 보내지만 당사자들은 낯선 이국땅에서 혹독한 시련과 고통에 시달린다는 것을 알아야한다. 국비도 만만찮게 받았고, 모교의 해외장학금도 받았고, 유학하는 학교에서는 학비와 생활비를 지원받았지만 유학생활은 그리 녹녹치가 않은 것이다. 처음은 언어의 장벽, 전공의 장벽 등 험난한 길이 앞에 놓여 있기에 실제 유학을 떠나는 사람들의 대다수는 도중하차가 많게 된다. 매스컴은 성공한 사람만 보도하기 때문에 유학이 젊은이들에게 달콤한 기대에 젖어들게 된다. 유학을 마치고 돌아오면 70~80년대에는 취직이 수월했지만 지금은 그렇지가 않다. 또 한번의 절망의 장벽인 취직이 가로 놓여 있는 것이다. 그렇지만 젊은이들에게 목표로 했든 꿈을 버리지 말라고 한다. 꿈은 반드시 이루어진다고 믿고 있기 때문이다. 꿈이 있기에 어려운 역경속에서도 현실을 극복하여 가는 것이다. 지금은 박봉의 연구생활을 하지만 얼마 안 있어 유학을 떠날 때 가졌든 꿈이 실현되는 길로 들어서리라 믿기 때문이다. 나도 정년을 하였으니 즐겁고 행복한 생활을 할 수 있었지만 그렇지가 못하다. 어떤 이는 생활기반도 잡았고 교수로서 업적도 그만하면 많이 쌓았고 사회적 지위도 그만하면 만족할 것으로 안다. 그러나 나는 일을 하여야 직성이 풀리는 역마살 때문인지 아직도 일에 매달리고 있다. 역마살 덕분인지 꿈꾸든 버섯박물관이 실현되는 날이 곧 오리라는 희망을 가지고 있기 때문이다. 나는 희망이라는 단어를 저버리지 않는다. 인생은 꿈꾸는 자의 몫이기 때문이다.

버섯들도 희망을 가지고 살아간다. 그들은 우리처럼 출세를 위해서 아니면 부를 축적하기 위해서가 아니고 오로지 종족이 진화되어 다른 생물과의 경쟁에서 승리하여 자기 후손을 더 많이 퍼뜨리는 것이다. 땅속에서 나무속에서, 다른 동물의 먹이가 되고 또 모질게 짓밟혀도 참고 잘 견디어 내어 더 진화 된 버섯으로 다음 세대를 살아가기를 바랄 것이다.

인 심

10월 첫 주에 무등산 채집을 갔다. 그런데 마침 태풍 다

나스가 한반도를 향해서 올라온다고 한다. 비가 오전까지 오다가 오후에 그친다고 예보한다. 우리는 증심사 입구에서 아침을 김밥으로 때우고 채집을 하기로 하였다. 김밥집에 어제 채집한 표본들을 맞기고 염치좋게 우산까지 빌려 가지고 출발하였다. 12시경 내려와서 점심을 먹을 요량으로 증심교에서 토끼봉으로 올라가면서 버섯채집을 하였다. 비는 오는둥마는 둥 오락가락한다. 비는 맞을만하고 버섯 사진찍기도 가능하였다. 전날 밤새 비는 왔지만 버섯이 많이 발생하리라 기대하지는 않았다. 너무나 가물었기 때문이다. 그런데 의외로 버섯이 발생하여 채집하고 사진을 찍다보니 벌써 12시가 가까워지고 있는데 토끼봉까지는 아직 멀었다. 정연구원이 배가 고파지기 시작하였다. 토끼봉에서 내려 오든 중년의 아줌마가 지나가다 말을 걸게 되어 배가 고프다고 하니 자기가 먹다 남은 사과, 포도, 맥주가 있다고 배낭을 풀어 놓고 먹으라고 한다. 나는 너무 배가 고파서 우선 맥주를 따니 거품이 튀어 오른다. 맥주가 배낭속에서 흔들렸기 때문이다. 그렇게 해서 나와 정연구원은 사과, 포도로 요기를 하였다. 이제 살 것 같다. 산에서는 누구나가 마음이 후해서 남을 잘 돕는다. 그것은 산이 인간에 주는 좋은 선물인지도 모른다. 아줌마는 송정리의 딸네집에 왔노라면서 순천이 고향이란다. 웬만한 사람이면 그냥 지나칠 수 있는 상황인데 인심 좋은 아줌마 덕분에 배를 어느 정도 채우고 토끼봉으로 계속 채집을 하여 나갈 수 있는 힘을 보충한 것이다. 덕분에 자낭균류의 미기록종 후보도 발견하고 턱받이광대버섯, 싸리버섯류도 발견하는 행운을 얻었다. 이것들을 사진에 맘껏 담을 수 있어서 얼마나 기분이 좋았는지 모른다. 만약 먹거리 도움을 받지 못했다면 도로 중심교쪽으로 내려갔을 지도 모른다. 계속 채집하고 사진 찍으면서 올라갔다. 토끼봉에 도착한 시각은 2시가 가까워지고 있다. 무려 5시간 걸렸다. 이제 비는 완전히 그치고 햇볕도 간간히 비친다.

죽 음

형님한테서 전화가 왔다. 아버님, 어머니 산소문제였다. 이제 한군데로 모시면 좋겠다는 것이다. 아버님은 군산 시립 납골당에, 어머니는 서울 원당공원묘지에 잠들어 있다. 돌아가신지 아버님은 70년, 어머닌 40여년, 그러니 오랜세월이다. 아버지는 내가 고등하교 2학년때 돌아가셨다. 어머니는 내가 영주 영광여고에서 광주보건대학으로 부임하든 3월에 돌아가셨다. 지금도 어머니의 모습이 생생하다. 한 평생 나만을 위해 사신분이라 생각한다. 내가 우리집 막내였고 또 결혼도 안했기 때문일 것이다. 그러니 내가 제대로 사회에 적응하면서 거센 파도를 헤쳐 나갈까가 걱정되었을 것이다. 어느집이나 부모님들이 늘상 걱정하는 것은 다 마찬가지로 결혼하는 것을 보고 죽는 것을 제일 행복으로 생각하였다. 그러든 어머니가 돌아가신 것이다. 평소에 고혈압이 있어서 약을 복용

하셨지만 난 어머니를 모시고 병원 한번 가지 못했다. 어머니의 병명조차 소상히 알지 못하고 그저 무심하게 나는 내 생활로 살았으니 이것이야말로 불효다. 갑자기 돌아가시고 나서야 나는 한없이 눈물을 흘렸다. 죽음이 두렵지 않은 사람이 어디 있겠는가. 죽음이 왜 무섭지 않겠는가. 그러나 우리는 얼마나 죽음에 대해서 두려움과 무서움을 까맣게 잊고 살아간다. 두려움과 무서움의 공포와는 상관없이 살아왔다. 사람이 죽으면 그것은 그 사람과 그 가족의 문제지 나와는 무슨 상관이 있겠는가 이런 생각을 하면서 살고 있다.

몇 달전에 우리나라의 지성을 대표한다는 분이 거의 사경에 가까운 상태라고 하면서 죽음을 기다린다는 글을 읽은 적이 있다. 과연 우리는 죽음을 편안한 마음으로 맞는다는 것은 어떤 것일까. 이분처럼 죽음을 기다린다는 것은 어떤 기분일까. 나는 가끔 죽음을 맞이하는 사람들의 말을 들어본다. 노인들 대부분이 이제는 빨리 죽었으면 좋겠다고 한다. 대체로 자식들에게 짐이 되는 것을 덜어주기 위해서라고 말한다. 이런 분들은 죽음을 기다리는 사람들이다. 또 어떤 사람들은 죽음을 너무 두려워하여 죽음으로부터 도망치려는 사람이다. 죽음이 너무나 무서운 것이다. 그래서 가능하면 좀더 오래 살려고 애를 쓴다. 그래서 갖가지 보약이나 여러가지 일들을 하여서 오래 살수 있는 방법을 찾아내려고 한다. 그런다고 죽음이 뜻대로 되지는 않는다. 또 어떤 사람들은 과감하게 죽음과 과감하게 맞서는 사람이다. 그들은 죽을 때 죽더라도 죽음을 두려워하지 않고 자기의 소신껏 사는 것이다. 무슨 일을 하는데 이 일을 하다가 도중에 죽음을 당하면 어쩌나하고 보통의 사람들은 엄두를 못내는 일을 과감하게 시행하는 사람들이다. 그러나 따지고 보면 그 어느 것도 죽음을 피할 수는 없는 것이다. 다만 죽음에 대한 생각이 다른 것이다.

이제 우리는 죽음이 누구에게나 찾아올 것이란 알고 살아간다. 그래서 죽음에 대비하는 지혜가 필요하다. 나는 가끔 배우고 익힌다는 것이 결국은 죽음을 대비하는 것이 아닌지 생각들 때가 많다. 그것은 결국 모든 사람은 다 한줌의 흙으로 돌아가기 때문이다. 또한 죽음을 맞이하는 생각과 태도가 사람에 따라 다르고 어떤 마음가짐을 가져야 할지 다르기 때문이다. 배우고 익힌 사람들이 죽음에 담담히 맞이하는 것 같다. 죽음이 우리 모두에게 공평히 다가오는 것이라는 것을 알기 때문에 사람에게 용서도 하고 사랑도 베푸는 것이 아닌지 모른다.

콤부차(Kombucha)

조선TV에서 콤부차에 대해서 취재를 하겠다고 한다. 내용 중에는 정주영 차가 어떤 것이냐 하면서 이방면에 관심을 나타낸다. 나도 처음 들어보는 이야기로 대답이 궁해졌다. 촬영 날짜를 정하고 문헌을 찾아보았다. 이 차에 대해서 홍다버섯, 홍차버섯, 티벳버섯차 등으로 나와 있지만 정주영씨가 좋아해서 마셨다는 기록은 찾지 못했다. 1970년대에 우리나라도 홍다버섯(홍차버섯)이 유행한 적이 있다. 주로 일본에서 건강식품으로 붐을 일으키자 우리나라도 덩달아서 유행한 적이 있다. 또 2000년도에는 티벳버섯이라 하여 유행하다 슬며시 없어진 적도 있다. 이런 것들이 유행을 타는 것은 효능에 있는 것 같다. 성인병, 암, 피부, 건강 활력소, 변비등 말하자면 만병통치같은 효능이 있다는 것이다. 그러니 일반 사람들이 혹하지 아니할 수 없는 것이다. 티벳에서는 서양의 신부가 티벳차(버섯)을 먹고 암을 고쳤다는 그럴싸한 이야기까지 곁들여서 사람들의 마음을 사로잡게 되는 것이다. 이것들의 공통점은 녹차 등에 설탕을 넣어 발효시킨 물질이다. 발효가 되면 위에 물을 따라 마시고 다시 물을 넣으면 다시 발효하여 오래동안 마실 수 있는 것이다. 홍다버섯은 엄격히 말해서 버섯은 아니다. 그런데 어째서 버섯으로 표현되었는지 궁금하다. 홍다버섯이 발효를 할때 위의 표면이 해파리나 우무가사리처럼 투명한데 버섯모양을 나타내기도 하는 것 같다. 홍다(차)버섯은 러시아에서 일본을 거쳐 우리나라로 들어온 것이다. 반짝 우리들의 시선을 끈 것이다. 정주영씨같은 분도 이런 것을 마셨을 가능성은 있다. 그것을 보았거나 이야기로 들은 사람들이 정주영씨가 마셨다하여 정주영차로 부른 것이 아닌지 생각하여본다. 분명한 것은 이런 것들은 검증된 것이 거의 없고 소문만큼 효능이 있는 것이 아니다. 그저 건강 보조 음료정도로 생각하면 좋다.

버섯의 멸종 위기종

세계자연보전총회가 제주도에서 거창한 구호를 가지고 서귀포의 중문단지에 있는 컨벤션센터에서 개최되었다. 나는 이곳을 작년에 세계자연보전총회(WCC)준비관계로 이곳을 답사한 적이 있다. 이런 엄청난 건물이 제주 앞바다를 향해서 웅장하게 지어진 것을 보면서 한국의 국력을 생각 한 적이 있다. 나의 주목을 끈 것은 종보전의 파빌리온 이었다. 현재 세계는 과다한 이산화탄소 배출로 지구가 온난화 되어 가면서 생물들이 지구상에서 사라지는 것들이 생겨나고 있다. 그런데 버섯류의 멸종도 있을 것인가 하는 것이다. 구체적으로 버섯에 대한 멸종의 파빌리온은 없었지만 전광판에는 계속 버섯사진들이 돌아가고 있었다. 주로 광대버섯류를 중심으로 돌아가는데 색깔이 너무 강렬하여 눈이 부실정도였다. 아마도 중남미의 버섯같은 생각이 들었다. 다음날 보니 이번에는 새들의 종류가 전광판을 메우고 있었다.

지금까지 멸종위기종(Red List)에 올린 생물들은 희귀종이 대부분이다. 이 희귀종이란 것이 과거에 많이 번성하였는데 지금은 인간들의 남획, 기후변화, 다른 어떤 요인으로 개체수가 급격히 감소한 것들이 있고 또 어떤 것들은 원래부터 개체수가 적은 것들도 있다.

과연 버섯류도 위기종으로 분류될 만한 종이 있을까를 생각하여 본다. 버섯은 동식물과 동일시하는 것은 무리가 있다. 동식물은 화석도 많이 발견되고 개체가 크기 때문에 눈으로 확인이 가능하고 인류가 기록한 것들이 많아서 많은 진화증거로 이들의 멸종여부를 어느 정도를 찾을 수가 있다. 버섯의 출현은 4억년 전 데본기로 추정을 하는데 그 당시의 식물의 뿌리에서 현존식물의 균근 비슷한 것이 발견되었기 때문이다. 버섯은 지구가 생성된 이래 어느때 번성하였는지 진화의 증거인 화석이 부족하기 때문이다.

버섯은 균사가 본체이기 때문에 버섯이라는 자실체로 나타나지 않더라도 땅속이나 나무속 등에서 얼마든지 생존하며 자기 환경에 맞으면 발생하기 때문이다. 현재 보이지 않는 다고해서 멸종되었다고 단정하기가 어렵다. 대지가 없어지고 나무가 몽땅 없어진다면 몰라도 말이다. 그것은 버섯은 올해는 발생이 안되더라도 내년에는 발생하는 수도 있고 몇 년전에 발생한 것이 아무리 가보아도 발생하지 않는 것이 금년에는 발생하는 것을 경험한 적이 있다. 발견이 안된다고 멸종 위기종으로 단정하기 어려운 면이 많다. 버섯의 일생은 매우 짧기 때문에 매일 그 장소를 관찰하기는 사실상 불가능하다. 내가 가보지 않을때 발생하였다가 사그라 들었지도 모르는 일이다.

흔히 발견되든 종이 발견이 안되면 버섯의 위기종, 멸종을 말할 수 있을까. 분명한 것은 버섯도 생태계의 한축으로서 다른 생물과 더불어 생존하기 때문에 다른 생물들이 위협을 받는 다면 당연히 위협을 받게 될 것이라는 것을 짐작할 수가 있다. 보통 희귀종이라는 것이 버섯에도 있지만 이것은 멸종의 위기에 처한 것은 아닌 경우가 많다. 가령 화경버섯은 나무에 서식하지만 숙주인 나무가 없어 졌다고 해서 이 버섯이 사라지는 것은 아니고 다른 지역에서는 발생하고 있는 것이다. 이것은 처음부터 이 버섯류가 생존전략상 개체가 넓게 펴진 것이 아니고 소수 정예로 나갔기 때문인지 생각해 본다.

그러나 균류학자들은 서식지의 파괴, 생태계의 파괴로 분명히 버섯들이 발생량이 자꾸 줄어든다고 말하고 있다. 그러나 지금과 같은 생태계의 파괴가 계속된다면 언젠가는 버섯의 멸종이 올 것이고 어느 한 종류의 멸종이 아니라 버섯 전체의 멸종으로 나타날 것으로 생각한다.

어린이회장 선거

초등학교때 전교 어린이회장을 직접선거로 뽑는 것이었다. 나는 회장입후보를 하였다. 아마 1반, 2반, 3반은 남학생반으로 3명이 입후보하였다. 그리고 4반, 5반은 여학생반 이지만 1명이 입후보하였다. 기억으로는 합동선거 발표도 하였다. 지금 생각하면 말도 되지 않는 선거공약을 이이야기 하였든 같다. 어린이 회장이 무슨 군에서 제일가는 학교로 만들겠는가. 선거 운동도 며칠 하였다. 하였든 선거는 이루어 졌고 개표가 되었다. 남자는 3명이 입후보하고, 여학생은 1명이니 당연히 여학생에게 유리한 투표였다. 개표결과는 여학생 후보의 압도적 표차로 당선이 되었다. 특히 여학생반들의 표는 여학생후보에 몰표가 이루어 졌다. 당연히 회장은 여학생이 당선 되었고 나는 차점자로 부회장으로 당선되었다. 그래도 나는 여학생반들의 표 중에서 1명이 나를 투표하였다. 그래서 가끔 나를 찍은 여학생은 누굴까하고 궁금하여진다. 그 많은 여학생중에서 나를 찍은 이유가 무얼까하는 생각이 든다. 요즈음처럼 무슨 이권을 주고받는 것이 아니니 궁금하여진다. 아마도 나를 좋아하는 학생이 아닐까. 과연 그 많은 학생중에서 누굴까? 나는 도무지 생각이 미치지 않는다. 그러나 알았다면 그 여학생을 어떻게 대하였을까. 그리고 사랑하는 사이로 되었을까. 여러 상상을 하면 괜히 마음이 설레인다. 지금쯤 그 여학생은 무엇을 하면서 살아갈까. 그 후로 어려운 일도 있었겠지만 그런것들을 슬기롭게 극복하고 행복하게 살아 왔으면 하고 기도하여 본다.

이런 것을 생각하면 나도 모르게 웃음이 입가에 흐르고 그 때가 그리워지고 그 시절로 돌아가고 싶은 심정이다. 나도 이런 행복함이 있었다니 정말 꿈만 같다. 나에게도 이런 옛날을 회상하고, 나를 먼 행복의 추억으로 돌아가게 하여주는 생각만으로도 흐뭇하다. 잠시나마 지금의 쓸쓸함을 위로하여 주게 만든 동창생에게 고마움을 느낀다.

추 억

내가 다녔든 초등학교는 군에서는 제일 규모가 큰 학교였다. 시골학교지만 비교적 규모가 큰 학교였다. 우리학년은 1~5반까지 있었다. 남학생이 3개반, 여학생이 2개반이었다. 그 당시는 한반이 보통 60~70명 정도의 학생이 있었다. 그러니까 지금 생각하면 콩나무 시루같은 반이었다.

그 당시 내가 우리반 급장을 한때가 있었다. 나는 3반이고 옆반은 여학생 4반이다. 그런데 우리학교는 매일 전교생이 운동장에 모여 아침조회를 하였다. 그래서 교장성생님 말씀(훈화)을 듣고 교훈을 교장선생님 앞에서 제창하였다. 생각은 안나지만 착실하자, 튼튼하자 등 3개였는데 하나는 생각이 안난다. 그리고 나서 보건 체조를 하였다. 물론 체육선생님이 교단에 올라가서 오늘날의 덴마크식 체조를 하면 따라서 하였다. 그 당시는 반앞에 급장이 서게 되었다. 사실 나는 보건체조 순서도 잘몰라서 오른쪽부터 해야하는지, 왼쪽부터 해야 하는지도 잘몰라서 대는 대로 하였다. 나는 자연스럽게 옆반 여학생반 급장하고 가깝게 서게 된다. 제일 생각나는 것은 고개 운동을 할 때였다. 내가 오른쪽으로 고개를 돌리면 옆반 여학생 급장이 왼쪽으로 돌리면 얼굴을 마주보게 된다. 그러면 어린마음에 왜 그렇게 마음이 뛰었는지 모른다. 사실 무슨 마음인지 몰라도 나도 모르게 자꾸 옆반의 급장하고 마주 치게 고개를 돌렸는지 모른다. 그것이 싫지는 않았다.

급장들이 그 반에서는 비교적 공부를 잘하는 학생들이었다. 나도 공부를 잘하는 측에 들었다. 옆반 여학생 급장은 예쁘고 공부도 잘하고, 아버지가 의사여서 많은 부러움을 받든 학생이었다. 지금까지 내가 만났든 사람중에서 머리가 뛰어난 사람으로 기억된다. 그 당시는 시험을 쳐서 상급학교에 가든 시절이다. 그는 도시의 여자 중학교에 일등으로 입학하여 우리를 놀라게 하였다. 그리고 고등학교도 소위 서울의 최고 명문 여자고등학교에 입학하였으니 알아 줄만하다. 가끔 머리에 떠오르곤 한다. 보고 싶어지는 사람이다.

숲 해설가

현대는 자격증시대라고들 말한다. 자격증이 없으면 취직이 어렵다고들 말한다. 그래서 대학생들도 전공을 불문하고 취업에 필요한 자격증을 따려고 따로 학원에 다니거나 아니면 혼자서 자격증 공부를 하고 있는 것을 볼 수가 있다. 그래서 대학생들도 초중고등 학생들처럼 자격증을 따려고 1~2곳에 학원수강을 하는 것을 보면서 어떤 때는 씁쓸함을 금치 못한다. 자격증의 종류가 몇 개인지는 잘 모르지만 아마도 수백개에 달하는 것으로 안다. 그런데 그 자격증에도 등급이랄까가 있는 것이다. 우선 자격증을 주는 기관에 따라 국제자격증, 국가자격증, 민간 자격증으로 분류하는 것 같다. 국제자격증은 국제적 단체나 국가간 협약에 의해서 그들이

요구하는 사항을 충족하면 자격증을 주는 것 같다. 그리고 국가 자격증은 국가가 시행하는 시험과 실습을 통과한 사람에가 주는 자격증으로 국가 인정한 자격증이다. 문제는 민간 자격증인데 이것들은 주로 협회가 주관이 되어서 그들이 정한 절차에 따라 주는 것으로 알고 있다. 그런데 협회는 아무 법적 구속력이 없기 때문에 신뢰성이 떨어진다는 것이다. 그래서인지 자격증에 대한 신뢰도, 자격증에 대한 태도도 다른 것은 더 말할 필요가 없는 것 같다. 또 취업 채용 회사나 공공 단체에서는 민간협회 자격증을 아예 인정하지 않는 곳이 대부분이다. 이렇다 보니 자격증에 대한 시비도 계속 일어나고 있는것 같다. 이런 것은 국가가 정리를 해서 선의의 피해자가 없게 해주어야 하는데 국가도 어떻게 손을 못쓰고 있는 현실이다. 사람이 물에 빠지면 지푸라기라도 잡는다는 우리 속담이 있다. 취업을 갈망하는 사랃들에게 이런 자격증을 받으면 취업이 보장된다는 허위 광고에 심지어는 100%보장 한다는 유혹은 취업을 하지 못한 사람들에게는 희소식이 아닐 수 없다. 그래서 사람들은 돈과 시간을 투자하여 단기간에 자격증을 받아서 취업하려고 하는 것은 당연한 것이다. 그런데 이런 것들이 선전하는 대로 잘되면 좋은데 그렇지 못한 경우가 훨씬 많은 것 같다. 왜냐하면 심심찮게 매스컴에 이런 자격증 문제로 오르내리면서 자격증에 대하여 잘 모르는 사람들한테서 돈을 받고 자격증을 남발하여 피해를 보는 사람들이 많다는 것이다. 그런데 이런 자격증을 주는 기관에서 수강생들을 교육하는 강사들이 얼마나 검증된 강사들인지 많은 의구심을 갖게 하는 것이다. 정말 그런 교육을 할 수 있는 일정 부분의 교육을 이수한 사람들인지가 의심스러울 때가 한 두번이 아니고 누가 이들의 자질을 검증하였는지도 잘 모르는 현실이다.

필자는 몇 년전부터 몇 군데의 숲 해설가 협회에서 버섯에 대하여 강의하고 있다. 여기서 발급되는 것은 산림청 인증제로서 산림청에서 인증하고 보증하여 주는 자격증이다. 그런데 이 숲 해설가를 교육하기 위해서 준비를 거의 1년이상 교육프로그램을 만들고 강의할 강사들의 자질을 산림청으로부터 검증받아서 한 것으로 알고 있다. 그만큼 국가나, 사회로부터 누구나 인정할 수 있는 절차를 밟아서 교육하기 때문에 실제 교육을 받고 숲 해설가로 활동할 수 있는 자질을 갖추고 해설사로 나설 수 있는 것이다.

다시 말하면 국가가 의사, 교사처럼 이들은 숲 해설을 할 수 있다는 자격을 국가가 인증하여 주기 때문에 신뢰성이 있다는 것이다. 그러므로 숲 해설 교육을 받고 자격증을 받으면 취업이 되는 것으로 알고 있는 수강생도 생기게 되고 또 직장을 그만 두거나 정년 후에 다시 일거리를 잡을 수 있지 않을까 해서 교육받는 수강생들도 있다고 한다.

숲 해설가 교육중에서 버섯을 강의 하면서 3시간에 걸쳐서 버섯을 전부 강의 하기는 무리가 있다. 강의 내용은 버섯의 전반적인 것을 강의 하면서 느끼는 것은 수강생들이 열의는 있지만 버섯이란 생물을 잘 모르고 있다는 것이다. 물론 숲 해설가교육을 받는 수강생들이 이런 버섯(균류)란 교육을 정식으로 받은 사람들이 거의 없다는 것이다. 또 버섯을 이론적으로만 교육하기 때문에 숲에서 만나는 버섯에 대해서 거의 모르고 있다는 것이다. 야외에서 실제 실습관찰을 하여야 하는데 그렇지 않기 때문에 교육시 시간에 질문이 많아지게 마련이다. 생태계에서 가장 중요한 분해자(환원자)의 기능을 하며 식물과 밀접한 관련을 가지고 있는 버섯을 잘 이해하여야 생산자 소비자를 이해할 수 있는 것이다.

사실 버섯이 대학의 정규 컬럼으로 채택된지가 얼마 안 되었기 때문이다. 버섯(균류)에 대한 것은 대학의 생물학, 미생물, 식물병리학 등의 시간에 주마간산 격으로 1~2시간 다루어서 대충 배웠기 때문일 것이다. 한국에서 균학을 전공의 한분야로서 강의한 사람은 잘은 모르지만 필자가 처음인 것으로 생각한다. 아마도 20여년 전부터 미생물학에서 분리하여 균학, 버섯학으로 정식 교과과정을 만들어서 본격적으로 대학에서 강의를 하기 시작하였다. 물론 내 전공이므로 이것을 따로 분리하여 전문적으로 가르칠 수 있다는 것은 대학교수들이면 누구나 가지는 꿈인 것이다. 더욱이 아직 여건이 미숙한 곳에서 새로 독립 과목을 설치한다는 것은 주위의 질시와 눈치를 안 볼 수 없는 현실인 것이다. 나는 아직도 버섯이란 학문을 가르칠 수 있는 곳에서 강의를 할 수 있다는 것이 얼마나 행운이었는지 모른다.

III

버섯의 사생활

Chapter III

버섯의 사생활

버섯의 사생활

아파트의 숲속에서 울어 대는 매미 소리에 귀가 따가울 정도다. 우리는 보통 즐거워서 무더운 더위를 식히는 노래쯤으로 생각한다. 그러나 실상은 암컷을 부르는 소리다 소리를 듣고 암놈들은 자기가 좋아하는 수컷을 찾아간다. 그런데 짝짓기를 마치면 암컷은 나무에서 내려와 땅속으로 들어가 알을 낳으면 알은 긴 세월을 보낸다. 그 기간은 적게는 1년에서 7년간을 땅속에서 새생명의 잉태를 위하여 고난의 시간을 보낸다. 한여름이 되면 땅을 뚫고 나와 나무위로 올라가 나무의 진을 빨면서 살아간다. 그렇다고 땅속에서 오랜 세월을 보냈으니 지상으로 올라와서 오래 살 것 같지만 대체로 1주일 남짓 살고 죽어간다. 우리가 모르는 매미들의 사생활이다. 기껏 1주일 남짓을 위해서 노래를 부르고 땅속에서 대부분의 생활을 한다고 볼 수 있다.

버섯들의 사생활은 어떨까. 그들은 균사로 그들의 생활을 보낸다. 성숙한 버섯의 주름살에서 떨어진 포자들은 땅속에서 발아한다. 물론 땅위에서도 발아할 것이다. 발아한 균사들은 짝짓기를 위해서 뻗어간다. 다시 말하면 균사끼리 접합을 하여야 버섯으로 땅위로 나올 수 있기 때문이다. 실로 땅속에서 접합한다는 것은 그야말로 어려운 일이다. 그렇다고 만난다고 해서 다 접합이 이루어지는 것은 아니다. 접합에 성공한 균사들은 분열을 하여 균사체를 만들게 된다. 물론 분열하면서 또다시 접합이 이루어진다. 이렇게 힘겹게 생성된 균사체들은 땅위로 나오게 되는 것이 알모양의 어린버섯이다. 그러나 실제 땅위로 솟아나기 위해서 이들은 얼마나 고난의 환경을 극복해야 한다. 다시 덮개막을 찢어내고 햇볕을 향해서 자태를 나타낸다. 그리고 빛이 있는 곳으로 방향을 다시 잡아야 한다. 그래서 버섯들은 우산모양의 균모를 받쳐 들고 균모밑의 주름살에 생식세포인 포자를 만들게 된다. 버섯들의 사생활도 만치가 않은 것이다. 어느 생물이나 우리가 모르는 어려움을 이겨내고 세상에 태어나는 것이다. 그러므로 이세상의 생명이 있는 것은 위대하고, 아름답고 성스러운 것이다.

독버섯 유감

가을이 되면 독버섯에 대한 주의보가 여러 기관에서 발표한다. 그런데 그 내용이 천편일률적이어서 사람들이 얼마나 인식을 하고 조심하는 지는 의심이 간다. 결론은 야생의 버섯은 먹지 말라는 원론적인 이야기가 된다. 독버섯이라고 소개되는 것들의 상당수가 우리 주위에서 발견하기 어려운 것들이 많아서 더더욱 몇몇 사람들 이외에는 관심이 없다.

독버섯에 대한 정의는 인간에게 해를 주는 성분을 가지고 있는 것이라 말할 수 있다. 그러나 이러한 성분을 버섯이 어느 정도 가지고 있느냐, 얼마만큼의 양을 먹으면 해가 되는 지는 밝혀진 바가 없다. 극미량으로 가지고 있다면 이는 희석되어서 해를 주지 않는다. 가령 꾀꼬리버섯에서 청산가리 독성분을 가지고 있다는 보고도 있다. 이는 아주 극미량이기 때문에 해를 주지 않는다. 이것은 분석기술의 발달로 지금까지 검출할 수 없었든 성분도 검출하수 있기 때문에 이러한 예는 다른 버섯에서도 얼마든지 나올 수가 있다. 반대로 식용버섯이라고 맘 놓고 과식하는 것도 금물이다. 표고재배 업자들도 표고버섯으로 복통을 일으켜 고통을 받은 사례가 있다는 이야기를 심심찮게 듣는다. 특히 이웃 일본에서는 종종 있는 일이다.

생물은 모두 개체보존을 위해서 천적에게 대항할 수 있는 물질을 가지게 된다. 그것이 면역력이다. 이러한 면역 물질이 다른 생물에게는 독으로 작용하여 해를 주는 것이다. 따라서 버섯도 자기 방어를 위해서 어떤 형태로든 천적에 대항할 수 있는 성분을 가지게 된다.

독버섯은 대체로 맹독버섯, 준맹독 버섯, 독버섯으로 분류하고 있다. 그런데 버섯이 어느 정도의 독성분을 가지고 있어야 맹독버섯, 준맹독버섯, 독버섯으로 나눌수 있는 기준이 현재는 없다. 곤충같은 분야에서는 반치사량(LD 50)이라는 것을 기준으로 독성의 세기를 나누고 있다. 그런데 버섯에서도 이것을 기준으로 하기에는 문제점을 많이 가지고 있다. 사람을 실험 대상으로 할 수 없기 때문이다.

지금까지 독버섯은 실험실에서 얻어진 결과라기보다는 경험에 의하여 얻어진 것이다. 외국에서도 독버섯은 귀납적 방법에 의한 오랜 경험과 생활에서 얻어진 것이다. 그것이 몇 백년에 걸쳐 얻어진 지식이라는 것을 알아야한다. 버섯을 얼마큼 먹느냐가 중요하다. 매스컴에서의 보도는 독버섯을 따다가 끓여먹고 중독증상을 일으켰다고 하므로 도무지 감이 가지 않는다. 그렇다고 어떤 버섯인지도 모른다.

현재 우리나라에서 맹독버섯이라고 하는 것은 10여종이다. 맹독버섯중에서 붉은사슴뿔버섯은 거의 발견이 안되는 종이다. 필자도 50여년에 걸쳐서 딱 한번 채집한 적이 있다. 준맹독버섯인 화경버섯도 거의 발견이 어렵다. 필자도 백두산 이도백하 원시림에서 한번 채집한 경험이 있다. 이런 버섯들로 인한 중독 사고는 거의 없다고 보아야 할 것이다. 마귀광대버섯은 이름은 맹독버섯으로 알지만 준맹독버섯으로 주위에서 흔히 발견되기 때문에 위험하다. 오히려 붉은사슴뿔버섯이나 화경버섯보다 위험한 것이다.

지금 우리 주위에서 독버섯에 의한 사고는 한 종류만 먹는 것이 아니고 여러 종류의 버섯을 한꺼번에 먹기 때문이 아닌가 추측한다. 그것은 버섯이 여러 종류가 혼재하여 발생하기 때문이다. 맹독버섯인 밤색갓버섯같은 것이 섞여 있을 수가 있다. 필자는 최근에 동구능에서 갈황색미치광이버섯을 무데기로 속생하는 것을 관찰하였다. 무려 3kg(수분포함) 이상이나 나갔다. 정말 먹음직스러운 자실체였다. 또 하나는 노란다발로 이것도 무데기로 난다. 이것도 처음 어렸을 때는 먹음직스럽게 보인다.

독버섯의 중독은 어제 오늘의 일은 아니지만 그에 버금가는 독버섯 정보는 답보 상태여서 안타까운 일이다. 가령 갈황색미치광이버섯은 느티나무 밑둥이나 활엽수림에 반드시 무데기로 나고 균모의 지름은 보통의 크기이지만 자루는 20~30cm로 매우 크다. 시간이 지나면 주름살이 거의 녹슨색이 된다. 노란다발의 크기는 중 정도지만 노랑색이어서 독버섯이라는 느낌이 안든다. 시간이 지니면 가장자리부터 청록색으로 되면서 지분하다. 특히 주름살이 노랑색에서 청록색을 거쳐 거의 흑색으로 되며 냄새가 고약하다. 독버섯 하나 하나에 대한 정보를 정확히 구축하여 가는 것이 중요하다. 독버섯에 의한 중독사고는 상당히 많은 발생량이 있고 싱싱한 것이어야 한다. 필자는 노란다발버섯과 갈황색미치광이 버섯에 의한 것이 확률이 높을 것으로 추정한다. 이것은 한 예로 들어본 것이다. 버섯연구가 시작 된지 반세기가 되었으므로 거기에 걸맞는 독버섯에 관한 지식도 축적 되어야 하는데 아직도 초보단계를 벗어나지 못하고 있는 것은 안타까운 일이다.

독버섯 사고

매스컴에서 강원도의 어느 산골에서 노인들이 독버섯을 잘못 먹고 병원에 실려가서 치료받는다고 전한다. 기자는 산에서 울긋 불긋한 버섯을 직접 산에서 보여주면서 독버섯을 조심하라고 말한다. 기자는 색깔이 화려한 것이 독버섯인 양 자연스럽게 보도한다. 그것을 보는 시청자들도 자기도 모르게 독버섯은 저런 것이구나 생각하게 된다. 나는 흰색의 독우산광대버섯, 턱받이광대버섯이 무데기로 발생하는 것을 무등산에 발견하였다. 이들을 말려도 흰색이 그대로고 주름살은 약간 노르스럼한 색으로 되어 먹음직스럽다. 또 하나는 노란다발이다. 이것도 편백나무 밑에 또는 흙속에 묻힌 고목에 무데기로 달걀의 노란자같은 색깔이어서 구미를 돋구기에 안성맞춤이다. 누가 이것들을 독버섯이라 생각하겠는가. 사람들의 독버섯 사고는 언론이 무조건 화려한 버섯이 독버섯이라 보도하는데도 상당한 영향이 있을것 같은 생각을 한다. 화려한 색깔하면 우리는 보통 빨강색 계통을 연상한다.

위에서 예를 든 맹독버섯들은 화려한 색깔하고는 거리가 멀다. 독우산광대버섯은 죽음의 천사라 불리우는 것만 봐도 얼마나 아름다운 버섯인가를 알 수 있다. 실제 이것들은 1~2개만 먹어도 죽음에 이른다. 또 하나는 이들이 먹은 것 중에 버섯만 끓여 먹었을리가 없다는 것이다. 버섯과 함께 다른 이름 모를 풀도 같이 끓여 먹었을것 같은 생각이 든다. 같이 끓인 것이 독초일 수도 있다는 생각이 항상 내 머리를 맴돈다. 서로 상승작용을 하여 독성분을 강하게 하였을지도 모른다. 버섯을 채집하다 보면 지나가는 사람들이 한마디씩 한다. 대체로 흰색갈은 먹는 버섯으로 아는것 같고 붉은 색의 버섯은 독버섯으로 말한다. 그러나 맹독버섯은 흰색갈이 많고, 색깔이 화려한 독버섯은 중독성이 약한 것이 많다. 버섯도감이나 인터넷을 보면 독버섯을 예시하여 주의를 하도록 하지만 실제 자연에서 만나는 버섯들은 사진과는 너무 달라서 알 수가 없다. 이것이 우리를 혼란에 빠지게 한다. 자기가 아는 버섯이 아니면 절대로 먹어서는 안되며 다른 사람의 말에 따라서는 안된다는 이유가 여기에 있는 것이다.

불확성 시대

현대는 모든 것이 하루가 다르게 변하고 있어서 정신을 차릴수 없을 정도다. 과거에는 상상도 못했든 것이 현실로 나타나고 있다. 직장을 출근하는 사람들은 교통지옥에서 벗어 날수가 없다. 그래서 하늘을 나는 운반수단을 생각 안 할 수가 없다. 대량 운반수단인 비행기는 5대양 육대주를 내집처럼 날아다닌다. 그래도 직장을 출퇴근 하는 사람들도 하늘을 나는 자가 비행기를 꿈꾸게 된다. 그래서 매스컴이나 언론에서 심심찮게 자가 비행기 이야기가 보도된다. 최근에는 실제로 실용단계로 접어든다고 매스컴은 전하고 있다. 자율주행차가 거의 실용화된 것 같다. 그렇게 되면 운전이 서툴거나 노인들, 어린이들도 혼자서 차를 타고 이동하는데 수월해 질것이다. 이런 것은 시간이 모든 것을 해결해 줄 것이다. 그러나 그렇지 못한 것들이 많다. 요즈음 인구에 회자하는것 중에서 경제적인 것이 제일 많다. 세계경제가 나은 방향으로 나아가지만 그것이 긍정적이나 아니냐는 여러가지 변수가 도사리고 있다. 현재 우리나라의 경제, 그중에서 집값문제, 무역문제에 대해서 앞으로의 전망치가 그리 좋지 않은 전망들을 많이 하고 있다. 경제의 전반적인 면에서 우리경제는 수출로 발전하는 나라인데 세계경제가 그리 녹녹치가 않다는 것이다. 미중 무역의 전쟁아닌 전쟁으로 하루가 다르게 안개 속을 헤매고 있다고 본다. 그 여파로 나 개인도 많은 어려움을 겪었고 손해도 감수해야하는 아픔을 겪어야만 했다. 이것은 비단 개인적인 나뿐만 아니라 사업을 하거나 소규모로 장사를 하는 사람들의 고통도 마찬가지다.

지금 우리는 한치 앞을 내다 볼 수없는 안개 속을 헤매고 있다. 정치를 보면 도대체 이것이 정치인가 생각들 때가 많다. 걸핏하면 고발 고소가 빈번하게 일어나고 있다. 어떻게 보면 순전히 “내로남불”이다. 상대를 비난하다가 금방 상황이 바뀌면 내가 언제 그랬느냐는 식으로 또 상대를 비난한다. 경제를 보면 더 한심하기 짝이 없다. 거리의 상가들은 거의 비어 있는 상태다. 무슨 장사를 하든 일년을 버티기 힘들다는 것이다. 사정이 그러니 어려운 사람은 더 어렵게 되기 마련이다. 그래도 정부는 모든 것이 잘 된다고 장밋빛 정책만 내놓고 자랑한다. 그러면 야당은 다음의 선거용이라고 한다. 문제는 자기들이 내놓은 정책을 실현을 해야 하는데 그렇지 못하다는 것이다.

돼지고기 입맛

TV 프로그램 중 음식을 소재로 한 프로가 많다. 그리고 방송들이 앞다투어 방영하는 프로 중 음식에 관한것 중 무슨 음식을 어떻게 먹어야 좋은지 너도나도 방영한다. 그리고 방송사에서 맛집을 소개하는 프로를 가만히 들여다보면 고기를 어떻게 요리하여 먹어야 맛있게 먹는 지를 그 방법이 머리가 아플 정도로 많다. 그중에서 육류로 요리를 만든 것 중에서 돼지고기가 제일 많다. 그런데 돼지고기의 잡내를 잡는 방식에 대해서 여러 가지로 소개한다. 돼지고기로 요리를 했는데 돼지의 잡내가 없다는 것이다. 잡내란 무엇을 가지고 말하는지는 모른다. 우리가 알고 있는 돼지에서 나오는 냄새가 어떤 것인지 나는 정확히 모른다. 누린내 같은 것을 주로 말하는 것 같다. 그러나 양고기나 염소 고기같은 것도 그들 나름의 특유한 냄새가 나기 때문에 좋아하는 사람도 있지 않을까 생각한다.

십여년 전에 서울대 농대의 임웅규교수와 그의 박사과정 중의 한명과 함께 광동(廣東)에 버섯재배 가능성을 알아보기 위하여 갔든 적이 있다. 한 음식점에서 저녁을 먹는데 돼지 고기 요리를 시킨 적이 있다. 그때 나온 돼지고기는 입에 넣으니 살살 녹는 입맛이다. 그래서 이것이 돼지고기라고 해서 돼지고기인가보다 하지 그냥 먹으면 무슨 고기인지 모를 것 같았다. 그래서 사실 나는 먹는 입맛이 없었다. 물론 광동은 중국에서도 요리로 유명한 곳이다. 그래서 광동 요리라면 누구나 인정하는 곳이다. 하기사 광동의 요리수는 3,000가지라 한다. 그러니 3,000가지 요리를 하루에 한가지씩 먹는다고 하여도 몇 년이 걸린다고 한다. 사실 시장에 가보고 놀란 것은 뱀도 팔고 있었다. 물뱀은 큰 다라이에 넣어서 팔고, 독뱀들은 철망에 가두어서 파는 것을 보고 놀랐다.

나는 돼지고기를 먹는데 돼지 냄새가 없다면 무슨 고기를 먹는지 어떻게 알겠는가. 나는 돼지고기를 먹을 때는 돼지냄새가 나야 돼지고기의 참맛을 알지 않을까 생각한다. 돼지고기가 냄새가 안좋다고 생각하는 사람이 많아서 인지 모르겠지만 그것은 순전히 우리 인간들의 선입감때문이 아닐까 생각한다. 돼지고기를 먹으면서 다른 고기 냄새 난다면 구태어

돼지고기를 먹을 필요가 있을까를 생각해본다. 돼지고기가 싸기 때문이라면 그 외에 특별성은 없을 것 같다. 아무런 냄새가 나지 않는 것을 먹으면 그 고기의 고유의 진정한 맛을 안다고 할 수 있을까.

내가 처음 영국에 갔을 때 에덴버러의 BB에서 아침을 먹을 때 돼지고기로 만든 베이컨이 나왔을때 별맛을 모르고 먹은 적이 있다. 또 한번은 아일랜드로 가는 홀리우드 항구 근처의 BB에서 우리내외가 베이컨을 먹지 않고 남겨놓으니 주인 할머니가 이 맛있는 것을 먹지 않는 다고 말하든 기억이 새롭다. 그러나 그 후 베이컨에 입맛이 들기 시작하여서 이제는 여행을 하면 이 돼지고기 베이컨을 제일 먼저 식판에 올린다. 지금은 제일 많이 먹고 좋아하는 음식이 되었다. 서양에서는 내가 듣기로는 소고기보다 돼지고기가 더 비싸다고 한다. 물론 그곳에서는 돼지고기 냄새가 나는 것은 아니지만 돼지고기라는 것을 알고 먹으니 돼지고기의 참맛을 알아가지 않나 생각한다.

강아지 유치원

교육이란 사람, 동물 등 움직이는 모든 생물에게 행하여지고 있다. 사람은 태어나면서부터 교육을 받는다. 다른 생물 특히 포유류는 거의 태어나면서 부모로부터 알게 모르게 교육을 받고 있다. 자기 스스로 먹이를 해결못하는 생물은 자기에게 먹이를 주는 부모로부터 교육을 받는다. 자기가 부모가 되면 또 새끼에게 그와 같은 행동을 하게 된다. 물론 본능이라 말할 수 있는 것도 교육이나 훈련 등을 통해서 더 발전하는 것이다. 인간들은 성장 과정에서 사육하는 동물들을 훈련을 시키고 있다. 개 훈련이 대표적일 것이다. 유치원은 인간들만 행하여지는 것으로 알고 있었는데 강아지 유치원이 있다는 말을 듣고 깜작 놀랐다. 유치원도 개의 종류에 따라, 아니면 개주인의 소득 계층에 따라 고급스러운 유치원이 따로 있다는 것이다. 나는 교육내용이 어떤 것인지는 모른다. 강아지들도 아마 주인의 소득 계층에 따라 어울리는 계층도 다르다는 것이다. 유치원에서 주인에게 돌아오면 갖가지 애교를 부린다고 한다. TV 등에서 보면 앉고, 서고, 달리기, 사람의 간단한 말을 알아듣도록 훈련시키는 것이다. 이들이 받는 교육비가 만만치 않다는 것이다. 서민들은 유치원 들어가기도 힘들다고 하는데 고급스러운 강아지들은 부담없이 유치원을 다니고 있다는 것을 어떻게 생각하는 것이 좋을지 감이 가지 않는다. 나는 이런 것이 동물학대에 속한다고 생각한다. 원래 개란 동물은 야생의 늑대가 길들여 졌다고 하는데 이들은 본능적으로 야생에서 생활하는 것이 훨씬 자유스럽고, 행복하다고 생각한다. 이 강아지나 개들이 사람의 말을 듣는 것은 주인이 주는 먹이 때문이라 생각한다. 그들이 본능의 일부가 남아있다면 다른 동물들처럼 싸우고, 뛰어놀고 배가 고프면 먹이를 구하려고 하는 것이 그들의 행복 아닐까. 인간이 자기의 만족을 위해서 개들의 본능을 바꾸는 것을 어떻게 해석하면 좋을까. 인간의 비정함을 보는 것 같아서 마음이 착잡하여진다.

붉은 사슴뿔버섯의 발견

버섯 채집을 위해서 정큐레이터와 함께 동구릉으로 갔다. 그런데 월요일은 쉬는 날로 문을 열지 않았다. 보통 국민 편익 장소는 일요일도 국민을 위해서 일하고 대신 다음날 쉰다는 것을 몰랐기 때문이다. 어떻게 할까 집으로 돌아갈까, 아니면 다른 어디로 갈까 하다가 수락산으로 가기로 하였다. 이유는 간단하다. 동구능의 구리역에서 1호선을 타고 오다 상봉역에서 7호선 도봉산행을 갈아타고 한 정거장만 가면 되기 때문에 동구릉에서 제일 가까운 곳이기 때문이다.

다시 발길을 돌려 수락산으로 갔다. 수락산의 만남의 장소라는 곳으로 올라가다가 벚나무인지 느티나무인지 나무를 잘라내고 비늘로 싼곳에서 정큐레이터가 정말 생각하지 못했든 버섯을 발견하였다. 바로 붉은사슴뿔버섯이다. 사실 나도 40여년간 버섯채집을 하였지만 처음 발견한 것이다. 요사이 비기 안와서 건조하지만 비닐로 덮어 놓았기 때문에 그곳에는 어느 정도 습기가 있었기 때문에 버섯이 나온 것 같다. 하여튼 우리는 약간 흥분하였다. 나무의 밑둥 가에서 나서 약간 흙이 묻어 있고 자라는 모양도 그리 썩 좋은 상태는 아니었다. 나무 밑둥을 돌아가면서 한두개씩 발생하고 있었다. 나는 거의 30커트를 찍었다. 다시는 나에게 이런 기회가 올것 같지 않았기 때문이다. 붉은 사슴뿔버섯은 높이는 5~10cm 정도로 중형에 속하며 원통형이거나 약간 납작한 원통형을 나타낸다. 어떤 것은 손바닥모양이거나 사슴뿔처럼 뿔이 층층이 나있거나 손바닥의 손가락모양의 것도 있다. 선명한 오렌지 적색으로 광택이 난다. 자실체를 잘라서 보면 중앙의 속은 흰색이다. 대표적인 맹독버섯으로 먹으면 백혈구가 감소하고 먹은지 30분후부터 수족마비증상으로 퉁퉁 붓기도 하며 위장장해부터 신경장해까지 나타난다. 신장이 붓고 순환기의 장해, 뇌의 장해로 사망하게 된다. 특징은 피부에 진무름이 나고 탈모가 나타나기도 한다. 독성분은 트린코데센류(trichonthecene)로 피부자극성이 높으며 치료한다고 끈적기가 있는 것을 붙이면 더 위험하여진다. 이 버섯은 우리나라에서는 희귀종으로 거의 발견이 어려운 종이다. 간혹 이 버섯을 동충하초로 오인할 수도 있는데 밑부분을 조그만 관찰하면 쉽게 알 수 있다. 동충하초는 숙주인 매미번데기가 있고 또 표면에 자낭각이 있지만 붉은 사슴뿔버섯은 밋밋하고 끝이 뭉뚝하여 쉽게 구분이 된다. 붉은창싸리버섯과 비슷하지만 이 버섯은 자실체가 가늘고 분지하지 않아서 구분이 된다. 우리나라에서는 이 버섯에 의한 중독은 보고 된바가 없는데 이 버섯이 희귀종이어서 발견이 어려웠기 때문일 것이라는 생각을 하여 본다.

붉은사슴뿔 버섯을 채집하는 행운을 얻은 것은 동구능으로 갔기 때문이다. 아마도 내가 월요일 왕능을 입장 할 수 없다는 것을 알았다면 동구능 쪽으로 채집을 갔을리가 만무하다. 어떻게 보면 모르고 무턱대고 갔기 때문일 것이다. 궁여지책으로 수락산으로 채집방향을 돌린 것이 나에게는 40여년만의 횡재를 한 셈이다. 이런 것을 두고 전화위복이라 말하여도 좋을것 같다. 사람은 언제나 뜻대로 되는 것은 하나도 없는것 같다. 그래서 무슨 일이 뜻대로 안되더라도 크게 실망하지 않는다. 그로 말미암아 더 좋은 일이 있을 것이라고 스스로 나를 위로한다. 현대는 모든 것이 빠른 속도로 변해가고 남에게 신경 쓸 여유가 거의 없다. 어려웁고 괴로울때 누가 나에게 용기를 주고 위로하여 주겠는가. 나 스스로 위로하고 나 스스로에게 용기를 주어야한다고 나는 늘 학생들에게 가르쳤다. 남의 도움을 받는다는 것은 대단히 어려운 세상이기 때문이다.

점심을 넘긴 시간이어서 싸온 도시락을 먹으면서 내년에도 또 발생할 것 같은 생각이 들지만 나무 밑둥거리가 그때까지 남아 있을지 아니면 다 없어질지 모른다는 생각이 든다. 왜냐하면 이 밑둥거리가 등산로 한가운데 있기 때문이다.

새송이버섯

내년 한국에서 WCC총회(세계자연보존연맹총회)가 9월에 제주에서 열릴 예정이다. 그 전단계로 2011년 9월 27일부터 30일까지 인천 송도 컨벤시아센터에서 아시아 IUCN(세계자연보존연맹)총회가 열렸다. 나는 자연환경보전협회가 IUCN의 단체회원으로 가입되었기 때문에 참가하게 되었다. 사실 세계 IUCN에 가입한 것은 한국에서는 우리협회가 처음으로 1967년경에 가입하였다. 무려 40여년전일이다. 그만큼 선각자적인 생각을 가지고 있었기 때문이다. 나는 VIP로서 이번 아시아총회에 참가하게 되었다. 개막식이나 만찬회에 나를 안내하는 의전 직원이 나를 안내하였다. 처음 개막식일에는 나는 송도컨벤션센터를 찾는데 애를 먹었다. 전화가 의전 담당 직원으로부터 오고 제대로 찾아가지 못해서 애를 먹었다. 아마도 나의 의전 담당직원이 꽤나 애를 먹었을 것이다. 내가 겨우 개막식 식장에 도착하니 이미 식은 진행되고 있었다. 내가 앉은 테이블에는 모대학 총장, 캄보디아의 환경 부장관에 해당하는 사람이 아닌가 생각되었다. 공식행사가 끝나고 오찬이 시작되었다. 오찬은 제주자치특별시의 지사가 특별히 마련한 자리였다. 오찬으로 나온 점심식사는 최고급 소고기 스테이크로서 맛은 아주 좋았다 사실 나는 미각에는 별 자신이 없는 사람으로 고기가 나왔나 생각 할 따름이다. 제주자주특별시 지사가 베푸는 것은 내년의 제주에서 열리는 WCC총회를 위한 것이다. 그런데 스테이크에 나온 것이 새송이를 얇게 썰은 것으로 언뜻 보아서는 무슨 재료인지 감이 안간다. 먹어보니 새송이를 요리한 것을 알 수 있었다.

물론 딱 한조각 나왔다. 나는 옆의 캄보디아 장관에게 이것이 무슨 재료인지 물으니 전연 모른다. 버섯이라고 말하니 그러냐고 할뿐 별 반응이 신통치 않다. 자기 입에 맞지 않는 것 같았다. 다행이 한 조각 나온 것이 다행이라면 다행일 것이다. 한국의 버섯을 몇 마디 설명하였지만 회의가 환경인 탓인지 아니면 버섯을 잘 몰라서 인지 우리대화는 끝이 나고 캄보디아를 오게 되면 이메일로 꼭 연락을 하라고 한다. 잘 안내를 하여 주겠다고 한다. 다음날 저녁 VIP만찬에서는 고급스테이크가 제공되었지만 이번에는 아예 버섯은 나오지 않았다.

사람의 기호나 입맛에 따라 다르지만 버섯은 입에서 침이 나올 정도의 식재료는 아닌것 같다. 나는 몸에 좋은 것이어서 먹지 별 맛을 알고 먹지는 않는다. 음식은 무언가 그것이 가지고 있는 특별히 미각을 자극할 수 있는 것이어야 하는데 버섯은 그런 면에서 별로라 생각된다. 새콤하다든지, 향이 좋다든지 색깔이 화려하다든지 하여야 하는데 버섯은 몸에 좋다는 것 이외에는 우리 사람들에게 별로 독특한 인상을 주고 있지 않다. 또 지난 10월 5일에 신라호텔에서 전경련 창립 50주년에 초청을 받아서 갔다. 대통령도 참석하는 자리라 참석자들의 몸 수색이 엄격하였다. 마치 공항에서 출국심사를 하는 것과 같았다. 미리 가본 한국경제라는 영상에서도 버섯의 산업은 빠져 있었다. 2030년경에 한국 국민의 1인당 국민소득이 100,000달러 시대가 될 것이라는 희망찬 영상을 보면서 한국의 버섯산업은 거기에 얼마나 기여 할지 감이 잡히지 않았다. 식이 시작되기 전에 먼저 입장한 사람들에게 음료수와 와인이 제공되고 있었는데 나는 도우미에게 와인이 어느 나라 산인지 물으니 칠레산이라 한다. 나는 역시 와인에 대해서 여러 종류를 마셔 보았지만 워낙 미각에 대해서 문외한이라 아마도 칠레산 중에서는 최고급이라는 말만 들었다. 여기서 제공된 저녁만찬의 뷔페는 다른 데와는 좀 색달랐다. 가지 수가 그리 많지 않았지만 미각을 자극하는 요리들로 되어 있었고 버섯 요리는 아예 찾아 볼 수가 없었다. 버섯산업이 발전하기 위해서는 버섯요리의 선진화가 이루어져야 한다고 생각되었다. 보기 좋고, 먹기 편하고, 향기 가득한 깔끔한 음식으로 발전되어야 한다는 생각을 늘 하고 있다. 버섯을 식재료한 음식은 이런 면에서 조금은 뒤떨어진다는 생각이 들었다. 왜냐하면 요즘은 호텔 등에서 정식으로 나오는 것을 보면 보통 접시에 조금씩 미각을 자극하도록 보기 좋게 제공되기 때문이다. 버섯이 주재료로 한 요리의 개발이 필요하고 다른 식재료가 버섯요리의 보조 재료로 이용되는 음식이 많이 나와야 버섯산업의 발전이 한층 업그레이드되리란 생각이 든다.

 기 적

2014년의 해도 서산으로 넘어가고 있다. 언제나 하는 말이지만 다사다난한 한해가 저물고 있다. 금년의 잇슈는 뭐니 뭐니 해도 세월호 침몰사건이다. 4월에 발생하여 여태껏 모든 것이 깨끗이 마무리가 안되어 시끄럽다. 세월호 사건은 원인을 일으킨 사람으로부터 보상금을 받아 내야하는 중요한 문제가 당사자가 죽어서 사건이 어렵게 되는 것 같다. 거기에는 정치적, 종교적, 기업의 윤리, 개인의 감정 등이 얽혀 있어서 사람들의 입에 오르내리게 된다. 세월호 사건을 보는 시각도 각각이어서 사람들마다 자기 나름대로의 해법을 이야기하다보니 별의 별 유언비어가 돌아다니게 된다. 희생자 유가족은 물론 일반 시민들이 바라는 것은 세월호에 타고 있든 모든 사람들이 살아 돌아오기를 바라는 마음이었다. 시간이 흐를수록 희망은 멀어졌지만 간절히 바라는 마음은 그에 반비례해서 커지게 된다. 그러나 기적은 일어나지 않았다. 세상은 많이 바뀌었지만 인간 내면의 깊숙한 곳에 자리잡고 있는 것은 이루어 질수 없는 희망들을 가지고 있다는 것이다. 지진으로 무너진 흙더미속이나 건물 속에서 갓난아이가 살아 있는 것을 구조하는 것을 흔히 기적이라고 매스컴은 보도한다.

나도 기적을 바란 적이 한 두번이 아니다. 가장 간절했든 때는 어머님이 돌아가신 때였다. 내가 처음 대학으로 직장을 옮기게 되어 형님 댁에 계신 어머니를 뵙고 직장이 있는 광주로 내려 가려든 때였다. 그날 아침 세수를 하시다가 갑자기 쓰러져서 돌아가시었다. 그때의 연세가 76세였다. 그 당시로는 그래도 비교적 장수에 속하든 나이었다. 지병인 고혈압이 있어서 늘 혈압 약을 드셨다. 나는 울면서 정말 살아돌아오시기를 처음으로 마음속으로 바랜 적이 있다. 그리고 꼭 다시 벌떡 일어날 것만 같은 기적을 바랜 적이 있다. 기적을 바라는 것은 인간의 나약한 심정에서 나오는 것일 것이다. 도저히 이룰 수 없는 일들을 마음속으로 바라는 것은 기적을 바라는 것과 다름이 없다는 것을 알고 있다.

버섯들은 주어진 환경에서 운명처럼 살아간다. 나는 가끔 바위나 돌 위에서 살아가는 버섯을 발견하고 놀라곤 한다. 가느다란 균사에 의지하여 발생하는 것을 보면 기적처럼 보이는 것이다. 돌이나 바위에 우뚝 버섯이 돋아났다면 누구나 놀랄 일이다. 버섯이 난 곳을 보면 하얀균사 몇 개가 보일뿐 거기서 커다란 버섯이 어떻게 나왔을까. 최근에 동구릉에서 밋밋한 돌 위에 2cm정도의 담갈색송이(Tricholoma ustale)을 발견한 적이 있는데 이런 것을 나는 생명의 기적이라 생각된다.

냉 면

"한촌 사람 하루는 성내에 와서 구경을 하는데, 이골목 저골목 다니면서 별별 것 다 보았네, 맛좋은 냉면이 여기 있소 값싸고 맛좋은 냉면이오. 냉면 국물 더 주시오. 아이구 맛좋다."라는 냉면을 예찬하는 노래가 있다. 그래서 어렸을 때는 나도 곧 잘 부르든 노래다. 그만큼 시골에서는 쉽게 먹을 수 있는 음식이 아니었다. 그래서 어릴 때는 냉면을 먹을 수 있는 기회가 별로 없었다. 냉면에 대한 그리움은 많았든 것 같다. 무더운 여름철의 음식중에서 더위를 날려주는 음식중에서 냉면을 빼놓을 수가 없다. 그래서 여름철에는 냉면을 자주 먹게 된다. 냉면에는 물냉면과 비빔냉면이 있다. 또 지역별로 는 평양식 냉면과 함흥식 냉면이 있다. 나는 면종류의 음식을 좋아하다보니 냉면을 자주 먹는 편에 속한다.

평양냉면과 함흥냉면의 차이는 평양냉면은 메밀이 주재료고, 함흥냉면은 감자의 전분이 주재료라고 한다. 그리고 평양냉면은 물냉면이고 함흥냉면은 비빔면(회냉면)이 많다.

요즈음은 마트 등에서도 냉면을 팔고 있어서 쉽게 먹을 수가 있지만 오래전에는 냉면을 먹는다는 것이 그리 쉬운 일은 아니었다. 냉면 음식은 지역적으로는 이북 사람들이 많이 먹는 음식이라 생각된다. 나도 태어난 곳이 황주여서 냉면을 좋아하는 사람이다. 어려서는 냉면을 먹어본 기억이 거의 없다. 경제적 여유도 없었고, 우리 동네에 냉면집도 본 기억이 없다. 그 후 내가 군대를 갔다 오니 어머님이 서울로 이사를 왔다. 우리집은 남한으로 월남하기 전에는 황주군 흑교라는 데에서 살았다. 여기는 대동강을 건너면 평양이다. 어머니는 평양을 갈 수 있는 기회가 많았다. 형들이 흑교에서 평양으로 통근 열차로 학교를 다녔고, 어머니의 형제 자매들이 평양에 살았기 때문에 자주 평양을 자주 내왕 하였다. 그래서 냉면에 대해서 일가견을 가졌든 분이다. 그래서 가끔 냉면 이야기를 하곤 하였다.

70년대라 어려운 살림살이를 꾸려가는 형편이었다. 그 당시 이사 온 집이 응암동의 집이었는데 마당도 좁고, 선풍기는 있었는지 없었는지 기억이 안나지만, 무척 더워하시든 기억이 난다. 하루는 냉면을 이야기하시든 모습이 떠오른다. 냉면을 그리워하시는 것 같았다. 이렇게 더울 때 시원한 냉면 한 그릇을 먹으면 얼마나 시원할까 하시든 말씀이 떠오른다. 그때에 어머니를 모시고 냉면을 사드렸드라면 얼마나 좋아 하셨을까. 사드리지 못한 것을 생각하면 가슴이 저려온다. 그 당시는 그저 흘러가는 이야기로 지나쳤든 것이 지금 생각하면 얼마나 내가 무심한 자식인가를 생각나게 한다. 지금은 흔한 음식의 하나가 냉면이다. 고급스럽게 먹을 수도 있고 인스턴트식품으로 먹을 수도 있는 음식이 왜 그 당시는 귀한 음식이었으니 말이다. 냉면을 먹는 방식도 여러가지인 것 같다. 보통은 갈비나 고기종류를 먹고 입가심으로 먹는 경우가 있다. 그런 때는 물냉면을 주로 먹는것 같다. 냉면도 요즈음은 많이 진화를 하여서 여러 형태로 먹는 것 같다. 냉면은 달걀 반개를 얹어놓고, 얼음을 넣어서 먹는 경우가 많다. 남쪽 지방에서는 시원한 수박을 올려놓는 것도 보았다. 어떻게 먹든 그것은 사람들의 식성에 맞게 하려고 하는 음식점들의 전략이라 생각된다. 그것은 소비자인 우리가 좋아하는 것을 택해서 먹으면 된다. 작년에 평양식 냉면만을 전문으로 하는 냉면집에 들른 적이 있다. 사실 나는 양념에 의한 냉면을 많이 먹은 탓인지 너무 담백하여 맛을 별로 느끼지 못했다. 그런데 먹고 나서 담백한 맛이 느껴져서 평양식 냉면은 이런 것이구나 생각했다. 먹을 때는 담백하여 무슨 맛인지 별로 몰랐는데 먹고 나니 무언가 조금은 다르다는 느낌을 받았다. 부식 반찬으로 나온 것도 무우 김치하나였든 것 같다. 냉면은 육수맛이 중요하다. 처음 백두산의 버섯을 채집하기 위하여 백두산(장백산)의 관문인 중국 연변의 이도백하(以道白河)에 갔을때 개고기 냉면을 판다는 간판을 보고 적지않이 놀랐다. 개고기를 좋아는 하지만 개고기로 육수를 만들고 개고기가 얹혀서 나온다는 생각을 하니 별 마음이 내키지 않았다. 나는 음식의 진정한 맛을 모르고 먹는 것이 대부분이다. 금년에는 너무 더워서 이북식 냉면집에 몇번 가본적이 있다. 주로 함흥내면인 회냉면을 먹었지만 얼큰한 김에 먹고 더욱이 회로 올라오는 홍어 맛에 먹는 때가 많다. 원래 이북의 함흥의 비빔면에는 홍어가 아니었을 것 같다. 북쪽에서 홍어가 잡히지 않기 때문이다. 요즈음은 모든 음식도 눈부시게 잔화를 하고 있다. 별의 별 음식이 만들어지는 것을 보면서 냉면에 쫄깃쫄깃한 표고같은 것으로 고명로 올려 놓으면 어떤 맛이 날까 궁금하여진다. 이런 시도를 한번 해봄직하지 않을까.

금년처럼 더운 여름에 냉면을 먹을 때 문득 문득 돌아가지신 어머니를 떠올리게 된다. 하늘에 계신 어머님도 이런 더위에 냉면을 먹었으면 하고 기도하여 본다.

대물림

세상이 어수선하게 돌아가니 무엇이 진실인지 더욱이 누구 말이 옳은지 도무지 모르겠다. 특히 우리나라 현실이 너무 안개속을 헤매니 알 수가 없다. 여론 조사란걸 보면 더더욱 모르겠다. 한쪽에서 A가 우세하다고 하고 다른 쪽에선 열세라하니 어느 쪽을 믿어야 할지 모르겠다. 그러다 보니 자기에게 유리한 쪽이 어디인가 기웃거리게 된다.

요즈음 우리의 현실은 위에서 아래로 이어지는 수직 물림이 이루어지는 것 같다. 이것은 우리 정치사에서 너무 뚜렷하게 부각된다. 여당에서 야당으로 야당이 여당이 되면 자기네가 과거에 행했든 정치형태가 그대로 답습한다. 아버지의 재산이 아들에게 이어지고 그것은 다음 손자에게 내려간다. 소위 장자 상속이라는 말로 표현된다. 그것은 우리의 오랜 전통이고 그것을 거부하는 사람은 없는것 같다. 현재는 아버지의 재산을 처, 자식에게 골고루 나누어 주도록 법으로 정하고 있다.

지금은 부모가 특별히 유언를 하지 않는 한 법을 따라야 한다. 그런데 이와 같은 것 말고 우리가 알게 모르게 이루어지는 것이 많다는 것이다. 부모가 유력한 사회적 지위를 가지게 되면 그 자식들도 그러한 위치에 오르는 경우가 많다는 것이 사회적 현실이다. 이것은 아버지의 무언의 부나 권력을 이용하여 자식들도 남이 하지 못하는 갖가지 경험과

학습을 할 수 있다는 것이다. 그래서 소위 특별과외, 해외연수를 하게 되니 남보다 좋은 대학, 취직을 하게 되면 자식도 부모처럼 되기 마련이다.

옛말에 개천에서 용난다는 말은 이제는 먼 이야기가 된것 같다. 옛날처럼 공부만 열심히하여 과거에 급제하면 되었든 시절의 말이다. 지금은 사회가 빠르게 변화 발전하니 그기에 맞는 것을 갖추려면 그냥은 되지 않는다는 것이다. 갖추는 것이 만만치 않은 재력이 뒷받침하지 않으면 할 수 없게 된 현실이다. 이제는 온고지신이니 하는 옛 선현들의 좋은 말씀은 역사속으로 사라지는 때가 온것 같다.

그래서 부모들은 자기가 하는 직종을 최고로 생각하여 자식에게 물려 주려고 한다. 자식들이 아버지의 직업을 고스란히 물려받는 것을 보면서 이제는 우리사회는 과거로 회귀하는 것이 아닌가 하는 생각이 들때가 많다. 물론 거기에는 그들 나름의 노력이 있었다는 것도 사실이다. 그래서 사업을 하는 분들은 전문 경영인에게 회사를 운영케 하기보다는 자기의 직계를 자기의 후계자로 하려고 한다. 그런데 다행히 물려받은 후계자가 아버지의 사업을 이어 받을 능력이 있으면 다행인데 그렇지 못할 경우 사회적 문제로 되기도 한다. 이런 경우의 대물림이 이루어지면 형제 자매간에도 싸움이 되고 소송 등으로 이어지는 것이 비일비재한 것이다.

그렇다고 대물림이 전부 나쁜것은 아니다. 서양에서는 이런 대물림으로 100년, 또는 그 이상의 역사를 자랑하는 가업으로 계승하고 있다. 어느 의미에서 이런 훌륭한 것이 밑거름이 되어서 그 가문, 사회, 국가의 튼튼한 기초가 되는 것이다.

대물림을 유용한 가문의 발전과 사회에 헌신하는 것을 보물로 만드는 지혜가 필요한 시대인 것 같다.

추석의 기억

계절의 순환에 따라 얼마 안 있으면 우리의 최대 명절인 추석이 돌아온다. 옛날에는 왜 그다지도 추석이 기다려졌는지 모른다. 사실 손꼽아 기다렸다. 맛있는 음식, 새 옷을 입고 극장을 가는 기대가 컸다. 그리고 직장 생활을 할 때는 밀린 일을 처리해야겠다는 생각이 많았다.

내가 초등하교 시절에 우리집은 시골에서 장사를 하였기 때문에 추석이 가까워지면 무척 바빠진다. 소위 대목 장사를 하여야하기 때문이다. 그래서 대목장이 가까워지면 미리 대목에 팔 물건을 준비하여야 했기 때문이다. 지금이야 자동차로 물건을 떼오지만 그때는 도회지에서 물건을 자전거나 또는 니야카에 싣고 와야 했다. 그래서 나도 삼십리나 되는 도매상에서 어머니나 형을 도와서 물건을 니야카에 싣고 뒤에서 밀고 온적도 있고, 형들이 니야카를 끌고 오면 마중 나가서 뒤에서 밀어 준적도 있다. 명절이 가까워서는 대목장이라 하여 장사꾼들에게는 기대가 컸다. 지금은 어쩐지 모르지만 명절이 가까워져서는 5일장은 대목장이라 분주했다. 지금은 장터에 천막 등을 쳐놓고 진열대에 물건을 진열하여 팔지만 그때는 길가에 소위 좌판을 만들어서 땅바닥에 가마니를 깔고 물건을 팔았다. 우리는 사기그릇장사를 하였다. 사기그릇은 사발, 대접, 접시, 양은 냄비, 양은 솥, 세수대야, 요강, 큰 양은 다라이 등을 팔았다. 깨지는 물건이 많아서 여간 조심을 하지 않으면 안되었다. 어머니가 주로 장사를 하였다. 어머니는 첫 마수를 하면 돈에 침을 뱉어서 요강에 돈을 보관하였다. 침을 뱉으면 재수가 좋아서 많이 팔리는 것 같았다. 나는 학교 점심시간에 거의 시장 구경을 하였다. 물론 물건이 많이 팔리면 엿같은 것도 사서 주었기 때문이다. 그래서 시장의 이것 저것 구경하는 재미도 쏠쏠했다. 저녁 무렵의 파장 때도 물건을 싸서 집으로 가져와야 했기 때문에 바빴다. 큰 즐거움은 저녁을 먹고 요강에서 돈을 쏟아 돈을 세는 것이었다. 지금이야 얼마 안되는 액수지만 그때는 거금이었다. 그리고 다음 장날에는 어떤 물건을 떼다 놓아야 할까를 생각하였다. 저녁 식사의 반찬도 좋았다. 반찬거리로 주로 생선찌개를 했는데 지금 생각하면 그렇게 맛있게 먹은 적은 없었든 것 같다. 그래서 장이 서는 날을 기다리곤 했든 것 같다.

추석날 우리는 성묘를 할 곳이 없었다. 그런데 마침 도회지에 사는 친척 한분이 우리마을 근처의 공동묘지에 성묘를 하러 오면 우리집에 들려서 같이 가곤 하였다. 낫을 들고 묘소에 가서 그때서야 풀을 깍고 절을 하곤 하였다. 기억에 남는 것은 닭을 한 마리 가지고 와서 먹곤하였는데 사실 거의 자기 혼자 다먹고 가곤하였다. 그 당시에는 닭고기를 먹는다는 것은 굉장한 성찬이었는데 잘하면 고기 한점을 얻어 먹는 즐거움이 있었다. 그것도 몇 번 하다가 발이 뚝 끊어지고 소식도 끊겼다. 자식된 도리를 하는 것이 이처럼 어려운 것이라는 것을 지금 새삼스럽게 느끼곤 한다. 그때는 불효를 한다고 욕하였다. 그러나 지금 부모님이 다 돌아가셔서 추석때면 걱정이 앞선다. 어머니의 묘소는 서울에 있어서 당연히 가지만 형님하고 연락이 안되어서 따로 따로 가는 경우도 있다. 시골에 있는 아버님의 묘소는 작년에 화장을 하여 납골당에 모셔서 성묘를 안가게 되어 얼마나 좋은지 모르겠다. 언젠가는 부모님을 한곳에 함께 합장하고 싶은 것이 내 생각인데 일이 제대로 풀리지 않아서 마음을 썩히고 있다. 추석이 되면 차례 문제가 있다. 큰 형님이 살아 계실때는 차례를 모셨는데 형님이 몸이 좋지 않아지면서 제사도 중단한 상태다. 한때는 내가 모시려고 하였지만 그것도 형제들의 생각이 달라서 지금은 못지내고 있다. 나는 가끔 안사람에게 말하곤 한다. 나의 일이 어느 정도 마무리 되면 우리 형편에 맞게 제사를 지내드리고 싶다고. 언젠가는 그날이 오기를 손꼽이 기다린다.

댕구알버섯 유감 (1)

요즈음 댕구알버섯이 장안의 화제다. 나라 전체가 들썩거릴 정도다. 단순히 희귀종이고 대형의 버섯이지만 발견하기가 어렵고, 정력에 좋다는 소문만으로 이렇게 뜨겁게 달군 것으로 생각된다. 과연 화제가 될만한 버섯일까. 한번쯤 생각하고 싶다.

댕구알 버섯의 학명은 Calvatia gigantea, 또는 Calvatia nipponica라고 한다. Calvatia의 뜻은 대머리라는 라틴어로 표면에 털이 없다는 뜻이다. 말불버섯류에 속하는 것은 털이 있는 것이 대부분이다. gigantea는 거대한, 크다는 뜻이고 nipponica는 일본이라는 뜻이다. 일본 학자는 일본의 특산종으로 알았든 것이다. 댕구알버섯의 크기가 무려 30~70cm 나 되는 거대한 버섯이다. 보통의 버섯들은 크기가 보통 5cm 전후가 많은데 무려 10배 이상의 크기를 가진 것이다. 처음은 백색이며 속의 기본체는 스폰지처럼 푸석푸석하다. 시간이 자나면 속의 기본체가 황갈색으로 되며 이것들이 전부 포자로 된다. 자연에서는 흐물흐물 액체를 분비하기도 한다. 건조상태로 잘 말리면 백색을 유지하기도 한다. 그런데 이 기본체가 우리가 잘 알고 있는 말불버섯의 기본체와 똑같다. 포자의 크기는 말불버섯류에 비하여 약간 큰 편이다. 발생하는 장소도 풀밭, 대밭, 숲속의 양지바른 곳 등에서 주로 홀로 나지만 외국에서는 간혹 무리를 지어나기도 한다. 필자는 2번 홀로 나는 것을 발견한 경험이 있다. 이것이 대체로 댕구알버섯의 전체적인 특성이다. 댕구알버섯은 식용이 가능하나 오래되어 기본체가 흑색으로 되면 먹을 수 없다. 댕구알

버섯은 발생하여 성숙할 때까지 스폰지같으며 노숙하여 썩게 되면 물기가 있으면서 쭈굴쭈굴하여 진다. 과거에는 말불버섯과로 분류하였지만 지금은 주름버섯과로 바뀌었다. 주름버섯과는 균모밑에 주름살을 가진 것으로 여기에 포자를 형성하는데 양송이와 같은 것이다. 그러나 모양이 너무 다르고 포자 형성하는 곳이 양송이류는 주름살이고 댕구알버섯은 내부 속이지만 유전적 DNA가 비슷하여 주름버섯과에 속하게 되었다.

균류의 매혹(Fascinated by Fungi, 2011)에 의하면 댕구알버섯은 카나다에서는 1987년에 무게 22kg, 둘레가 2.64m 짜리가 거대한 것이 발견되기도 하였다. 일반적인 크기는 둘레가 1~2m로 지름 35~70cm로 수십조억개의 포자를 만든다. 보통의 버섯들이 500억에서 1000억개를 만드는 것에 비하면 엄청나게 많은 것이다.

담자균류의 주름버섯과는 포자형성기관이 균모아래의 주름살에 나출되어 있지만 댕구알버섯들은 포자를 껍질의 내부(기본체)에 형성한다. 속 내부의 기본체가 성숙하면 포자로 되어 꼭대기가 압력에 의하여 파열되어 포자를 방출한다. 이런 것들이 같은 주름버섯과의 양송이 버섯과는 다른 점이다.

온 나라를 떠들썩하게 된 것은 매스컴들이 특종 기사를 취재하려는 욕심에서 확인없이 보도하기 때문은 아닌지 생각된다. 어느 버섯 전문가가 외국문헌에 정력에 좋다고 기록되었다고 하는 말을 여과없이 보도하였기 때문으로 추측한다. 실제로 버섯 전문가들 중에서 이 버섯을 발견한 사람이 몇 명이나 될까. 버섯을 연구하는 사람도 모든 버섯을 다 본 것은 아니다.

지금까지 보지 못했든 버섯에 호기심과 관심을 가지는 것은 좋은 현상이다. 그런데 그것이 건전한 방향에서 관심을 가지면 이 버섯에 대한 스토리텔링 같은 것이 생겨날 수도 있다. 버섯을 연구하는 사람으로서 잠시나마 나라를 건전한 열풍이 아닌 성적인 열풍을 가져온 것에 대하여 마음이 착잡하다.

돈을 번다는 것

건강 검진은 2년에 한번씩 하는 검사다. 이번에 나는 처음으로 대장 내시경 검사를 받았다. 대장 내시경은 소문에 어렵고 무섭다는 소문은 듣고 있어서 미리 겁을 먹고 할까 말까 망설였다. 대장암은 빠른 속도로 증가를 하고 있어서 혹시나 하는 생각을 하게 된다. 나는 비교적 소화도 잘되고 변을 보는 데도 지장이 없고 이상을 느낀 적도 없다. 하지만 주위의 사람들을 보니 다들 대장 내시경검사를 받았다고들 한다. 이번에 용기를 내어서 받았다. 실제 하여보니 장을 비우기 위해서 하루 전부터 설사약을 먹고 물을 마시는 작업이 상당히 고역이었다. 결과는 용정이 2개가 발견되어 떼어냈다. 검사를 받고 나니 마음이 얼마나 개운한지 모른다. 다음은 이빨의 스켈링이었다. 치과에 가서 스켈링도 보험이 적용되는가 물었더니 치질환이 있으면 보험이 적용되고 스켈링은 안된다고 한다. 그때가 6월의 하순에 가까운 때였다. 그래서 스켈링을 하였다. 그런데 7월에 들어서서 방송을 들으니 7월부터 스켈링도 보험이 적용된다고 한다. 나는 머리를 한방 얻어 맞은 기분이다. 일차적으로 정보에 둔했던 나를 원망하였다. 내가 의사라면, 간호사라면 6월에 스켈링을 하러오면 7월부터 보험이 적용되니 7월에 오라고 할 것 같았다. 그 젊은 의사의 돈만 아는것 같은 것에 대해서 불쾌하였다. 다시는 그 병원에서 치료받지 않으려고 마음먹게 되었다. 오히려 우리에게 정확하게 정보를 알려주었다면 그 병원과 의사, 간호사가 고맙고 그 병원을 계속 이용하게 될 텐데. 당장은 수입이 있었지만 장기적으로 보면 더 큰 손해가 된다는 것을 왜 모르는지, 이같은 생각은 나만의 편견일까.

분수를 아는 버섯

안분지족(安分知足)이라는 말이 있다. 자기분수를 지켜서 거기에 맞게 넉넉하게 산다면 행복할 것이라는 뜻일 것이다. 이런 말이 나온 것은 세상이 자기 처지를 모르고 생활하는 혼탁한 세상이어서 나온 말이 아닌가 생각한다. 사람들이 자기 분수를 넘어서 생활하는 것을 우리는 지금 곳곳에서 보고 있다. 우리말에도 뱁새가 황새를 따라 가다보면 가랑이가 찢어져서 죽게 된다는 말을 한다. 자기분수를 알아서 행동하고 산다는 것은 말처럼 쉬운 것은 아니다. 인간의 욕망은 언제나 높은 곳을 향해서 나아가기 때문이다. 그것이 나쁜 것만은 아니다. 그런 행동 때문에 인류의 문명은 날로 발전하여 오늘에 이른 것이다. 그러나 그것이 잘못하면 상대방을 모략하고, 죽이고 하는 불행한 사태도 일어나는 것이다.

버섯도 이런 인간의 좋고 나쁨을 행하고 있을까 생각하여 본다. 버섯은 주어진 환경속에서 종족보존을 위하여 피나는 노력을 하고 있다. 그 과정에서 다른 버섯에게 해를 주거나 아니면 죽음에 이르게 하는 일은 없는지 궁금하다. 물론 이들도 생물인 이상 다른 버섯보다 많은 종족을 남기기 위하여 더 많은 영양을 섭취하려고 애쓴다. 어느 서식지에서는 한 종류의 버섯이 쭉 깔린 것을 볼 수가 있다. 그러나 그것이 오래 계속되지 않고 얼마 지나지 않아 다른 버섯이 자라는 것을 볼 수가 있다. 욕심을 부려서 발생하지만 인간처럼 끝까지 자기만이 독식하려 하지 않는다는 것이다. 자기가 난 이곳이 다른 버섯에게도 좋은 터전 일테니 자기는 물러나는 것이다. 그것이 다음에 자기 자손들이 발생하는 좋은 밑거름이 된다는 것을 알고 있기 때문이다. 덧부치버섯은 무당버섯류나 젖버섯류에서 발생하지만 이버섯들이 자기종족의 포자를 다 만들고 필요없다고 생각되는 그 시점에 발생한다. 덧부치버섯이 발생하면 무당버섯이나 젖버섯은 더 빨리 분해된다. 그것은 식물들의 영양원으로 이용이 되는 것이다. 자기만이 살려고 하면서 남에게 도움이 되고 어울려 사는 것이 종족보존에 유리하다는 것을 아는 것이다. 이것이 진정 자기분수를 지켜서 생활을 하는 안분지족일 것이다.

비만 시대

내가 어릴 적 살던 동네에 최모씨라는 사람이 있었다. 어릴 적이라 직업이 뭔지는 몰라도 거의 빈둥빈둥 살아가는 사람으로 기억된다. 그분은 뚱뚱하고 배가 남산만하게 나와서 걸음걸이도 가뿐하지 않았든 걸로 기억 된다. 그래서 사람들은 사장님이라 불렀다. 그 당시는 하루 세끼 먹기가 어려웠든 시기였다. 그래서 배가 나오고 뚱뚱하면 부러움의 대상이었다. 배가 나온다는 것은 잘먹기 때문으로 생각되었고 잘 먹으려면 돈을 잘 버는 사람이라 생각하든 시기였다. 그런데 내가 외지에서 있다가 집에 가니 그분이 안보여서 물어 봤더니 죽었다는 것이다. 그 당시는 잘 몰랐지만 지금 생각하니 비만 때문에 어떤 합병증으로 죽은 것으로 짐작이 간다. 사실 그때는 암, 고혈압, 당뇨, 비만이라는 것을 들어본 적이 없다. 물론 암, 당뇨, 고혈압 등으로 죽은 사람이 있었겠지만 죽으면 죽는가보다 생각하는 그런 시기였다. 그만큼 먹고 살기가 어려웠기 때문이다. 건강에 대해서 신경 쓸 여유가 없는 시기에 나는 10대를 보낸 것이다. 비만은 흔히

들 만병의 근원이라 말한다. 그래서 사람들은 열심히 운동, 식이요법, 약물을 통해서 비만에서 탈출하려고 애쓰고 있지만 그리 쉬운 일이 아니라는 것을 알고 있다. 나는 요즈음 비만의 탈출이 어려운 것을 유전자의 진화과정 때문으로 생각 하고 있다. 생물이 지구상에 출현한 것은 몇 억년 전이지만 인간이 지구상에 나타난 것은 사실 다른 생물에 비하면 아주 최근의 몇 만년 전 일이다. 인간이 출현하면서 인간들의 유전자는 아주 열악한 환경에서 살아야 하는 운명이었다. 그래서 유전자들은 자기가 이 혹독한 생태계에서 살아 남기 위한 것이 무엇인지를 알게 되었고 그것을 실현하기 위해서 끊임없는 투쟁을 하여야 했다. 유전자들은 생물들이 살아가기 위해서 제일 필요한 것이 영양이라는 것을 알게 되었다. 영양원 중에서 제일 필요한 것이 무엇인가 생각을 하면 에너지를 많이 내는 것이 효율적이라는 것을 알게 된 것이다. 탄수화물, 단백질, 지방중에서 단위 그람당 에너지효율이 높은 것이 지방으로 다른 탄수화물이나 단백질에 비하여 2배 이상이나 높다. 그래서 유전자들은 탄수화물이나 단백질보다는 지방을 축적하는 것이 생태계에서 살아가는데 유리하다는 것을 알게 되면서 지방을 축적하게 되었다고 생각된다. 그렇다면 어디에다 축적하는 것이 유리할까. 인간의 신체에서 제일 중한 곳에 축적하여야 필요한때 유용하게 쓰기 위해서 간, 뇌, 심장같은 곳을 선택하게 된 것이다. 사실 이들

장기가 몸을 움직이는 제일 중요한 장기이고 생명의 본체를 유지하는 곳이다. 간은 우리 몸의 에너지 저장소로서, 뇌는 인간의 신경계를 통괄하여 조절하며, 심장은 에너지를 신체의 필요한 곳까지 배달하여주는 통로 역할을 하는 것이다. 그래서 유전자는 자기의 생명을 이어 갈수 있는 곳으로 가장 칼로리가 많은 지방을 간, 뇌, 심장에 저장하고 다음에 탄수화물이나 단백질을 저장하는 형태로 진화를 한 것이다. 그래야 필요할 때 언제든지 꺼내어 생명을 유지 시킬 수 있기 때문이다. 처음 생명이 지구상에 출현하였을 때는 모든 영양원이 부족하였기 때문에 저장할 여유가 없었지만 생활이 윤택하여 지면서 생활하고 남은 에너지를 간, 뇌 심장에 비축하려고 한 것이다. 그러나 심장에 비축한다는 것은 불가능하다 왜냐하면 심장은 계속 펌프하여 피를 흐르게 하기 때문이다. 대신 그래도 흐름을 피할 수 있는 혈관벽에 축적하는 방향으로 진화를 한 것이다. 그래서 비만한 사람들이 살을 빼려고 하면 유전자는 가능한 한 열량이 적은 탄수화물이나 단백질의 열량을 먼저 빼고 다음에 아쉬움이 있지만 열량이 높은 지방을 빼기 때문에 체중 조절에 어려움이 있다고 생각된다. 유전자는 아직도 언제 어려움이 닥쳐서 굶어 죽을지 모르기 때문이라 판단하기 때문이다. 이것은 인간의 심리에서도 잘 알 수가 있다. 인간들도 제일 소중한 값나가는 금, 은 보화를 장롱 깊숙이 보관하였다가 어려움이 있을때 이것을 꺼내서 필요한 때에 사용하는 것이다. 이런 것은 우리 인간도 알게 모르게 유전자의 진화와 일치하는 행동을 보면 놀라운 일이 아닐까.

백두산의 버섯이 중요한 이유

백두산은 화산 폭발로 생긴 산이다. 산은 현무암으로 되었지만 온갖 진기한 식물이 자생한다. 이것은 세계 어느 곳에서도 찾아보기 힘든 산이다. 원시림에는 희귀한 동식물들이 서식하고 있다. 그래서 백두산의 중요성이 부각 된다.

백두산에 관한 자연자원 연구는 아주 오래전부터 시작되어 지질, 화산에 관한 연구는 많이 이루어 졌고 지금도 많은 학자들의 관심을 끌고 있다. 백두산의 식물상과 동물상에 관한 연구도 꾸준히 이루어져 왔다. 그러나 버섯분야에 관한 연구는 거의 전무한 상태다. 버섯상에 관한 연구는 왕바이(王栢) 등이 펴낸 "백두산산균도지(白頭山傘菌圖志)"에 348종이 실린 것이 전부다. 그만큼 버섯에 관한 연구는 미미한 실적이다. 이번에 한국의 조덕현, 정재연, 박성식, 중국의 왕바이, 김수철교수가 공동으로 펴낸 "백두산의 버섯도감"에 1170여종은 그런 의미에서 의의가 있다. 중국은 백두산의 자연자원에 대해서 대대적인 연구를 하고 있지만 버섯은 상대적으로 더딘 것으로 파악 된다. 지금 중국은 자연자원 유출을 막기 위해서 생물 다양성 등의 중요성을 홍보하고 있다. 그것은 인적이 드문 도로에 생물다양성을 보호하자는 현수막을 걸어 논 것을 보면 이해가 간다. 앞으로는 외국인이 백두산에 관한 어떤 분야의 연구도 불가능하다.

백두산은 앞으로 100년 안에는 폭발할 것이라는 것이 학자들의 주장이다. 백두산의 화산이 폭발한다면 지금까지 지구상에서 경험하지 못했든 대폭발이 될 것이라 예언한다. 폭발이 일어난다면 북한, 길림성 등 이지역의 모든 생물은 다 사라지게 된다. 그러므로 식물, 동물은 물론 버섯 등을 조사하여 기록으로 남겨 놓아야 한다. 이것은 후손들에게 남겨 주어야하는 유산이기 때문이다.

한반도는 남하하는 버섯과 북상하는 버섯이 만나는 교차점으로 생물지리학상 중요한 의의가 있다. 백두산은 지형, 기후가 세계에서도 보기 드문 아주 독특한 자연환경을 가지고 있는 곳이다. 한국의 버섯을 남한, 북한, 백두산의 버섯을 비교 연구할 수 있는 좋은 지역이다. 버섯의 생물지리상의 분포상을 연구하는데 좋은 자료를 제공하여 줄 것이다. 어떤 종류의 버섯들이 많이 발생하는가를 보면 버섯의 원산지 인지를 알 수가 있다. 따라서 어떤 버섯이 북방계 버섯인지를 알 수가 있다. 송이가 북방계 버섯이라는 것은 이 지역에서 엄청나게 많이 발생하며 남으로 내려 갈수록 발생량이 적어지며 마침내 백두대간의 끝자락인 지리산의 남쪽은 송이버섯의 종착 지점으로 지리산 이남에서는 발생이 안 된다. 반대로 남방계 버섯으로 추측되는 그물버섯류들이 백두산에서도 발생하는데 이 버섯은 한국의 중부지방까지는 여름철에 많은 량이 발생하는데 백두산에서는 발생량이 현저히 적은 것을 보면 이 버섯들이 북쪽으로 북상하고 있다는 증거다.

버섯의 다양성도 현재 남북한의 지역에서 발생하지 않는 종류가 많이 발견되었다. 앞으로 한국의 버섯 다양성이 풍부하여 질것이라고 예상 할 수가 있다. 백두산은 남하하는 버섯의 출발점의 정상에 있다고 볼 수 있으며 또한 북상하는 버섯들의 종착점이 될 수 있는 곳이다.

버섯의 모성애

처음 알 모양의 먼지버섯은 펴지지 않았을 때는 먼지버섯과는 전연 다른 버섯으로 알았다. 이 단단한 껍질이 갈라져서 불가사리처럼 되고 가운데의 알은 포자를 내뿜으리라고는 상상도 못했다. 생태계에서 포자를 잘 내뿜는 버섯은 말불버섯류가 잘 알려져 있다. 다른 버섯들은 포자가 무수히 날리지만 눈에 보이지는 않는다. 먼지버섯은 공기돌처럼 절개지 맨땅에 새까맣게 반쯤 아니면 약간만 박혀 있어서 버섯으로 생각하기 어렵다. 단면도를 보면 겉은 두꺼운 각피가 있고 이 각피는 백색이고 그 안에 검은 포자가 있다. 사실 단면도를 자를 때는 칼로 제대로 자르기 어려울 정도로 단단하다. 이것이 시간이 지나면 각피가 찢어지면서 불가사리

같은 모양으로 팔이 5~7개가 나온다. 그리고 가운데에 구멍을 내어서 포자를 날려 보낸다. 왜 이렇게 단단하고 두꺼운 각피속에 포자를 만든 것일까. 이것은 자기의 포자(생식세포)를 보호하기 위한 방편이다. 단단한 흙속에서 자실체를 만드는데 어려움이 많다. 그래서 일단 단단한 각질 속에 만들면 포자를 안전하게 보호가 될 것이다. 다음에 자기에 알맞는 환경이 조성되면 껍질을 파괴하여 포자가 맘껏, 쉽게 산포가 될 수 있도록 하는 것이다. 이렇게 되면 먼지버섯은 더 이상 포자를 보호하려고 하지 않는다. 생태계에 방치하고 어려운 외부의 환경에 내던져서 스스로 살아 가도록하는 것이다. 다른 생물의 먹이가 되든, 동물의 발에 짓밟히든, 바람에 휘날리든 상관치 않는다. 이것은 자기가 만든 포자가 어떻게 자실체로 되는데 유리한지를 생태계에 맡기는 것이다. 오히려 이렇게 되는 것이 종족보존에 유리하다는 것을 알기 때문이다. 생태계의 악조건 속에서 어릴 때는 부모가 보호하는 본능은 다른 생물과 마찬가지로 모성애의 발로라는 생각이 든다.

버섯 생태의 보고 이끼

2011년에 주로 서울 시내, 근교의 왕능인 선능, 서오능, 동구능으로 채집을 하러 갔다. 그 중에서 제일 많이 채집 간 곳이 구리시에 있는 동구능이다. 구리시는 고구려와 아주 밀접한 관련이 있는 곳으로 거리 곳곳에 고구려의 기상을 물려 받자는 문구가 담벼락 등 거리 곳곳에 붙어 있고 버스에도 붙어 있는 것을 볼 수 있다. 그래서 구리시라는 명칭도 고구려의 "구"를 따온 것이 아닌가 생각되었다. 구리시의 대장간 마을은 아차산에서 북쪽 등산로로 내려가면 만날 수 있다. 아차산은 잘 아시다시피 한강을 차지하기 위해서 고구려가 만든 요새지인데 군사들에게 무기를 공급하여 주던 곳이 아닌가 생각된다. 한강을 고구려, 신라, 백제 가운데 어느 나라가 차지하느냐는 나라의 발전과 운명에 아주 중요한 군사적 요충지였기 때문에 이곳을 차지하기 위해서 치열한 싸움을 벌였든 곳이다. 고구려는 삼국중 상대적으로 수도인 평양과 거리가 멀어서 물자 공급이 어려웠기 때문에 이곳에 병참기지를 만들어서 무기를 공급했든 것으로 생각된다. 이유야 어쨌든 구리시는 한강을 차지하기 위한 고구려 군사들의 배후 병참기지로서 아주 중요한 역할을 했든 곳임은 분명하다.

동구능이란 동쪽에 왕능이 9개가 있기 때문에 붙인 이름이다. 동양 최대의 왕능이 있는 곳이라고 한다. 능과 능사이를 이어 주는 동선이 거의 평지여서 구경하기에 수월하다. 전체적으로 이곳은 지형이 별로 험하지 않고 평지가 많아서 시민들의 휴식 공간으로서는 적격이다. 관광지로서도 훌륭한 곳이다. 특히 일본 관광객들이 많이 오고 있었고 중고등학생들도 체험 학습하러 많이 오고 있었다. 또 유치원생들이 왕능 입구에 조성된 풀밭에서 놀이를 하는 것을 보면 한폭의 그림을 보는것 같아서 나도 마음이 즐거워진다.

외국의 도감을 보면 이끼류가 자라는 곳에서 찍은 버섯 사진들이 많아서 아마도 외국은 이끼류가 자라는 곳이 많아서 그런가보다 생각 했지 별 신경을 쓰지 않았다. 사실 나는 습지에서 버섯을 채집한 적이 거의 없기 때문에 대수롭지 않게 생각하였다. 동구능의 사무실을 따라 올라가는 오른 쪽은 거의 100m에 가까운 길이에 왼쪽에 도랑이 있고 그 둔덕에 이끼(Moss)류가 잘 자라고 있다. 이끼류에서 무당버섯류, 그물버섯류, 땀버섯류, 콩두건버섯류 등을 채집하였으며 그 중에는 독특한 형상의 버섯도 채집할 수 있는 기회를 가질 수 있었다. 대체로 버섯들은 백두산의 천지 바로 아래의 기후관측소 부근에서 자라는 버섯들처럼 원색의 고운 색깔을 가지고 있는 것이 많았다. 그 중에서 긴대안장버섯의 새로운 품종을 발견하였다. 긴대안장버섯은 두부의 뒷면의 자실층이 밋밋한데 이 버섯은 자실층면이 조그만 돌기들이 마치 원을 그린듯이 모자의 형태를 이루고 있다. 또 무리를 지어 발생한다. 콩두건 버섯류인데 자실체 전체가 검은 녹색이면서 투명한 것이 흔한 콩두건 버섯과는 달랐다. 이런 것은 아마도 이끼류의 보수력 때문이 아닌가 생각되었다. 다른 곳은 건조하여도 이끼류가 자라는 곳은 언제나 물기를 함유하고 있는 것이다. 이끼류는 서로가 꽉 붙어서 군집생활을 하므로 보수력이 좋기 때문이 아닌가 생각된다. 이런 저런 이유로

늦가을까지 부지런히 동구능을 가게 되었다. 내가 한 곳을 자주 가는 이유는 버섯들은 변이가 많기 때문이다. 지난번에 채집한 종이 이번에는 다른 종처럼 보이는 때가 많다. 계속해서 관찰을 하므로 종을 동정하는데 도움이 되고 또 그 종의 생활사를 알 수 있는 기회와 생태적 특성을 알 수 있기 때문이다.

이제 눈이 펑펑 내리고, 눈이 쌓이는 계절인 겨울철로 접어들면서 나는 벌써부터 마음이 설레인다. 사실 겨울에 발생하는 팽나무버섯과 변형균류를 채집하려고 해도 쉽지 않았기 때문이다. 눈이 많이 내리고 쌓이면 차량 운행도 위험하고 카메라를 들고 배낭을 메고 산으로 가는 것은 위험하여서 겨울 채집을 거의 못했기 때문이다. 그러나 동구능은 전철로 가면 되고 마을 버스로 갈아타면 되기 때문에 편하다. 왕능 안은 거의 평지여서 올 겨울에는 본격적으로 겨울 균류를 채집할 수 있으리라 생각되기 때문이다. 또 이끼류가 자라기 때문에 새로운 균류를 만나는 기회가 오리라 기대하여 본다.

먹물버섯의 잉크

먹물버섯은 생명의 무상함을 잘 나타내는 버섯이다. 처음 이 세상에 나올 때는 순수한 백의 천사처럼 숲속의 땅에 발생한다. 그 순수함은 말로 표현하기 어려울 정도다. 자라는 속도도 무척 빠르다. 아침에 나타났다가 오후가 되면 이미 사그라 들면서 생을 마감한다. 생을 마감하는 것을 보면 생명의 슬픔을 보는것 같아서 안타까움이 보는 사람들을 슬프게 한다. 처음 균모(갓)을 펼칠 때의 모습은 생명의 아름다움을 본다. 그러나 사그라 들때는 균모(갓)의 끝자락부터 검게 되면서 차차 균모의 가운데로 확장된다. 그러다가 거의다 사그라 들고 자루(대)에 균모의 일부가 귀신이 머리를 풀어 헤친 것처럼 되면서 자루만 남는다. 그렇지만 이렇게 사그라 드는 현상은 우리 인간의 입장에서 본 것이지만 사실은 아주 위대한 생을 마감한다는 것을 아는 사람은 많지 않다. 그 사이에 자기의 대를 이를 후손인 포자를 500억개 이상 만들어 놓는다.

먹물버섯의 이름은 버섯이 먹물처럼 되어 사그라 들어서 붙인 이름이다. 학명인 코프리누스 콤마트스(Coprinus commatus)에서 속명인 코프리누스(Coprinus)는 그리스어로 분(똥)을 의미하며 종명인 콤마트스(Commatus)는 털이 많다는 뜻이다. 이 버섯은 균모가 솜털같은 것으로 덮여 있다. 영양분이 많은 똥에 나는 버섯이란 뜻이지만 자연에선 썩는 풀, 퇴비, 땅에 난다. 실제로 내가 사는 아파트의 숲길에서는 봄에 발생하기 시작한다. 그리고 거의 11월까지 발생하는 것을 관찰할 수가 있다. 계절의 마지막까지 버티는 버섯이다.

먹물하면 붓글씨를 쓸 때 벼루에 갈아 놓은 것이다. 옛날에 글씨를 쓸려면 잉크가 있어야 하는데 쉽게 잉크를 구할 수 없었다. 그래서 서양에선 먹물버섯이 사그라 들면서 흘러내린 것을 그릇에 담아서 잉크처럼 찍어서 글씨를 썼다. 시커멓게 된 것은 이 버섯의 포자 색깔이 검어서 그렇게 된 것이다. 이것을 보면 얼마나 많은 포자를 만든다는 것을 알 수 있다.

운봉 이지열 박사

2015년 4월에 한국 균학계의 거목이신 이지열 박사님이 향년 94세로 서거하였다. 천수를 누리시고 우리 곁을 떠나셨다. 누가 뭐라든 나는 한국의 균학(버섯)학문의 위대한 개척자라 부른다.

이지열 박사는 한국 최초로 균학부분으로 일본서 학위를 받으셨다. 1950년도 후반에 이미 서울 고등하교 교사로서 한국 최초의 버섯도감(배문각)을 내셨다. 내용이나 편집 등이 많이 모자라지만 그때는 6.25 전쟁이 끝나고 한국이 그야말로 혼돈의 시대에 교사로서 버섯도감을 낸다는 것은 대단한 일이다. 손으로 직접그린 도감이지만 지금 생각하면 대단한 일이다. 또 최초로 한국균류 목록을 작성하였다는 것도 빼놓을 수 없는 업적이다. 남들은 그것이 뭐 대단한 일이냐고 하겠지만 그 당시로서는 정말 선각자적인 행동이다.

그 후 일본으로 유학을 떠나셨다. 가족들의 생계를 책임질 수 있는 사람이 있는 것도 아닌데 유학을 떠난다는 것은 보통 사람들은 상상하기조차 어려운 일이다. 유학을 끝내고 귀국하였지만 그의 나이 때문인지 대학으로의 취직이 쉽지만은 아니었든 것으로 안다.

그 후 한국 균학의 여러 방면에서 활동하였다. 균학회 창립에 공헌하였고, “한국동식물도감(제28권 : 고등균류(버섯류)”, “균학, 버섯재배”를 집필하였다. 그 당시로는 균학이라는 말조차 생소한 이 땅에 균학을 뿌리내리게 하는데 위대한 업적을 남겼다.

서울여대의 교수로, 전주교육대학 총장으로 후진양성에 힘썼다. 현직에서 물러난 후에도 “버섯생활백과”를 집필하였고 국제적 흐림인 DNA에 의한 분자생물학적 방법의 분류체계를 도입하였다. 공동으로 최초로 분자생물학적 방법으로 “한국의 버섯도감 I”를 출간하였다. 이 박사는 균학의 선각자적인 연구를 하였지만 늘 질투와 시기를 받아서 업적에 비하여 정당한 평가를 받지 못하였다.

이박사와 나와의 만남은 1970년대에 내가 군대를 제대하고 복학하면서 시작되었다. 그때 졸업논문을 써야 하는데 현역들은 본교의 교수님을 주축으로 논문교수를 정하였다. 나와 제대를 한 친구들은 이 박사를 지도교수로 정하였다. 그때 이 박사는 일본서 학위를 마치시고 귀국하여 시간강사로 출강하든 때였다. 미생물을 수강하는데 어느 교수보다 열정적이고 재미가 있었다. 그리고 학생들에게 미래에 대한 용기와 자신감을 불어 넣는 교수였다. 그래서 몇 번 이박사를 따라 광능으로 버섯채집을 가기도 하였다. 그런 인연으로 내가 버섯학문에 발을 드려 놓게 되었고 그때부터 40여년간 인연을 맺어 왔다. 내가 대학원에 진학하여 박사과정을 밟도록 적극 권유하였고, 대학으로 가도록 도와 준 것을 늘 고맙게 생각한다. 본인을 아시아의 3명의 균류학자 중의 한사람으로 선정하였다.

공직에서 물러난 후 원색버섯도감을 출간하였는데 외국의 사진을 쓴 것에 대하여 누군가 신문에 제보하여 크게 상심하였다. 그 당시는 그런 것을 누구나 다반사로 하든 시대였다. 그것에 대하여 신문사를 상대로 정당성을 입증하여 정정 보도를 받아 낸 것으로 안다. 그 때 박사님을 많이 도왔지만 힘이 모자라는게 한이었다. 세상을 살아가는데 즐겁고 기쁜 일만 있는 것이 아니어서 이러 저러한 괴로운 일이 많았다는 것을 나는 잘 안다. 때로는 울분을 토로하기도 하였지만 박사님은 그러한 스트레스를 빨리 털어버리고 언제나 명랑 쾌활 하셨다. 중요한 것은 어떤 고난에도 굴하지 않고 학문에 대한 열정은 어느 누구도 따라 오지 못할 정도로 왕성하였다.

이제 하늘 나라에서는 당신의 업적을 정당히 평가 받고, 당신이 맘껏 하고 싶은 새로운 학문, 새로운 연구에 도전하는 세상에서 사시기 바랍니다. 천수를 누리시고 떠나신 박사님의 영전에 명복을 빕니다.

환각버섯

환각버섯은 말 그대로 먹어서 정신이 환상의 세계로 들어가는 것이다. 정신이 몽롱하여 이 세상이 전부 자기것 같은 기분이 드는 것이다. 그래서 무서움도, 두려움도 없고, 자기가 하고 싶은대로 하게 되는 것이다. 마약과 같은 것으로 생각하면 될 것이다. 이처럼 인간을 환상과 몽롱의 세계로 이끌어 가는 것에는 마약, 성적행위, 이단의 종교적 행사 등을 꼽을 것이다. 그래서 마약을 끊을 수가 없고 계속하게 된다. 마약의 해를 이야기하고 단속해도 마약거래가 일어나는 것이다. 성적행위도 아무리 처벌하고 교육을 하여도 계속해서 성폭행이 일어나는 것이다. 이단의 종교적 행사를 보면 소름이 끼칠 정도로 광적인 행동을 하는 것을 본다. 인간들은 이런 때는 무아지경에 빠지고 가장 행복감에 젖는 것이다. 환상에 빠지지 않는다면 이런 생활은 할 수가 없는 것이다. 이런 것이 계속되면 가정이 파괴되고 불행의 구렁텅이로 빠지게 된다.

그러나 마약같은 것은 잘만 이용하면 인간에 매우 유용하게 쓰이고 있다. 가령 마취제가 그 대표적이다. 마취를 안하고 수술한다면 그 고통과 아픔은 상상하고도 남는다. 수술하다가 죽을 것이다. 기분이 좋을 때 분비되는 엔돌핀(Endolphine)은 모르핀(mor-phine)에서 유래한 말이다. 엔돌핀은 몸속에서 분비하는 모르핀이라는 뜻이다. 결국 사람을 기분 좋게하는 것은 마약성분 때문이다.

몇 년전에 버섯을 재배하는 분이 환각버섯을 재배하여 여기에서 환각성분을 추출하여 음료수로 만들면 어떻게 되는가를 물어 온 적이 있다. 좋은 착상이라 생각하였다. 그 제조는 많은 연구가 뒤 따라야 할 것이다. 인간들은 항상 즐겁고 기쁜

일만 있는 것이 아니기 때문이다. 사람들이 피곤하고 기분이 우울할 때에 이런 음료수를 마신다면 기분이 상쾌하여져서 일에 능률이 오르고, 명랑하여지므로 생활의 활력소가 될 수도 있다. 극단적인 자살 예방에도 도움이 될 것이기 때문이다.

영지(불로초)

영지는 너무나 잘 알려진 버섯이다. 이것은 무엇보다 약효 성분이 아닌가 생각된다. 그래서 영지의 이름이 만년초, 복초, 신지, 불사초 등의 여러 이름으로 부른다. 중국의 무제 시대는 영지가 발견되면 나라에 좋은 일이 일어날 징조라 하여 죄수들을 사면하여 주었다고 한다. 당나라의 현종이 아들의 아내인 양귀비를 차지하기 위해서 아들과 이혼시키고 자기의 아내로 맞아들인 것이다. 그때 현종의 나이가 55세쯤 이다. 그 후 16년간 양귀비를 사랑한 것은 다 잘아는 사실이다. 현종이 양귀비를 총애한 것은 양귀비의 미모도 미모지만 양귀비의 고향인 탁주에서 나오는 영지의 맛이 좋아서 라고도 한다. 영지는 고서에 색깔로 청지, 적지, 황지, 백지, 흑지, 자지 등의 6가지로 나눈다. 영지의 약효에서 제일 중요한 것이 항암작용일 것이다. 그 외에도 만성기관지염, 성인병 예방에 좋다. 숙취해소에 좋아서 술을 많이 마시고도 영지 달인 물을 마시면 그 다음날 거뜬하다는 말을 들은 적이 있다. 이런 이야기들은 참고로 하여야지 이것을 곧이곧대로 믿고

술을 마시는 것은 위험천만하다. 버섯을 많이 아는 전문가들이 버섯으로 병을 고치려고 하다가 병이 도져서 사망하는 것을 종종 본적이 있다. 그냥 건강보조 식품정도로 알고 이런 효험이 있는 버섯이구나 생각하고 먹으면 건강에 크게 도움이 되리라 생각한다.

박성식 선생

오랜만에 불러 봅니다. 박선생 당신이 염원했든 백두산의 버섯도감 1, 2권이 출간되었습니다. 만족할 만한 것은 아니지만 저는 최선을 다했습니다. 맘에 들지 않는 점이 많이 있겠지만 기쁘게 받아 주시기를 바랍니다. 당신의 과감한 의욕에 찬 도전이 없었다면 이루어지지 않았을 것입니다. 거의 30여년전 서울서 학회를 끝내고 종로의 청진동 해장국집에서 거나하게 술을 마시면서 백두산의 버섯을 채집하여 도감을 내자고하든 생각이 주마등처럼 지나갑니다. 물론 그전에도 한국의 버섯도감을 내자고하든 것을 기억하고 있습니다. 그 당시에는 버섯도감을 출판사에서 낸다는 것은 꿈조차 꾸기 어려운 시절이었습니다. 이러한 사정을 잘 아는 당신은 자비로라도 내자고 하면서 당신이 출판자금을 모으고 있다는 것을 귀띔하였습니다. 사실 그때 나는 모든 것이 실현 불가능한 일이라 생각하였습니다. 당신은 1991년도에 백두산의 버섯을 거의 한달 이상 채집하고 돌아왔지요. 그 당시에는 중국과는 국교도 없어서 홍콩을 경유하여 백두산에 간 것으로 들었습니다. 당신이 백두산 채집을 면밀히 준비한 것을 잘 알고 있습니다. 중국 연변에 사는 친척분들에게 음으로 양으로 경제적 혜택을 준 것을 압니다. 그런 분들의 도움으로 백두산 채집이 성사된 것을 알고 있습니다. 그 후 당신이 뜻하지 않은 사고로 저와의 이별이 되었습니다. 사실 흔히 세상에서 말하는 짧은 만남이 긴 이별이 될 줄은 몰랐습니다. 그 후 까맣게 백두산의 버섯채집은 잊고 10여년을 지냈습니다. 당신이 하늘 나라에서 염원한 덕분인지 중국 연변대학 농학원의 김수철 교수를 알게 되었습니다. 그분이 나에게 길림장백산국가급자연보호구관리연구소(吉林長白山國家及自然保護區管理局硏究所)의 왕바이(王柏)학자와 공동연구를 할 수 있도록 다리를 놓아 주었습니다. 그때가 2000년 쯤이지요. 2001년 8월부터 본격적으로 백두산 채집에 나섰습니다. 의욕은 앞섰지만 나 혼자의 힘으로는 감당하기 어려운 작업이었습니다. 그러나 당신의 뜻대로 해냈습니다. 나는 이 도감이 단순히 백두산의 버섯다양성의 정보를 제공하는 일보다 더 큰 의미를 부여하고 싶습니다. 당신과의 약속은 없었지만 당신이 한말을 잊지 않았습니다. 어쩌면 당신의 의지가 없었다면 김수철교수의 제의를 받아 들이지 않았을 지도 모르기 때문입니다. 당신에게 신뢰와 의리를 지킨 도감이라는 데에 의미가 더 크리라 나는 생각 합니다. 하늘나라에서 도감을 보아 주십시오.

책 방

정말 오랜만에 서점에 들렀다. 내가 사는 우리 동네는 옛날식의 작은 책방은 없다. 그래서 근처의 대형서점을 가게 된다. 나도 책을 많이 저술하였기 때문에 자연히 내가 쓴 자연과학도서 중에서 생물학분야나 농업관련서적을 둘러보게 된다. 그래도 내가 쓴 책이 서가에 꽂혀 있으면 상당히 마음이 흐뭇하여 진다. 이번에 출간한 “한국의 균류 1(자낭균류)”를 찾아보니 보이질 않는다. 점원에게 물어보니 비싼 책은 비치를 하지 않는다고 한다. 이유인즉 팔리지 않기 때문이란다. 대신 주문을 하면 언제든지 갖다 준다고 한다. 도감류 중에서 값이 싼 것들은 몇 권이 있다. 그런데 책을 빙글빙글 돌아가게 하는 책꽂이에는 마침 내가 쓴 “버섯수첩”이 다른 책들과 함께 있어서 반가웠다. 이것은 수첩시리즈로(구르메 시리즈) 출간한 책들로 출판사에서 자기네 것만을 홍보겸 만들어 놓은 것이다. 그래도 거기에 꽂혀 있다는 것만으로도 마음이 흐뭇하였다. 버섯같은 책이나 도감이 거의 팔리지 않는다는 것을 다 알고 있다. 그러다보니 출판사에서는 현재의 투자한 돈을 나중에 보상받으려면 비싸게 할 수밖에 없는 것이다. 또 팔리지 않는 이유 중의 하나는 시중에 나와 있는 도감의 내용이 너무 비슷하다는 것이다. 그것은 우리말에 “그 밥에 그 나물”이라하는 속담이 있다. 도감의 대부분이 버섯종류가 비슷하여 사진의 모양만 약간 다를 뿐이다. 새로운 것을 추구하는 왕성한 독자들에게 만족감을 줄 수 없다는 것이다. 그래서 여러 책을 사볼 필요가 없다는 이야기가 된다.

책을 사려고 온 독자들은 분주히 이것 저것을 살피고 찾아본다. 어떤 사람은 바닥에 앉아서 부지런히 책을 읽고 있다. 대형서점은 안락하게 쉬면서 책을 볼 수 있도록 쇼파를 준비한 곳도 있다. 또 책을 편히 볼 수 있도록 책상을 준비하여 독서 삼매경에 빠지게 시설이 잘 되어 있다. 그러니 책도 팔리는 숫자가 줄어 들 수밖에 없을 것이다. 하기사 나도 책을 사본지가 꽤 오래되었다. 그래도 서점안은 책들을 찾아보는 독자들로 들끓고 있다. 혼자 온 중년의 남자들, 애인과 함께 온 젊은 연인들, 아이에게 책을 사주려고 엄마와 함께 온 어린이들, 하여튼 다양하다. 마치 자기 목적지의 차를 타려고 대합실을 오가는 사람들처럼 모두가 책을 고르는데 분주하다. 나는 그중에서 젊은 연인끼리 온 애인의 새빨간 매니큐어를 칠한 사람들이 무척이나 인상에 남는다. 나는 평소에 여자들이 매니큐어를 바르고 다니는 것을 예쁘다고 생각해본 적이 없다. 매니큐어를 가지런히 바르고 다니면 보기에도 좋지만 손톱의 매니큐어가 지저분하게 되어 보기에도 민망할 정도로 아무렇게나 한 손톱을 보면 역겨울 정도다. 이왕 예쁘게 하려고 하면 단정히 하면 그런 데로 괜찮다. 요즈음은 매니큐어도 형형색으로 칠하여 울긋불긋하다. 손가락마다 다른 색깔이어서 어떤 때는 정신이 혼란스러운 때도 있다. 그래서 우리나라 산업에 이 매니큐어 산업이 번성하고 있다. 그런데 책방에서 보는 예쁜 아가씨의 매니큐어가 그리 싫지가 않고 오히려 더 매력적으로 보인다. 이것은 다분히 선입견에서 비롯된 생각이다. 매니큐어나 바르고 다니면 성실치 못하고 조금은 소위 "끼"가 있는 사람으로 생각하여 온 선입관 때문이다. 그리고 그러한 손으로 밥이나 빨래를 해서 가족들에게 봉사할 수 있을까하고 궁금해 본적도 있다. 왜냐하면 시골의 나이드신 노인이들이나 주부님들은 거의 매니큐어를 바르지 않고 생활하기 때문이다. 사실 매니큐어를 칠하고 어떤 일을 한다는 것이 그리 쉽지는 않다. 살림살이는 여러 가지 허드렛 일같은 것을 해야 하는 경우가 많은데 잘할 수는 없을 것이다. 이렇게 예쁘게 하고도 책을 본다니 얼마나 돋보이고 교양이 있는 여자로 보이는지 모르겠다. 더욱이 애인과 속삭이면서 책장을 넘기는 것을 보는 나도 마음이 젊어지고 부러움으로 내 눈에 가득하다. 어떤 아가씨는 바지가 찢어진 것을 입고 털썩 바닥에 앉아서 책을 보는 것을 보니 참 멋진 모습이다. 이런 것이 젊은이들의 특권이라면 특권이다.

이런 젊은이들의 행동이 구애를 위한 것이 아니고 단순히 자신의 교양을 쌓기 위한 것이다. 이런 것이 덤으로 다른 사람에게 멋지게 보인다면 구애를 넘어서는 아름다움의 구애가 될 수도 있을 것이다. 책을 고르고 책을 읽는 모습은 우리 모두에게 멋지게 보인다. 다른 사람에게 부담없이 기쁨과 즐거움을 줄 수 있는 것이 우리 주위에 많이 있다. 버섯들도 우리에게 아름다움을 주는 것들이 많이 있다. 그래서 서양에서는 버섯을 숲속의 요정이라 부르는 이유일 것이다.

상아색다발송이의 균핵

자실체 전체가 백색이나 약간 베이지-상아색을 나타내며 어릴때는 작은 균모에 배불뚝이 모양이다. 성숙하면 자루는 굵고 길어지며 기부가 다른 자실체와 유착한다. 크기는 균핵 덩어리는 지름이 20cm이상 되는 것도 있으며 백색이고 스폰지같은 느낌이다. 식용이 가능하다. 10월경에 활엽수림의 땅, 유기질이 풍부한 땅에 자실체의 기부가 서로 유착하여 발생한다. 땅속에는 커다란 백색의 균핵 덩어리가 형성되어 있다. 대부분이 2~3개가 기부에서 뭉쳐나며 실제로 균핵 덩어리를 형성하는 경우는 매우 드물다.

이 버섯은 미국의 동부 연안에도 많이 발생하고 있다. 그래서 지리학적으로 미국의 동부와 한국, 일본, 중국 등이 붙어 있든 땅이 지구의 지각 변동으로 나누어졌기 때문으로 사료된다. 한국의 버섯 현황과 일본의 버섯 현황이 비슷한 것도 한국과 일본이 같은 땅덩어리였는데 침강작용으로 동해로 갈라져서 생겼기 때문으로 추측된다.

버섯의 균핵

오래전에 우석대에 근무할때 학교 뒷산에서 방패비늘광대버섯를 채집한 적이 있다. 그런데 이 버섯이 땅속에 애호박만한 균핵덩어리를 형성하고 있었다. 그때 나는 캐논 사진기를 가지고 있었는데 접사할 수 있는 마이크로 렌즈가 없었다. 그래서 확대하여 찍을 수는 없었다. 그래서 지금 가지고 있는 사진은 작고 볼품이 없지만 애지중지한다. 그 후 매년 가보았지만 발생하든 장소도 변하고 하여 더 이상 채집을 못했다. 그 후 10여년 전에 진안의 운장산에서 발견한 적이 있는데 이 종류는 균핵덩어리는 형성하고 있지 않았다. 균핵덩어리가 있을까하여 주위를 파헤쳤지만 헛수고였다. 금년가을에 제주도에서 난을 연구하는 정미숙씨로부터 전화를 받았다. 버섯을 채집하였는데 동정을 부탁하는 것이었다. 처음은 많은 종을 부탁하는 줄 알고 한가한때 보내달라고 했는데 사실은 2종류였다. 그중의 하나가 상아색다발버섯이였다. 이것이 커다란 균핵 덩어리를 형성한 것이다. 버섯은 아직 유균으로 아주 덜 자란 것이었다. 균핵의 덩어리에서 수십개가 발생한다. 균모는 작고 균모에 의해서 자루에 붙어 있어서 주름살은 보이지 않는다. 자루는 호리병의 술병 모양으로 뚱뚱하게 되어 있다. 이것들이 하나의 버섯으로 나올지는 미리 채집을 하여서 알 수는 없다. 만일에 균핵 덩어리에서 나온 것이 전부 성숙하면 얼마나 어마 어마한 모양의 멋있는 버섯이 될 것 같았다. 나는 2~3개가 한곳에서 나온 것을 채집 한적은 있다. 난 전문가 정선생의 덕분에 상아색다발버섯이 균핵덩어리를 형성한다는 새로운 사실을 알게 되어 고마울 뿐이다.

괴력의 힘을 가진 두엄먹물버섯

두엄먹물버섯이란 이름은 시골의 두엄 쌓아 둔 곳에 발생하기 때문에 붙여진 이름이지만 이외에도 썩은 나무근처 풀밭 등에 뭉쳐나거나 또는 흩어져 난다. 새로 지은 아파트단지의 풀밭의 여기저기에 나기도 한다. 비교적 일찍 발생한다. 그래서 필자는 봄의 전령사 버섯이라 부른다.

어릴 때는 식용이 가능하여 어떤 사람은 버섯을 담은 접시의 물까지 마실 정도로 맛있는 버섯이다. 그런데 이 버섯은 술과 함께 먹으면 2~3일후에 중독 증상이 나타난다. 증상은 가슴이 심하게 뛰고, 현기증, 배멀미, 호흡 곤란 등의 증상과 함께 모래를 씹는 금속성의 맛이 느껴지는 등 많은 고통이 있다. 그런데 중독 증상이 먹은지 며칠 후에 나타나므로 다른 원인으로 오인하는 경우도 있다. 사람의 목숨을 잃을 정도는 아니며 며칠이 지나면 원상으로 회복된다.

균모는 영국 버킹궁 근위병의 모자처럼 보이며 접은 우산을 편것 같이 생겼다. 균모는 오직 밤에만 펴지는 특성이 있다. 균모는 검은 잉크처럼 되어 녹아내린다. 그래서 하루밤버섯이라 불리우고, 유럽에서는 잉크모자라 부른다. 과거에는 이 버섯의 녹은 균모를 껌, 아라빅, 페놀을 섞어서 잉크를 만들어 썼다고 한다.

이 버섯은 가끔 도시의 포장도로 침투하여 아스팔트를 뚫고 발생하기도 하여 생명력에 대한 무한한 신비를 느끼게 한다. 연하고 약하기만 버섯이 포장도로를 부수고 아스팔트를 들어 올리는 힘은 과연 어디서 나오는 것일까. 생물들은 종족보존을 위하여 자기의 모든 역량을 발휘하는 것이다. 버섯의 종족보존은 포자를 만들어 멀리 멀리 산포하는 것이다. 이것은 버섯이 종족보존을 위하여 포자를 만들어서 비산시켜야 하기 때문에 순간적으로 일어나는 본능이라 볼 수 있다. 이런 본능에 대한 위대함은 사람에게서만 나타나는 것은 아니다. 이런 본능을 가진 생물만이 생태계에서 살아남는 것이다.

IV

버섯의 여행

Chapter Ⅳ

버섯의 여행

비타민 D

요즈음 매스컴에서 건강에 대한 정보가 매일 홍수처럼 쏟아지고 있다. 겨울철이 되니 피부병중에서 건선이 심하다고 한다. 그 외에 골다공증이니, 허리디스크니, 구루병 등에 비타민 D가 오르내린다. 이런 질병을 예방하는데 제일 좋은 방법의 하나가 비타민 D의 보충과 합성이다. 비타민 D는 우리 몸의 피부에 에르고스테린(ergosterin)의 전구물질로 되어 있다. 이것이 햇볕을 받으면 비타민 D로 바뀌게 된다. 그것도 간접 광이 아니라 직접 햇볕을 받아야 한다. 그래서 겨울철에도 집안에만 있지 말고 햇볕을 받는 운동이나 일을 하면 좋은 것이다. 음식물 중에는 비타민 D를 제일 많이 함유한 식품이 버섯으로 알려져 있다. 그래서 버섯을 먹는 것이 비타민 D를 보충하는 좋은 길이다. 이 역시 전구물질인 엘르고스테린으로 되어 있어서 반드시 먹어야만 체내에서 비티민 D로 전환 된다. 다른 식품에도 비타미 D가 없는 것은 아니다. 그래서 편식하지 말고 골고루 먹는 것이 중요하다. 비타민 D 등은 적당히 항상 섭취하는 것이 중요하다. 이런 비타민이나 미네랄은 많이 먹어도 우리 체내에 축적되는 것이 아니고 필요한 양만 섭취하고 나머지는 몸밖으로 배출되기 때문에 매일 먹는 것이 중요하다. 그리고 버섯은 흔히 말하는 섬유질을 많이 함유하기 때문에 성인병, 다이어트 등에도 좋다. 버섯의 섬유질은 식물성 섬유질과 상당한 차이점이 있다. 식물성섬유는 셀루로즈 등이 많은데 세포벽의 주성분이다. 그런데 이 성분을 분해시키는 셀루라제라는 효소를 사람은 만들지 못하기 때문에 분해시키지 못한다. 반면에 버섯은 세포벽의 성분이 키틴이라는 성분으로 되어 있으며 키틴을 분해하는 키티나제를 분비하지 못한다. 키틴은 새우 껍질과 같은 성분이다. 식물성 섬유질과 버섯의 섬유질은 세포벽의 성분에 차이가 있다. 이처럼 우리 인간이 분해시키지 못하는 물질이 성인병인 고혈압, 당뇨, 비만, 다이어트, 심혈관계 등에 좋다고 말한다.

과거로의 여행

경희대학교 객원교수로 발령이 나서 상견례를 하러 경희대 자연사박물관을 찾았다. 사실 생물학과 50주년 때 개관식을 하였는데 그때 잠깐 본적이 있다. 그때는 아직 모든 것이 불충분하여 어설프기 짝이 없었다. 이번에 박물관을 보니 개관 때와는 전연 다르게 전시가 되고 규모도 굉장히 컸다. 그리고 전시방식도 정말 자연사 박물관다운 모습을 하고 있어서 기분이 좋았다. 김박사(학예연구실장)가 아래층부터 윗층으로 올라가면서 차례로 설명을 하여 주었다. 마지막 층에 버섯 사진과 표본이 전시되어 있었다. 다른 전시물에 비하여 너무 초라하고 보잘 것이 없었다. 이 사진들과 표본은 처음 박물관을 만들때 이지열박사와 공동으로 내가 기증한 버섯 사진과 표본이었다. 정확히 기억이 나지 않지만 1977년 아니면 1978년으로 기억된다. 그때 이지열박사께서 경희대가 박물관을 만든다고 사진과 버섯을 기증하자고 하여 기증하였든 생각이 난다. 얼마나 기증하였는지는 정확한 숫자는 생각이 안난다. 사진은 광대버섯류, 눈물버섯류, 꽃구름버섯류 등이 생각이 나는데 그 사진들이 전시되어 있다. 사진을 보니 새삼스럽게 나를 타임머신을 타고 과거로 돌아가는 느낌이다. 김박사(학예연구실장)에게 내가 찍은 것이라고 하니 깜작 놀라는 기색이다. 오래된 사진이지만 그래도 당당히 한쪽면을 차지하고 있는 것을 보니 좀 더 그럴듯하게 꾸미면 좋겠다는 생각이 들었고 도와주어야 되겠다는 생각이 든다. 이런 마음 때문에 사람들은 기부도하고 기증도 하는지 모른다. 물론 박물관이 모든 것을 완벽하게 갖추어서 전시하기는 어렵다. 그래서 학예연구사가 불철주야 자료 확보에 노력하는 것이다. 버섯같은 분야의 학예연구사는 없을 뿐더러 버섯을 연구하는 사람도 없는 현실에서는 더더욱 어렵다. 그래서 학예연구사들이 자연계의 모든 분야를 담당하여 수집한다는 것은 불가능하다. 자기의 전공분야만 하기도 힘들며 또 정확한 설명 고증이 뒤따라야 하기 때문이다. 경제력의 뒷받침이 어려운 현실에서 학예연구사 한명이 여러 분야를 담당한다는 것은 불실할 수밖에 없다. 그러나 자연계의 모든 것을 수집하여 전시 하여야하는 현실이다. 그나마 대학이니 많은 사람의 도움을 받아서 유지할 수 있지만 개인이 한다는 것은 엄두도 낼 수 없는 사업이다. 그래서 여러 분야의 다양한 것들을 기증받아야 하는데 우리는 기부문화가 아직 정착이 안되어 다양한 수집품을 모으는데 한계가 있다. 또 돈을 주고 전시품을 산다는 것도 그리 쉬운 일이 아니다. 박물관이 전시품을 모으고 전시만 하는 것이 아니고 교육의 기능을 하여야하기 때문에 여간 바쁜 곳이 아니다. 요즈음은 유치원, 초등, 중등, 고등, 일반인들에게 체험적 학습을 도와주고 있어서 사회적 교육의 일부를 담당하고 있다. 사람들은 보통 박물관하면 유물을 모아서 조명등 아래에 멋지게 전시하고 그 옆에 설명서를 붙여놓고 사람들에게 보여주는 것으로 생각하지만 실제로 박물관은 우리에게 여러 가지 새로운 지식을 제공하고 있는 것이다. 온고지신(溫故知新)이라는 말처럼 옛것을 배워 새로운 것을 안다는 것을 알려주는 것이다. 나도 박물관을 관람할 때는 내가 버섯박물관을 할 때는 어떻게 하면 좋을 가를 생각하곤 한다. 1996년에 6차 아시아 균학회(AIMC 96)가 일본의 치바대학에서 열렸는데 그 때 나는 치바시의 자연사 박물관을 구경한 적이 있다. 거기서 버섯의 균근성 버섯을 땅위는 버섯이 나있지만 밑은 유리로 만들어서 버섯의 균사와 식물의 뿌리가 어떻게 얽혀서 공생생활을 하는 모형이었다. 말로만 듣고 이야기하든 균근성 버섯을 이해하는데 정말로 생동감이 나서 지금도 잊지 않고 있다. 이런 기능을 하는 것이 살아있는 박물관이 하는 일이구나 하는 감동을 받은 적이 있다.

에딘버러의 프린지

제9차 국제균학회가 영국의 에딘버러에서 열려서 참석하게 되었다. 나는 안사람과 함께 참가하게 되었다. 에딘버러에서 숙박한 호텔은 Jurys Inn이다. 보통 인(Inn)하면 사전에는 우리나라의 여인숙에 가까운 것인데 사실 호텔급이어서 도무지 감이 안가지만 꽤나 고급스럽다. 아침 6시 30분에 모닝콜이 울렸다. 여행을 하다보면 제일 중요한 것 중의 하나가 제때 식사하고 시간에 맞추어 버스를 타는 일이다. 아침

식사의 메뉴는 보통의 호텔과 비슷하였다. 9시경 타워브리지 관광에 나섰다. 20여년 전에 런던타워가 있는 쪽에서 관광을 한 적이 있다. 이제 그 반대편에서 관광을 하는 셈이다. 이곳에 있는 시청은 마치 로켓트모양을 비스듬이 세워 놓은것 같은 모양을 하고 있다. 이런 건축물은 새로운 건축의 발전 양식을 자랑하는 것과 관광객들에게 볼거리를 제공하기 위한 것인 것 같았다. 이곳에서 런던 의회와 군함을 배경으로 사진을 여러장 찍었다. 이곳의 관광객의 상당수가 한국 관광객에 놀라움을 감출수가 없었다. 다시 버스를 타고 웨스트민트 사원과 버킹검 궁전으로 이동하였다. 마침 그 유명한 왕실 근위병들의 교대식이 끝나고 궁전 밖으로 행진하는 중이었다. 세계 각국에서 모여든 관광객으로 길이고 잔디밭이고 간에 입추의 여지가 없을 정도로 인산인해를 이루고 있었다. 20여년전 빅토리아 동상쪽에서 보았든 기억이 새롭다. 그 당시는 추운 겨울철이었지만 그때도 굉장히 관광객이 많았든 것으로 기억이 난다. 점심은 차이나타운에서 먹었는데 시장이 반찬이라 먹을 만 하였다.

이제 대영박물관으로 이동하였다. 옛날에 왔을 때는 오전중이어서 시간도 없고 해서 정문에서 건물만 구경하였지만 오늘은 시간을 가지고 관광할 수가 있었다. 먼저 그 유명한 로제타석과 파르테논 신전을 보았다. 이것들은 유네스코가 세계문화유산 제1호로 지정한 것 들이다. 내가 알기로는 로제타석은 나폴레온 군대가 이집트를 침공하였을 때 나일강에서 발견하고 프랑스학자가 비문을 해석한 것으로 아는데 어떻게 프랑스가 아닌 영국에 있는지 궁금하였다. 아마도 영국과 프랑스의 식민지 쟁탈전에서 영국이 승리하여 전리품으로 빼앗은 것이 아닌가 생각되었다. 확실한 것은 역사 공부를 좀 해보아야 알 것 같았다. 미이라를 구경하였는데 시공을 넘어 오래전의 사람들을 만난다는 것은 또 다른 감흥을 자아낸다. 중·고등학교때 배운 역사의 기억이 도무지 떠오르지 않으니 이제는 나도 나이를 먹어 감을 실감할 수가 있다. 이집트의 박물관을 보는것 같은 착각이 들 정도로 이집트 유물에 사람들이 제일 많았고 또 제일 좋은 장소에 전시하고 있었다. 역사의 아이러니는 남의 유물을 가지고 마치 자기네의 유물처럼 전시하여 관광객을 모으고 전 세계에 의기양양하게 세계최대의 박물관을 발전시키고 자랑하는 것을 보면서 무언가 후진 국가들의 서글픔을 느끼지 않을 수가 없었다. 우리나라도 좋은 국보급 문화재가 외국에 나가 있는 것을 보면 약소 국가들의 공통된 현실인 것을 알 수가 있다. 한국관도 구경할 수가 있었지만 이곳에는 너무 초라하고 볼 유물이 없었다. 이것은 역사를 거꾸로 생각하면 한국은 영국의 침공을 받지 않았다는 의미가 된다. 그러나 또 대영박물관에 전시된 것들은 약탈하여 빼앗은 유물도 있지만 지금은 자국의 문화와 역사를 알리기 위해서 대영박물관에 대여 형식으로 전시한다는 이야기를 들은 적이 있다. 여기에 전시된 유물들은 어찌보면 자기나라의 국력을 과시하는 것 같은 느낌이 들었다. 우리나라도 국력에 걸맞게 우리 문화를 알리는 장소로 활용하였으면 하는 생각이 들었다. 마지막으로 관광 코스로 쇼핑에 나섰다. 쇼핑몰에서 정연구원은 버버리백을 하나 샀다. 옛날에는 본사매장에서 버버리 코트를 샀는데 이번에는 최신형으로 출시된 백을 샀다. 저녁식사를 하고 공항에서 짐을 부치고 백을 산물건의 리헌드(refund)를 작성하여 가이드에게 부탁하였는데 아직껏 세금 환불의 소식이 없다. 여행의 뒤끝은 씁쓸하기 짝이 없었다.

벚 꽃

벚꽃이 개화하여 온천지가 벚꽃이 만발하게 피었다. 우리나라의 어디를 가도 벚꽃축제가 열리지 않는 곳이 없을 것이다. 그만큼 벚꽃은 우리들에게 친숙한 꽃이다. 나도 아내와 함께 남도의 쌍계사, 전군도로의 벚꽃 100리길, 그리고 크고 작은 벚꽃축제를 보러 다닌 적이 있다. 서울로 이사 와서는 우리아파트가 온통 벚꽃으로 뒤덮여서 구태여 따로 벚꽃 구경하러 다닐 필요가 없게 되었다. 그래도 매스컴 특히 TV방송에서 여의도의 벚꽃이 만발한 장면을 연출하면 마음이 흔들린다. 특히 밤에 연출 장면을 보면 조명에 비추어 벚꽃이 휘날리는 장면을 보면 가고 싶은 충동이 일게 된다. 젊은 연들이 벚꽃길을 솜사탕을 먹으면서 걷는 모습을 보면 더욱이 가고 싶게 된다. 몇 년전에 낮에 여의도로 구경갔다.

국회의사당 부근이다. 벚꽃이 멋들어지게 핀곳을 못보고 돌아 온적이 있다. 금년 4월에는 아파트 모임(친목모임)을 여의도의 음식으로 잡았다. 사평역에서 전철을 타고 여의도역에서 내려서 저녁을 먹었다. 동서남북 어디를 가도 벚꽃이 있고 천변을 따라 걸어도 벚꽃과 사람들이 들끓는다. 도로변의 벚꽃 길을 따라 걸으면서 국회의사당 전철역까지 왔다. 전철도 만원이다. 어떤 손님말로는 저녁 7시 부터는 여의도는 쥐죽은 듯이 조용하다고 한다. 그것은 이곳이 관공서가 몰려있어서 사람들이 다 퇴근을 하여 인적이 드물기 때문이란다. 따라서 전철도 한가하다고 하는데 오늘은 소위 벚꽃 상춘객으로 만원을 이루고 있다.

벚꽃은 일본의 나라 꽃이다. 하필이면 일본의 국화를 우리가 즐기는 가를 많이들 의문을 가졌다. 그런데 벚꽃의 원산지가 한국이라 한다. 그래서 위안을 한다. 느닷없이 일본은 벚꽃이 일본이 원산지라고 주장한다. 남의 나라 그것도 역사적으로 감정이 좋지 않은 한국이 원산지라면 자존심이 상할뿐 아니라 국민에게 면목이 서는 일이 아니다. 그래서 인지 일본사람들은 자기들 국화의 자존심을 살리려고 한다. 당연한 일인지 모른다. 그래서 벚꽃의 원산지가 어디냐의 논쟁은 독도만큼이나 어려운 문제로 등장하고 있다.

벚꽃을 일본말로는 "사꾸라"한다. 한때 우리나라에서는 배반을 하거나 우리 편인 것처럼 하면서 상대방 편을 돕는 사람을 사꾸라고 욕하였다. 일종의 스파이 같은 행동을 하는 사람을 말한다. 과거 정치판에서 유행한 적이 있다. 어떤 사람은 일본 사람들의 성격을 잘 나타내는 꽃이라 말하는 사람도 있다. 잠깐 동안 확 피었다가 한꺼번에 확 지는 것이 일본인들의 성격을 닮았다고 한다. 이 말은 일본들이 무슨 일을 한다면 하고 마는 것을 비유한 말로 생각된다. 맺고 끊는 것이 확실하다는 뜻으로 생각하는 사람도 있다.

현대는 글로벌 시대라하여 모든 사람들이 세계를 무대로 활동하는 시대인데 꽃 하나를 가지고 아전인수격으로 자국민에게 체면을 세우기 위해서 안간힘을 쓰는 것을 보면 사람의 마음은 알다가도 모를 일이다.

벚꽃은 세계의 모든 사람들이 좋아하는 꽃이다. 벚꽃이야말로 글로벌 시대에 걸 맞는 세계적인 꽃이다. 우리 모두 글로벌 시대의 꽃으로 더욱 발전시켜나가는 지혜를 모으면 좋겠다.

버섯은 원산지가 분명치 않다. 다만 버섯이 많이 발생하는 지역이 원산지가 아니겠는가 추측할 뿐이다. 그래서 버섯은 두리뭉실하게 남방계버섯, 북방계버섯정도로 나누어 설명한다. 가령 팽나무버섯(팽이)은 추운 엄동설한에도 발생하므로 북방계버섯으로 나누지만 그 지역이 시베리아나 북극의 어디라고 딱히 집어서 말은 못한다. 추운 겨울에 발생하므로 북극에서 맨 먼저 생겨났을 것으로 생각한다. 그래서 북방계버섯으로 추측한다. 이 버섯은 우리나라에도 겨울, 늦가을, 초봄에도 발견된다. 이 버섯들이 남하하였기 때문으로 생각된다. 그물버섯을 보통 남방계버섯으로 분류하는데 이것도 열대, 아열대지방의 싱가폴, 말레이시아 등에서 많이 발생하므로 그쪽이 원산지가 아니겠는가 생각한다. 그러나 이 버섯들이 온대지방인 한국에도 발생하고 추운지방인 러시아에도 발생한다. 그래서 학자들은 남방계버섯이 북상하여 북쪽 지방까지 올라간 것이라 말한다. 식물에서는 한반도가 북방계 식물과 남방계 식물이 만나는 지역으로 내성이 강한 식물이 많다고 한다. 버섯은 식물과 더불어 진화하였기 때문에 남방계 버섯과 북방계 버섯이 만나는 지역이어서 내성이 강한 버섯이 발생한다고 하는 사람도 있다.

국제시장

영화관에서 영화를 본지, 모르긴 몰라도 20년이 가깝다. TV에서 방영하는 명화극장에서 영화를 보았을 뿐이다. 그것도 처음부터 끝까지 다 본것은 손에 꼽을 정도다. 보통 보면서 나도 모르게 잠들기 때문이다. "국제시장"이라는 영화는 매스컴에서 1,000만 관객을 돌파하였다니 하는 등 또 사람들이 잘 되었다고 떠드는 바람에 영화를 보게 되었다. 국제시장은 부산에서는 서울의 남대문시장 만큼이나 유명한 시장이다. 이 둘의 공통점은 피난민에 의해서 생겨나고 붙여진 이름이다.

예진 엄마가 미리 예약한 표를 가지고 매표소에 갔다. 매표원은 우리 부부를 보고 신분증을 보자고 한다. 신분증을 보더니 반값으로 할인 받았다. 나이가 65세 넘으면 할인하여 주는 것이다. 언제나 느끼는 것이지만 한국처럼 노인을 위한 복지가 잘 된 나라는 없으리라 생각된다. 구경 온 사람 대부분이 중년이거나 어린아이를 동반하고 있어서 팝콘이 불티나게 팔리고 있었다. 나도 살려고 하였지만 줄을 서서 기다리기가 귀찮아서 포기하였다.

영화의 시작은 흥남부두에서 철수하는 장면이다. 거기서 내가 피난 나올때 겪었든 장면이 떠올랐다. 황해도 송화군 풍천면의 어느 포구(진강이라 불렀든 것 같다)에서 큰 배(단양호)로 옮겨 탈 때 전마선(나룻배)을 타고 큰 배로 옮겨 타는 때였다. 나는 어려서 아마도 누님의 손에 끌려서 전마선을 타다가 뱃전에 넘어졌다. 그때 사람들은 나를 밟고 타는 것이다. 그 다음은 어찌 되었는지 기억이 없다. 큰 배로 옮겨져 갑판에서 엄마를 찾든 기억이 어렴풋이 난다. 엄마는 어린 형들과 누이동생을 건사하느라고 정신이 없었을 것이다. 그때 우리를 건사하여 준 사람은 엄마와 누님이었다. 내 형들은 너무 어려서 자기들 몸 건사하기도 버거웠을 것이다. 배안에서 주는 밥은 쌀밥에 소금이 전부였다. 어린 나는 도저히 먹을 수가 없어서 죽을뻔 했든 기억이 난다.

영화에서는 부산 국제시장에서의 피난민들의 생활이었다. 미군이 군용차를 타고 지나가면 차를 따라가면서 먹을 것 달라고 “헬로, 오케이, 짭짭”을 외치던 모습이 떠오른다. 영화에서는 부산에 도착하여 어디에서 어떤 생활을 하였는지 없다. 우리는 군산초등학교의 교실에 수용되었다. 얼마나 많은 사람을 수용했는지 밤에 오줌을 싸고 오면 잠자리가 없어져서 사람들 틈으로 비집고 들어가야 했다. 그러니 잠자리 때문에 싸움이 일어나게 된다. 영화에는 없지만 우리 형들은 신문팔이를 하였다. 그때는 매일 집으로 배달하는 것이 아니라 "오늘 저녁 석간 00신문이요, 내일 아침 조간 00신문이요"하고 팔러 다니든 생각이 난다. 구두닦이는 가장 기본적인 피난민 아이들이 하는 돈 벌이었다. 군산에서의 수용소의 생활도 얼마가지 못했다. 초등학교는 학생들이 공부를 하여야 하므로 교실을 비워주어야 하므로 다시 떠나야 했다. 군산에서 멀지않은 대야로 피난 아닌 피난을 하였다. 사실 나는 아무것도 모르고 누님을 따라 대야까지 하루 종일 걸어갔던 생각은 난다. 거리는 30리였다. 도착하여 숙소가 된 곳은 일제시대 학교였든 자리로 교실에 짚이 수북히 쌓여 있었다. 거기가 우리가 잠 잘 곳이었다. 얼마 있다가 거기서 또 한참 떨어진 빈 학교로 옮겨야 했다. 피난 초기를 생각하면 깡통을 들고 다니면서 밥도 구걸하였고, 소위 구호물자를 타서 끼니를 이어가든 시절이었다.

영화의 초기 장면은 나에게 반세기 이상을 타임머신을 타고 돌아가는 기분이었다. 지금 우리 식구들은 역경을 딛고 당당히 살아가고 있다.

인간의 역사는 질곡의 시대가 있게 마련이다. 한 개인에게도 정도의 차이는 있지만 어렵고 고달픈 시대가 있게 마련이다.

버섯도 생태계에서 살아남기 위하여 인간들처럼 처절한 질곡의 시대가 있었다. 빙하기 시대가 도래 하였을 때 어떻게 대처하였을 것인가. 나무 속에 숨어서, 아니면 내성(耐性)포자를 만들어 흙속에서 혹독한 추위를 견디어 내지 않았을까. 휴면포자를 만들어 깊은 잠속으로 빠져들어 추위를 이기고 살아남았다. 지금은 생태계의 한 자리를 차지하여 당당하게 살아간다. 대견스러운 생물이다.

구르메

이번에 구르메라는 시리즈로 여러 가지 기호식품에 관한 책을 발간하는 출판사로부터 제의를 받고 나도 버섯에 관한 책을 저술하게 되었다. 그래서 구르메가 무슨 뜻인가를 문헌을 통해서 조사하여 보았다. 요리나 술맛에 정통한 사람, 또는 미식가를 의미하는 프랑스말이다. 구르메 시리즈로 나온 책이 커피, 막걸리, 와인 등 수없이 많다. 이런 책 저술에 참여한 사람을 보니 정말 그 방면에 탁월한 전문지식과 많은 경험을 가지고 있으며 외국에서 다방면으로 공부와 실습을 한분들이다. 이들 중에는 고등교육을 받은 분도 있고 일찌감치 이방면에 어려서부터 매진함 분들도 있다.

버섯의 맛에 관한 정통한 전문가나 미식가는 없는 것 같다. 버섯이 대중적 인기나 기호식품으로서 인정을 받고 있지 않기 때문이다. 다른 식품들은 재배하는 사람, 유통시키는 사람, 이것을 재료로 맛, 향기, 색깔 등을 연구하는 사람이 많다. 그만큼 버섯은 대중적 관심을 가지게 하는 메리트가 없기 때문이다. 그나마 지금 건강식품으로서 사람들의 관심을 받고 있지만 그것도 일부 사람들에게 국한된 느낌이다. 대중적 인기 특히 어느 계층을 공략할 수 있는 메리트가 없기 때문이다. 그것은 버섯이 맛이나, 향기, 색깔 등에서 특별한 것이 없기 때문이다. 아무리 몸에 좋더라도 혀에 감칠나는 맛이 있어야 하는데 버섯은 그런 식감이 없다. 향기도 코끝을 자극하는 냄새가 부족하다. 그저 밋밋한 느낌 겨우 버섯이나 밀가루 냄새(서양책에서 많이 언급)가 난다고 하지만 나로서는 그 어느 것도 잘 모른다. 색깔만 하여도 먹음직스러운 색깔이 없다. 보기 좋은 떡이 먹기도 좋다는 말처럼 버섯요리는 그런 면에서 많이 뒤 떨어진다. 버섯요리는 해놓으면 거무티티한 색깔로 되는 것이 많다. 큰느타리, 팽이, 새송이 정도만 백색이지 대부분은 그렇지 않다. 쉽게 우리가 접하는 느타리만 하여도 시각이나 미각을 일으키기에는 역부족이다. 그렇다면 해결책은 무엇일가 그것은 홍보다. 서양에서 최고의 요리로 취급하는 버섯 요리가 맛, 향기, 색깔이 사람들을 교묘하게 속이기 때문이 아닐까 생각한다. 버섯을 지금처럼 직설적으로 몸에 좋다는 것만으로는 대중에게 먹혀들지 않는다. 그것은 구르메같은 전문가를 양성하는 것이 대안이 될 수도 있다.

피요르드

중·고등학교 지리시간에 리아스식 해안을 배웠다. 그중에서 제일 교과서에 많이 나오는 노르웨이의 송내피요르드이다. 그래서 한번쯤은 가보고 싶은 해안선이다. 운좋게 2003년도에 노르웨이의 오슬로에서 개최된 국제균학회에 참석하고 베르겐으로 가는 도중에 피요르드 해안이 어떤 것인지 경험하게 되었다. 나는 오슬로의 한국인 민박집에 숙소를 정하였다. 국제회의 목적인 나는 논문발표를 하였다. 발표한 논문은 한국에서 발견된 광대버섯의 2종의 신종버섯과 한국의 버섯 디비(DB)구축에 관한 것이었다. 논문을 발표하고 나는 내분야의 중요한 것을 보고 노르웨이 관광을 시작하였다. 그러니까 논문 발표 겸 관광인 셈이다. 오슬로에서 베르겐으로 가는 역까지 민박주인이 태워다 주워서 베르겐 행 기차를 타고 북쪽으로 올라가기 시작하였다.

피오르 또는 피오르드(노르웨이어: fjord, 영어: fiord) 또는 협만(峽灣)은 빙하로 만들어진 좁고 깊은 만을 말한다. 옛날 빙하로 말미암아 생긴 U자 모양의 골짜기에, 빙하기 종결 이후 빙하가 녹아 해안선이 상승하면서 바닷물이 침입한 것이다. 피오르드가 형성될 때, 해수면이 침식기준면으로 작용하지 못하였으므로, 해수면보다 깊은 피오르드도 있다. 해수면이 올라갈 때 생기는 지형으로 유명한데, 한국에서는 볼 수 없다. 피오르드 해안은 빙하가 두껍게 발달한 지역에서 빙하로 인해 계곡이 U자형으로 깊게 패여 거기에 바닷물이 침입하여 생기는 지형이기 때문이다. 다시 말해서 한국처럼 빙하가 없었던 곳에서는 이러한 지형은 볼 수 없다. 유럽의 노르웨이 해안, 남미 칠레 남부의 해안, 그린란드 해안, 뉴질랜드의 밀포드 등이 유명하다.

열차는 미르달에서 정차 하였다. 여기서 관광객, 트랙킹하는 사람 등 거의 모든 사람들이 내린다. 이 열차는 보스(Bos)를 거쳐 베르겐으로 간다. 미르달에서 내린 사람들은 화름으로 가는 열차를 갈아탄다. 이것이 노르웨이에서 제일로 치는 송네 피요르드를 가기 위해서다. 누구한데 물을것 조차 없다. 거의 모든 승객이 내리니 따라서 가면된다. 나는 기념품가게에서 컵을 샀다. 트랙킹하는 사람이 그려져 있다. 조금 있으니 화럼으로 가는 열차가 왔다. 이곳 미르달에서 화럼까지는 약 4km가 넘는 거리다. 걸리는 시간은 거의 1시간이다. 이것은 관광열차로서 주위 풍광을 감상하라는 의미다. 이철도 공사를 하는데 10년이랑 세월이 걸렸다고 한다. 여기는 모두가 나무로 되어 있다. 열차도 나무로 된 열차로 생각하면 좋다. 삐걱소리도 화음처럼 들린다. 삐거덕 소리를 내면서 천천히 움직인다. 가다가 카오스폭포가 있는 곳에서 잠시 정차한다. 내리면 우렁찬 물소리와 하얀 물보라를 일으키는 폭포가 눈앞에 펼쳐진다. 그 위를 저 멀리에 짚시가 나와서 춤을 춘다. 지금까지 내가 본 폭포중에서 단일폭포가 이렇게 큰 것은 처음이다. 요즈음 TV를 보니 짚시가 춤추는 장면이 한군데 더 있는 위쪽에 만들어 놓은것 같다. 그만큼 내가 갔을때는 까마득한 옛날이다. 다시 기차는 목적지로 가는데 계곡에 펼쳐지는 아름다운 경치는 감탄사를 연발하게 한다. 정말 멋지다. 드디어 편편한 평지대인 화럼에 도착하였다. 이번에는 배표를 끊고 배를 타는 순서다. 배가 출항하니 한국어로 안내방송이 흘러나와서 깜작 놀랐다. 배표를 팔면서 나라별 승선인원을 파악하여 승선 인원이 많은 나라별로 안내방송을 한다고 한다. 여름이라 따가운 햇볕이 내려쬐지만 바람이 불어와서 시원하다. 이곳이 지리책에서 배운 송내만 피요르드이다. 깍아 자른듯한 곳에서 떨어지든 폭포의 물줄기는 말라서 흔적만 있는 것이 많다. 내 마음을 흔든 것은 나즈막한 언덕에 세워진 교회다. 판자집같은 건물에 우뚝 솟은 십자가가 내 마음에 지금까지 남아 있다. 사실 십자가가 없다면 무슨 창고같은 건물로 생각되는 건물이다. 드디어 구드방겐 항에 미끄러지듯 정박한다. 이곳에서 다시 버스로 갈아타고서 보스를 거쳐 베르겐으로 갈 예정이다. 버스는 대형버스로 무지무지하게 크다. 이 버스가 보스로 가기위해서 산비탈을 올라간다. 거의 수직에 가깝게 올라가서 마음이 조마조마 하였다. 여러 사람이 타서 그렇지 않으면 정말 무서울 것이다. 나는 버스를 운전하는 기사의 운전 솜씨에 또 감탄하지 않을 수가 없었다. 도중에 휴게소에 들렸다. 거기에 한국 대학생들의 여행하는 그룹과 만나서 이야기도 나누고 사진도 찍었다.

보스의 추억

버스의 종착역은 보스여서 다른 관광객과 함께 내렸다. 자유여행은 목적지에 도착하면 숙소부터 구해야하는 어려움이 있다. 일단 보스호수 옆의 제일 고급호텔로 갔다. 그런데 벌써 만원이어서 빈방이 없단다. 작은 도시라 호텔이 그리 많지도 않다. 그래서 혹시 근처의 다른 호텔에 방이 있을까 알아보았지만 헛수고였다. 그런데 호텔 매니저가 그리 멀지 않은 산 중턱에 방이 있을지 모르니 가보라고 한다. 우리는 길을 따라 일러 준대로 가지만 어디가 어딘지 잘 모를 수밖에 없다. 마침 댓여섯명의 초등학생같은 무리가 무엇이 그리 바쁜지 뛰어오고 있어서 나는 매니저가 알려준 길을 물어보았다. 그런데 한 어린이가 조금 더 가다가 왼쪽으로 올라가라고 한다. 우리는 믿고 더 가고 있는데 아까 학생 무리가 우리뒤쪽으로 헐레벌떡 뛰어 오고 있다. 이유인즉 자기들이 길을 잘못 알려줬다고 한다. 다시 돌아서 상당히 가서 오른쪽으로 올라가라고 한다. 그들이 알려준대로 길을 한참 올라가니 호텔이 나왔다. 일단 프런트에서 방을 물으니 빈방이 있다고 해서 숙소는 정할 수 있었다. 호텔 방은 아담하고 정갈한데 그 흔한 전화기나 TV 한 대 없다. 일단 방을 구하였으니 보스시내를 구경하기로 하고 호수가로 내려 왔다. 시내는 작지만 정말 아담한 도시다. 시내중앙에 있는 교회가 매우 인상적이었다. 앞에는 조그만 인형같은 조형물도 있다.

시내에는 여기저기 기념품가게도 있어서 기념품을 사고 호수가로 갔다. 호수에는 수영하는 사람도 1~2사람 있었다. 만년설의 산아래에서 이렇게 수영하는 것을 보니 신기함마저 들었다. 이것은 물이 오염이 안되었기 때문이고 무엇보다 쓰레기, 오염물질이 호수로 유입되지 않는다는 것을 알 수 있었다. 처음은 물이 굉장히 차리라 생각했지만 실상은 그렇지가 않았다. 이곳의 집들은 처마끝이 위로 들쳐 있다. 이것은 겨울철 눈이 많이 오기 때문에 눈이 녹을 때 아니면 너무 지붕에 쌓인 눈이 아래로 미끄러질때 일단 한번 처마끝에서 부딪혀서 눈이 떨어지도록 한 것이다. 이것은 과학적으로도 의미가 있다. 지붕끝에서 잠깐 머물면 그만큼 중력이 약해져서 사람한테 떨어져도 덜 충격이 전달되어 부상이 최소화된다. 한번에 와르르 떨어지는 것을 막기 위한 것이다. 그렇지 않으면 떨어지는 눈으로 사람에게 피해를 줄이기 위한 방법이다. 그리고 지붕에는 풀이 자라는 지붕도 심심찮게 볼 수 있다. 이것도 폭설이 내리면 눈이 서서히 미끄러지도록 하고 추위를 막아주는 역할도 한다고 한다.

숙소는 너무 조용해서 근방 곤한 잠에 떨어졌다. 다음날 식당으로 가니 어제는 투숙객이 거의 없는 것으로 보였는데 식당은 손님으로 비교적 붐비고 있다. 우리도 창가에 자리를 잡고 보스 호수를 내려다보면서, 그 뒤쪽의 만년설을 보면서 아침식사를 하였다. 이런 환상적인 식사는 일생에 처음이자 마지막일지 모른다는 생각이 들었다. 몸은 고단해도 아름다운 경치를 보면서 식사를 하니 오늘따라 빵에다 커피를 마시는 기분은 나만이 아는 기쁨일 것이다.

마라도(馬羅島)

이번에 처음 한국 국토의 제일 남쪽 끝 마라도에 가볼 기회가 있었다. 서귀포 모슬포 항에서 30분 거리에 있는 작은 섬이지만 쉽사리 갈수 없는 섬이다. 왜냐하면 파도가 조금만 있어도 배가 뜨질 않는다. 국가생물종 다양성 기관 연합의 제주도 탐사의 일원으로 제주도에 가게 되었다. 다양성 조사 첫날 가기로 되어 아침을 먹고 모슬포항으로 가는 도중 파도가 심하여 배가 뜰수 없다고 하여 발길을 송악산(松岳山)으로 돌렸다. 며칠전 도라지호라는 태풍이 한반도를 빗겨 갔는데 아직 태풍의 너울성 파도가 남아 있다는 것이다. 다음날도 아침을 먹고 모슬포항으로 이동중 갑자기 배가 또 못뜬다고 하여 이번에는 발길을 송월정으로 돌렸다. 이제 나는 마라도 가기를 포기하고 제주도 본 섬에서 버섯을 채질할 생각을 하고 준비를 하였다. 그런데 아침을 먹고 나니 마라도로 배가 뜬다고 하여 망설이다가 마라도를 가게 되었다. 모슬포항에서 유람선을 타고 30분정도면 갈수가 있다. 유람선도 승객 300명을 태우는 비교적 큰 유람선인데 파도가 조금만 일어도 뜨지 못한다니 이해가 어려웠다. 어쩌면 바다의 위대함을 조금은 알 것 같았다. 마라도 선착장에 내려서 섬을 돌아보았다. 모양은 남쪽에서 북쪽으로 약간 비스듬한 형상이다. 스코틀랜드의 하이랜드(high land)를 연상시킨다. 나는 김도홍(경희대학교 자연사박물관)박사와 함께 섬을 둘러보았다. 우선 눈에 띄는 것은 말로만 듣던 짜장면 집이다. 거의가 다 짜장면 음식점이다. 사찰, 교회 성당 등의 건물이 있다. 섬 주민들이 예배를 드린다기보다는 관광객을 위해서 만든 것 같았다. 국토의 끝머리에서 기도하면 효험이 올것 같은 상상도 해본다. 그리고 원래 이곳은 숲이 우거졌는데 농사를 지으려고 산불을 놓았다고 한다. 방풍림으로 지금은 다시 해송 등을 식재하고 있는데 거의 다 고사목으로 되어 가고 있었다. 남쪽의 끝자락에서 망망대해를 바라본다는 것은 또 다른 감회가 있었다. 균류 채집이 목적이기 때문에 방풍림, 풀밭을 헤쳐 보았지만 가뭄 탓인지 아니면 균류발생이 처음부터 없는지 발견할 수가 없었다. 그러나 비가 내리면 이곳도 충분히 균류 발생이 가능하리란 생각이 들었다. 대중가요처럼 사랑은 아무나 하나처럼, 마라도는 아무나 가나를 대신하면서 마라도 조사를 끝냈다.

방두포 트랙킹

오래전부터 나는 시베리아 횡단 열차를 타고 블라디보스톡에서 모스크바까지 가는 여행을 생각하고 있었다. 그래서 예약도 하였다. 이 계획은 헝가리에서 한국여행단이 탄 유람선 침몰사건으로 무산되었다. 나는 시베리아의 파리라고 부르는 이루크추쿠까지는 여행한 적이 있다.

근래에 나는 비비람 치고, 눈보라가 휘몰아치는 들판이나 계곡이나 협곡에서의 트랙킹을 꿈꾸어 왔다. 그런 것은 나에게 거의 불가능한 일일 것이다. 내가 상상하는 곳은 영국의 하이랜드와 노르웨이의 산악지대를 생각하곤 했다. 2시간 정도 비바람치는 들판이나 구릉지대를 트랙킹은 할 수 있을 것 같은 생각을 하였다. 트랙킹이 끝나면 작은 오두막집에 들어와서 샤워를 하고 벽난로 앞에서 맥주 한 컵을 마시면서 흔들이 의자에 앉으면 나도 모르게 스르르 잠이 올 것이다. 이런 체험을 가끔하고 싶었다. 이런 생활이 연속된다 하드라도 좋을 것 같다.

중학교 때 국어책에 "기차는 원의 중심을 달린다"는 제목의 글이 있었다. 내가 알기로는 모 신문사 사장이 미국을 여행하면서 쓴 글이었다. 그러니 지금으로부터 60년이 넘는 시간이다. 불사조의 이름을 가진 아리조나의 "피닉스"라는 곳에 도착하여 여행을 시작한 글이다. 거기에서 처음 그랜드캐니언을 자세히 기록하고 있었다. 그래서 피닉스가 유명하다는 것을 알았다. 피닉스의 뜻은 죽지 않는 새라는 의미다. 왜 그런 이름이 붙여졌는지는 모른다. 아리조나 하면 카우보이와 사막의 선인장이 머리를 스치는 곳으로 나는 늘 생각하여 왔다.

가끔 나는 그런 곳이 한국에도 있을까를 생각해 보았지만 그럴만한 곳이 언뜻 생각이 나지 않는다. 그래서 생각한 것이 스코트랜드의 하이랜드다. 노르웨이가 떠오른다. 영국의 스코틀랜드는 2번 여행을 하였고 노르웨이도 마찬가지다. 실제로 나는 하이랜드나 노르웨이의 험준한 계곡이나 협곡을 걷지는 못했다. 그러나 근래에 여러 여행 트랙킹에서 소개되는 것을 보면서 그런 꿈을 가지게 되었다. 30여년전 내가 스코트랜드의 에딘버러에서 인버네스를 거쳐 스카이섬까지 열차로 간적이 있다. 그 당시는 겨울이라 상당히 추웠다. 인버네스에서 스카이 섬까지 가면서 차창 밖으로 변화무쌍하게 변하는 날씨를 보면서 그런 것을 글로 써 낼 힘이 없는 내 필력의 무력감을 얼마나 느꼈는지 모른다. 가다보면 비바람이 치고 또 한참을 달리다보면 어느새 날씨는 쨍쨍한 햇볕이 내려쬐는 것을 보느라면 나도 모르는 사이에 눈보라치는 풍광에 정말 놀라왔다. 호수라는 것들이 말이 호수지 바다의 파도처럼 출렁되는 것을 보면서 마음이 조마조마도 하였다. 파도가 우리열차를 덮칠것 같은 생각도 하였다. 호수가 옆에 찰랑되는 호수가의 집에 놓여 있는 승용차를 보면서 언제나 마음의 향수를 불러일으키는 그리움이 있었다.

이번에 제주도의 피닉스 레조트호텔로 여행아닌 여행을 하였다. 마침 폭우가 예고되어서 비행기가 정상적으로 이륙이 가능할까 걱정도 되었다. 사실 몇 년전 장마철에 제주에 가는데 비행기가 제주공항에 착륙하려 활주로에 내려 안는 줄 알았는데 다시 하늘로 솟구쳐서 얼마나 놀랬는지 모른다.

그래서 속으로는 나는 걱정도 많이 하였다. 제주 지역에 호우주의보가 내리니 여행이 망치는 것이 아닌가 생각을 하였다. 그러나 이번 기회에 평소에 생각하든 비바람속의 트랙킹을 하여야겠다고 맘먹었다. 그러나 호우 주의보는 해제되고 피닉스 리조트에 도착하였다. 비는 부슬부슬 내리는 속에 숙소에 여장을 풀었다. 다음날 새벽에 나는 트랙킹준비를 하였다. 반바지에 반팔소매 옷에 바람막이 긴팔 셔츠를 준비하였다. 비는 여전히 부슬부슬 내리지만 바람은 불지 않아서 내가 기대한 날씨는 아니지만 그런대로 만족하였다. 숙소를 나와서 나는 큰길의 보도블록을 따라서 등대(방두포)가 있는 동쪽으로 출발하였다. 비는 부슬 부슬, 흐느적거리며 내린다. 처음은 약간 한기가 있었다. 그러나 막상 걷기 시작하니 한기는 사라진다. 나는 좀 더 세찬 비바람을 기대하는 심정이 되었다. 그러나 그것은 이루어지지 않았다. 등대(방두포)를 올랐지만 보이는 것은 아무것도 없다. 올라갈 때는 나무계단을 밝고 올라갔지만 내려올 때는 반대편의 강철 계단을 내려오는데 미끄럽고 하여 조심조심하였다. 혼자 이러한 트랙킹을 한다는 것이 무서울것 같지만 사실은 전연 그런 걱정은 없었다. 세찬 비바람은 불고 있지 않았지만 내마음으로 느끼면서 유민미술관을 지나 풀숲의 산책길을 내려오면서 내 상상력의 나래를 한없이 펼칠 수 있는 여유를 가져보았다. 한참동안 숲길을 내려오면 미로의 산책길, 주차장을 가는 삼거리가 나온다. 산책길로 들어서면 행복의 문을 지나

미로의 길로 들어선다. 나는 주차장길로 내려 왔다. 거기에 도 행복의 문이 있는데 소원을 이야기하면 들어준다는 글귀를 보면서 숙소로 돌아 왔다. 비록 스코틀랜드의 하이랜드는 아니지만 여기가 하이랜드의 어느 산악지대를 걷는 기분으로 걸었다. 아니면 노르웨이의 험준한 계곡을 트랙킹하는 마음으로 걸었다. 날씨는 비가 부슬부슬 내리니 내가 바라든 하이랜드의 한 풍경을 상상하니 마음은 날아갈 것 같았다.

일인 시위

"종놈이 웬말이냐 / 전국 30만 아파트 / 관리종사들은 분노한다 / 막말하는 주민회장은 / 즉각 공개사과하라 / 대한주택관리사업회 서울시회"라는 큰 피켓을 세워 놓고 아침 출근 시간에 반포 전철역 1번 출구에서 1인 시위를 한달 이상하고 있다. 그러나 누구하나 쳐다보는 사람도 없다. 가끔보는 사람이 있기는 하다. 아마도 이미 내용을 잘 알기 때문이거나 관심이 없기 때문이다. 시위자도 피케 뒤에서 묵묵히 서 있을 뿐이다. 나도 이 아파트에 살기 때문에 그 진위의 내용은 대충 알고 있지만 양쪽의 내용이 너무 판이 하다. 이렇게 판이한 사건에 대해서 해결할 수 있는 길이 없다는 것이다.

발단은 3월에 새로 부임한 관리소장이 4월초에 주민에게 보내는 호소문이 발단이 되었다. 내용은 입주자 대표회장의 여러 가지 독단과 관리규정에 어긋난 행정을 근절시켜 달라는 호소였다. 그리고 자기들도 인간답게 아파트를 위해서 봉사하고 싶다는 것이다. 안정된 환경에서 일하고 싶다는 구구절절한 하소연이었다. 대표회장은 이 호소문 내용이 조작된 것이라며 전면 부인하고 나섰다. 호소문에 대해서 주민대책위원회가 구성되어 회장에게 시정 요청을 요구하였다. 회장은 관리위탁회사가 8월로 끝나는 관리업체의 선정을 위해서 자기를 몰아내려는 술책이라고 나섰다. 그러다 보니 주민들도 둘로 나뉘어 옥신각신 대자보를 붙이고, 떼고하여 자기들의 정당성을 홍보하였다. 그러 말미암아 관리소, 주민 대표회장, 주민간에 고소 고발사건이 아마도 10건 이상 일어나고 있다. 문제는 이런 사건을 중재하고 화해시킬 수 있는 기관이 없다는 것이다. 서로간에 구청에 민원을 넣고 하지만 구청이 할 수 있는 것은 고작 시정 명령뿐이라는 것이다. 시정명령은 안들어도 아무 법적 책임이 없는 것 같다. 최종 판결은 법원에서 하기 때문이란다.

나는 선거때면 자기를 찍어주면 민원을 잘 해결하겠다고 외치든 정치인들을 생각한다. 실제 주민간의 이전투구 싸움을 하는 데도 누구하나 중재하거나 나서서 조정하려는 사람이 없다는 것이다. 과연 구의원, 시의원, 구청장, 국회의원의 역할이 무엇인지 알 수가 없다. 민생문제를 해결하겠다고 하든 그들의 선거구호는 어디로 갔는지 모르겠다.

대표회장이 작년 10월에 취임하였다. 그동안 가만히 있다가 새 소장이 3월에 부임하면서 불거진 것이다. 관리소장이 주장하는 비리는 작년 10월부터 시작된 것이라 볼 수 있다. 그동안 전임 소장도 이미 알고 있으면서 아무 대책도 못세우다 다른 곳으로 전출된 것이다. 새로 부임한 소장도 한달 가량 지켜보다가 도저히 참을수 없어서 호소문을 낸 것이라고 짐작이 간다.

나는 이렇게 불의에 과감히 자기 희생을 감수하면서 민주화를 외치는 분들에게 용기를 주고 싶다. 호소문의 진실여부는 드디어 검찰에서 전부 사실이라고 판단하여 회장이 낸 고소를 기각하였다. 이렇게 되다보니 이번에 관리소측에서 회장 이하 임원진을 무혐의로 검찰에 고소하여 재판이 진행중이다. 흔히들 아파트는 관리소장, 회장 등이 공모하여 여러가지 비리를 저지른 사례가 매스컴에 오르내리는 것도 심심치 않게 보도된다.

나는 이번 사건을 보면서 소장의 고민을 생각하여 보았다. 호소문을 내면 당연히 자기는 소장직을 유지하기 어려울 것이라는 것을 알 것이다. 그리고 회사와 의논하고 발표한 것인지 아니면 자기 독단으로 한 행동인지는 모른다. 사실 이런 사건은 전임 소장이 더 잘 알 것이다. 물론 그분도 이것을 시정하려는 노력을 하였으리라 본다. 전임 소장은 이 아파트 관리소장으로 4년을 근무했으니 사정을 누구보다도 잘 알고 있다.

새로온 소장은 부임한지 한 달이므로 아파트 사정을 잘 알 수 있는 시간은 아니다. 그럼에도 불구하고 그는 과감히 호소문을 발표하여 직원들의 권익을 위하여 투쟁에 나섰다. 이런 이 호소문을 보면 동조하는 주민도 있고, 고개를 갸우뚱하는 주민도 있다. 관리소 직원들도 처음에는 한 목소리로 회장을 성토하였지만 시간이 지나면서 직원들의 행동이 엇갈리는 사태까지 벌어지게 마련이다. 상당수의 직원들은 회장에게 회유당하고, 또 나중에 불이익이 오지 않을까하는 불안 때문에 직원들이 전전긍긍하게 마련이다.

자연의 생태계에서도 생물들간의 온갖 투쟁, 계략이 있는 곳에서 꿋꿋이 살아남아 발생하는 것이 버섯이 아닐지 모른다.

송이의 영어 보통명

작년 9월에 봉화군 송이축제에 초대를 받아서 전야제에 참석하면서 생송이를 조금 맛본 적이 있다. 박물관 문제로 여러 차례 오라는 연락을 받고도 차일피일 미루다가 송이축제가 개최되어 겸사겸사 가게 되었든 것이다. 서울서 첫차가 동부터미널에서 7시 40분에 있는데 터미널에 가니 이미 표가 다 매진되었다. 어찌할까 걱정하는데 정연구원이 영주까지 가서 거기서 봉화행을 갈아타기로 하자고 해서 영주행을 탔다. 영주는 도시여서 버스가 금방 금방 있어서 영주까지 가서 봉화행을 갈아탔더니 예정시간보다 1시간 정도 늦게 도착하였다. 축제 준비중인 송이 판매장의 간판을 보니 송이(Tricholoma matsutake)의 영어 보통명의 표기가 눈에 들어 왔다.

그런데 송이를 영어 보통명으로 파인 마슈룸(Pine Mushroom)으로 표기하였다. 또 어떤 가게는 레드 파인 마슈룸(Red Pine Mushroom)으로 표기하였다. 한국에는 소나무가 적송과 해송의 2종류가 주류를 이루는데 내륙은 거의 적송이고 해안가나 섬들은 해송이다. 전자는 소나무의 영어인 파인(Pine)을 번역한 것이고, 후자는 적송인 레드 파인(Red Pine)을 번역한 것이다. 외국에서는 송이의 보통명을 마쓰타깨(matsutake)로 하는데 이 표기가 한국인의 정서에 맞는 단어는 아니다. 마쓰(matsu)는 일본어로 소나무라는 뜻이고 타게(take)는 버섯이라는 뜻으로 이 두 단어를 합성한 것이다. 한국의 송이는 주로 소나무 중에서 적송의 숲에서 발생하고 있다. 그렇다고 송이를 그냥 송이(Song-i)라고 표기 하는 것을 본적도 없다. 때는 늦었지만 이제 송이에 대한 영어 보통명을 한국에서는 어떻게 표기할 것인가를 생각하여 볼 필요가 있을 것 같다.

추천도서

우리나라에서 추천도서를 심사하여 발표하고 또 추천 도서로 추천되면 그 도서에 대한 특혜도 상당한 것으로 안다. 그래서 출판사들은 추천 도서가 되기를 무척이나 노력하고 있다. 그러나 많은 도서가 매년 간행되는데 추천도서가 된다는 것은 그리 쉬운 일이 아니라는 것을 안다. 왜냐하면 심사위원들이 그 도서를 다 읽어 보기란 거의 불가능하다. 단행

본중에서 페이지수가 작으면 몰라도 100페이지 이상 넘어가면 다 읽어보기란 그리 쉬운 일이 아닐 것이다. 모르긴 몰라도 저자를 아는 사람이라면 그 책은 추천도서가 될 확률이 많다. 그리고 그것도 자기의 전공분야도 그 내용을 파악하기란 거의 불가능하다. 또 장르별로 보아도 인문과학이냐 자연과학별로 나누어 심사하겠지만 그것도 아마도 쉬운 일은 아닐 것이다. 같은 인문과학이라 하드라도 그 갈래가 얼마나 많은가 이런 저런 일을 생각하면 추천도서 추천이 그리 녹녹치 않음을 알 수가 있다.

버섯도감같은 것을 심사하는 분은 다방면에 지식이 많아야한다. 버섯의 각개의 설명과 그림의 정확성 등을 알아야 하는데 이것은 버섯도감을 집필한 학자간에도 이견이 많을 수 있는 부분이다.

그래도 다행히 본인이 집필한 버섯도감이 몇 권이 지금까지 추천되어 얼마나 다행인지 모른다. 이런 도감류들은 발행비는 많이 들게 되어 가격이 자연히 비싸지게 마련이다. 그리고 이런 도서들은 수요자도 거의 없고, 가격도 다른 책에 비하여 너무 비싸서 못사는 분들이 많게 된다. 그래서 출판사들도 출간을 꺼리게 된다. 더욱이 지금까지 경기가 좋지 않을 때는 엄두도 내기 힘든 것이 현실이다. 그러니 좋은 원고를 가지고 있어도 출판이 못되고 사장되는 훌륭한 글들이 많을 것으로 생각된다. 저자가 갖고의 노력과 고생으로 쓰여진 원고들이 햇빛을 못보는 경우도 허다하다.

우리나라의 많은 출판사들이 영세하여 책을 제대로 출판을 못하게 된다. 그래서 출판사들은 책이 잘 팔리는 도서를 출간하게 된다. 대체로 보면 어린이용 책은 상당히 영업이익을 갖다 주는 것 같다. 그래서 어린이용 도서는 상대적으로 봇물처럼 출간하게 되지 않나 생각된다. 이것은 우리 부모님들의 자식에 대한 각별한 관심과 애정을 나타내는 좋은 바로미터가 된다. 그렇다고 해서 아동 도서들이 많이 출간되므로 성인용 출간이 어렵다. 성인용은 잘 사보지도 않는다. 대체로 우리 한국인들이 독서열이 떨어진다. 전 세계적으로 보아도 책을 안 읽는 나라에 속한다. 그것은 어쩌면 소위 스마트 폰으로 읽는 것이 가능하기 때문이지도 모른다. 요즈음은 스마트폰으로 모든 것을 해결할 수 있기 때문이다.

작년에 송로버섯(트러플)사건이 있었다. 이 버섯과 비슷한 것을 채취한 사람이 인근의 버섯전문 대학에 동정을 의뢰한 적이 있는데 이 대학에서 애매모호한 답변을 하여서 소동이 일어났다. 사실 이 대학이 한국에서 발행된 버섯도감을 소장하고 있었다면 이런 일은 일어나지 않았을 것이다. 왜냐하면 이미 이 버섯은 한국에서 발견되어 버섯도감에도 실려 있기 때문이다. 버섯을 전문으로 가르치는 대학에서 조차 책을 제대로 구입하고 있지 않다는 좋은 본보기가 된다. 최소한 강의나 자료로서 책을 구입한다면 이런 해프닝은 일어나지 않았을텐데 말이다. 모 방송국에서 본인에게 물어 와서 한국에 이미 발견되고 자낭균류도감에 실려 있다고 하니 그제서야 매스컴도 잠잠해졌다.

수도원

크리스마스 전후로 모 방송국에서 카로티오스봉쇠수도원의 수사들의 생활을 그린 “세상끝의 집”이라는 것을 방영하였다. 11명의 수도사들이 집단생활을 하는 그들의 절제된 생활상을 보게 되었다. 그들이 기도하고 정진하는 것이 자기를 위한 것이 아니고 우리 인간들과 함께 신의 앞으로 나아가는 것이니 우리같은 인간들은 상상도 할 수가 없다.

내가 가장 아끼든 황세현 군이 대학을 졸업하고 서울의 일류 대학의 박사과정에 들어갔다. 학비조달을 위해서 과외도 하면서 열심히 공부하였다. 얼마 안있으면 대학원수료도 얼마 남지 않았고 취직을 걱정하는 시기였다. 그런데 갑자기 대학원을 그만 두었다. 나는 몰랐는데 우리집의 안사람에게 대학원을 그만 두겠다고 하였다는 것이다. 나는 까맣게 모르고 있었다. 그로부터 몇 년후 내가 황군으로부터 안부편지와 불교달력을 받은 것은 어느 해 년말 이었던 것 같다. 그리고 메모에 나보고 성불하라고 하였다. 그 달력을 보낸 곳은 승보사찰이라는 전남 송광사였다. 그 당시는 그저 마음이 많이 아팠지만 훌륭한 스님이 되기를 빌뿐이었다. 그리고는 황군을 까맣게 잊고 바쁜 생활을 했다. 그만큼 나의 생활이 나를 여유있게 만들지 못하였다. 가끔 지나가는 스님을 보면 황군은 스님이 되어 어느 사찰에서 훌륭한 스승을 모시고 수행생활을 하는지 문득 문득 떠오르기도 하였다. 그러나 그것도 잠시 또 나는 속세의 생활로 빠져들곤 하였다.

세월이 얼마나 빠른지 나도 정년퇴직을 하고 생활 터전을 서울로 옮겼다. 그러든 중 스님이 생각나서 지금은 어디계신지 보고 싶어졌다. 어쩌면 안사람이 더 보고 싶었을지도 모른다. 우리집 사람의 부모님들은 정말 독실한 불교 신자이었기 때문이다. 어느 초파일 무렵에 나는 스님의 소재파악을 위해서 송광사와 조계사에 전화를 걸어서 알아보려고 하였다. 법명을 알면 모르지만 속가의 성명으로는 도저히 알 수 없다고 한다. 그래서 더 보고 싶어지는 지도 모른다. 이제는 스님이라 불러야 마땅하다.

내가 마지막으로 스님을 만난 것은 스님이 대학원에 합격하고 나서였다. 도와준 것도 없는데 고마움으로 자기 집에서 힘들여 농사지은 당근 한 푸대를 가지고 온 때였다. 내가 당근 쥬스를 좋아하는 것을 알고 있었기 때문일 것이다. 그것을 마지막으로 그는 서울로 공부를 하러가고 나는 학교에 나가서 정말 눈코 뜰 새 없이 살았다.

영화에서나 보았든 수도원의 수사들의 생활상의 한 단면을 보는 것이 처음인 것 같다. 스님들도 여름, 겨울에 사찰에서 수도에 정진하는 모습을 단편적으로 본적은 있다. 규칙적이고 절제된 생활을 보았다. 또 요즈음은 보통의 사람들도 템플스테이를 하는 사람들을 보아 왔다. 그들이 끝나고 나서

하는 말이 이세상의 풍파를 헤쳐 나갈 수 있는 힘을 얻었고, 남을 이해하는 너그러움을 얻었다고 하는 것을 보았다.

우리 스님은 성불하기 위해서 어떤 고행을 하는 지를 가늠하여 본다. 부디 한국 불교의 거목이 되기를 기도한다. 부디 성불하기를 빈다.

동 창

내가 동창생들이 보고 싶어진 때는 직장을 은퇴하고 나서다. 그래서 초등학교 동창생들에게 소식을 나누고자 하니 아는 동창생의 주소가 하나도 없다. 다행이 형님 아들의 결혼식에서 만난 여자 동창 생각이 났다. 그때는 내가 먼저 알아본 것이 아니라 여자친구가 먼저 알아보았다. 그도 그럴것이 40여년이 세월이 흘렀으니 당연한 할 것이다. 그 친구가 김순자가 한번 나를 만고 싶다고 했든 생각이 났다. 그때 나는 내 명함을 주면서 연락하라고 하고 헤어졌다. 내가 지금 생각하니 얼마나 멍청했는지 모른다. 그 동창이 곽인애가 생각나느냐고 해서 모른다 대답했다. 그 여자친구가 얼마나 서운했을까를 생각하니 후회가 된다. 자기는 나를 알아 봤는데 나는 모른다고 하였으니 얼마나 서운하였을까. 지금 생각하니 이름은 알겠는데 얼굴생각은 안난다고 하였으면 여자친구가 조금은 위안이 됐을텐데 말이다. 자기는 아는데 나는 모른다니 얼마나 기분이 상했을까. 그것도 여자로서 자존심이 많이 상했을까를 생각하니 지금이라도 사과를 하고 싶다.

그 후 어떻게 수소문해서 곽인애 친구의 전화번호를 알게 되어 몇 년전의 김순자의 전화를 아느냐고 물어서 전화 통화가 되었다. 곽인애는 지금 수지에 산다고 하면서 은퇴하여 지금 손자나 돌보는 신세라 한다. 조금은 무언가 아쉬워 하는 말투였다. 그 후 나는 그들에게 서울오면 같이 식사라도 하자고 하였다. 그 후 내가 도감이 나올 때 마다 문자 메시지로 책이 나왔을 알려주었다. 그래서 책을 보내주려고 주소를 알려달라고 하였지만 연락이 없다. 그렇지만 나는 책이 나올 때마다 연락하였다. 좋아하든 말든 말이다.

그런데 이번에 한국의 균류 6권이 나왔음을 문자메시지로 알려주었다. 김순자로부터 뜻밖에 답장이 왔다. 그래도 고생하였다는 축하의 말이 와서 사실 나는 깜짝 놀랐다. 그리고 균(菌)이 버섯의 뜻이 아니냐고 물어서, 맞다고 하였다. 서울오면 같이 커피라도 마시자고 이야기하였지만 그때는 별 반응이 없었고 그 후 도감이 나올때마다 문자 메시지를 보냈지만 아무 소식이없다가 전혀 예기치 않게 문자메세지의 답장이 와서 적지아니 놀랐다.

다른 몇몇 동창의 주소도 알아서 문자 메시지를 보내지만 묵묵부답이다. 옛날같으면 시기심이 나서 답장을 안보내겠지하고 괘씸하게 생각했지만 이제는 많이 바빠서 그러리라 생각하니 마음이 오히려 기쁘다. 이제는 살만치 살았다. 남의 일에 관심이 없는 탓일 수도 있고 잊어버리기 때문이라고 생각하니 마음이 편하다. 어쩌면 살만치 산 인생이니 이제는 모든 것이 공허한 말로 들릴지 모른다.

사람들은 자기의 옛날의 좋았든 일에 많은 향수를 가지는 것이다. 내가 어린이 회장이었든 김순자에게 전화한 것은 내가 특별히 좋아해서가 아니고 그때 나도 어린이 부회장을 했으니 전화를 했든 것이다. 또 곽인애가 전화기로 나를 만나고 싶다고 해서 겸사겸사 전화를 했든 것이다.

이제는 모든 것이 강물처럼 흘러갔다. 이제는 보아도 알 수없는 얼굴들이고 겨우 이름만 머릿속을 맴돌고 있다. 하지만 서로 만나면 옛 생각이 날지도 모른다. 옛날이 그리워지는 나이에 들어선 같다.

고등학교 100주년

금년(2021)에는 고등학교와 초등학교 100주년 행사에 참석하였다.

어찌보면 학교가 100년을 맞이하였다는 것은 대단한 일이다. 고등학교 100주년에는 서울에서 버스로 함께 전주로 내려갔다. 내가 아는 이름과 얼굴이 떠오르는 친구는 별로 없었다. 우리가 42회이니 58년이란 세월이 흐른 것이다. 학교에 도착하니 벌써 많이들 와서 자기의 졸업횟수에서 명찰을 찾아 가슴에 달고 있었다. 나도 명찰을 찾아서 달고 행사장에 가서 행사진행을 지켜보았다. 사실 강당이 크고 사람들이 너무 많아서 소란하고 사람들이 왔다갔다하여 어수선하기 짝이 없다. 나도 빈자리에 앉았다가 일어나서 밖으로 나왔다. 행사장안의 행사 진행이 너무 떠들어서 알 수 없었기 때문이다. 거의 점심시간이 가까워서 사람들 따라 식당으로 갔다. 식당은 도시락으로 되어서 도시락을 들고 자리에 앉아서 밥을 먹고 밖으로 나와서 동창들과 기념사진을 찍고 특히 전철성 친구와 사진을 찍었다. 또 모국회원 후원회 일하는 대학교 제자를 만나서 반가웠다. 사진을 찍고 교정을 들러보았다. 옛날 내가 다니는 때와는 많이 변해 있었다. 왜냐하면 그 동안에 학교가 불이 나서 전소하여 새로 지었기 때문이다. 그 당시는 일제시대 건물이어서 정말 볼품이 없었지만 지금은 현대식으로 지어서 멋진 모습을 뽐내고 있다. 옛날에 본관 건물앞이 운동장이었는데 지금은 조경사업으로 정원으로 가꾸어져 있었다. 여기저기의 구경을 하고 밖으로 나왔다. 오늘 저녁에는 버섯동호회 회원과 만남이 예정되어 있다. 우선 옛거리를 한번 구경하였다 옛날에 비하여 너무나 달라져 있어서 상전벽해란 말이 실감이 났다. 전동 성당에 들려서 관광객들의 와작 지껄한 모습을 뒤로하고 오늘 모임의 장소로 가는 도중에 홍지서럼, 내가 학교다닐때도 있었든 서점이다. 만남의 시간이 한참 남아있어서 책구경을 하였다. 사실 전주는 웬만한 곳은 걸어서 다 갈수가 있다. 나는 천천히 옛추억을 반추하면서 거리를 거닐며 약속 장소로 갔다. 약소장소에서 동호회 회원들을 만났다. 다 반가운 얼굴이다.

자주 못 만나든 얼굴이라 그간의 궁금한 소식을 이야기하였다. 나는 조윤만 교수에게 서울 오는 고속버섯을 예매를 부탁하여서 수월하게 터미널에 와서 서울로 왔다.

초등학교 개교 100주년

사실 작년이 100주년이었는데 코로나19로 인하여 연기되었다. 원래는 9월로 예정하였다가 다시 11월 13일(토요일)로 연기되었다. 나도 가기로 맘먹고 그전에 김순자씨에게 사실을 알리고 아침 8시 고속버스를 타고 군산(대야)으로 출발하였다. 가는 도중에 전화가 왔다. 5~6학년 때 담임 선생님인 한인석 선생님이다. “코로나로 못오지 하는” 전화였다. 지금 내려간다니 무척 반가워하신다. 도착하면 꼭 전화하라고 말한다. 대야 간이역에서 하차하여 지름길로 학교로 향하였다. 접수처에서 접수를 하고 명찰을 목에 걸고 죽 둘러보니 졸업 횟수가 적혀있는 곳으로 갔다. 우선 선생님께 전화를 하고 졸업 횟수가 적혀있는 천막으로 갔다. 선생님을 뵙고 해후를 하였다. 선생님은 하나도 늙으신 흔적이 없다. 어쩌면 그렇게 긍정적으로 사신다는 의미일 것이다. 여러 이야기를 나누었다. 그런데 어떤 분이 종이 쪽지에 여러명의 이름을 적은 것을 나에게 보여주면서 이들을 보았느냐고 한다. 내가 기억하는 동창도 있다. 자기가 이 애들의 4학년때 담임선생라고 하신다. 그래서 몰라 뵈어서 미안하다고 하니 세월이 이렇게 흘렀는데 어떻게 알겠냐고 하신다. 하여튼 내가 만나면 알려주겠다고 말씀드리고 자리를 떴다. 이제 본격적으로 우리 동창들이 있는 34회 팻말을 찾았다. 식장의 맨앞 자리에 있었다. 그리고 이제는 원로에 속하는 횟수라는 것을 말하여 주는 것이다. 테이블이 2개 놓여 있었는데 몇 명이 벌써 앉아 있었다. 알만한 얼굴이나 이름은 없었다. 그러나 나는 고개를 숙이면서 남자, 여자동창을 막론하고 악수를 청하였다. 달리 인사할 방법도 없었고 또한 할 말도 없었다. 아는 동창이 없다는 것은 오늘날 우리들의 슬픈 자화상을 보는 것 같아서 생각이 여러 가지로 교차한다.

자리에 앉고 무대에서 흘러나오는 사회자의 말소리를 들으면서 앉아 있었다. 이제 점심시간이 다가와서 밥을 먹게 되었다. 생각보다는 푸짐하게 차려 있었다. 뷔페에 갈비탕이니 대단한 성찬인 셈이다. 나도 동창들과 줄을 서서 뷔페를 먹고 갈비탕을 먹었다. 테이블에 둘러 앉아서 사실 할 말이 없었다. 특히 나는 아는 사람이 없고, 알만한 동창도 없었다. 사실은 얼굴도 생각 안나지만, 이름도 생각나는 사람은 몇 명 없었다. 나는 조카인 장원길에 전화로 불러서 우리 동창들의 기념사진을 찍도록 부탁하였다. 내가 그것마저 안했다면 그냥 헤어졌을지도 모른다는 생각이 들었다. 나는 접수처에 와서 궁금한 사항을 알아보고 대야 정류장에 와서 익산으로 왔다. 거기서 고속버스를 타고 서울로 왔다. 사실 무척이나 길고 고된 여행이었다. 왜 그렇게 차가 밀리는지 무척 고생하였다.

불신 시대

대통령선거가 끝나고 새 대통령과 함께 국정을 이끌어 갈 각료들을 발탁하고 있다. 그중에서 소위 국회청문회를 통과해야하는 관료들이 있다. 아마도 국무총리가 제일 사람들의 입에 오르내리고 있다. 지금까지 이런 사람들에 대한 청문회를 보면서 모든 사람들이 느끼는 것은 무엇일까? 거의 단골메뉴로 나오는 것이 재산형성 과정 특히 부동산투기를 위한 거주지 이전, 아들 딸들이 좋은 학교에 입학시키려고 학군이 좋은 지역으로 위장전입, 권력과 돈을 이용(본인들은 아니라고 하지만)한 병역문제가 아닌가 생각된다. 이들은 대체로 부동산이 치솟아 오르든 70~80년대 시대의 경제 호황기에 장년시대를 산 사람들이다. 이들도 자연인 까닭에 돈의 욕심, 자식의 미래, 돈과 권력의 위대함, 자식에 대한 기대의 꿈을 가지는 것은 어쩌면 당연하다고 본다. 그 당시는 누구나 돈만 있으며 부동산투자를 하려고 혈안이 되든 시대다. 가령 좋은 학군에 살면 명문 고등학교에 들어가서 명문대학에 입학할 수 있는 확률이 높기 때문이다. 이런 것을 탓할 이유는 없다고 본다. 다만 이들이 자기의 지위를 이용하여 보통의 시민들이 상상할 수 없는 방법을 동원하였다고 생각되기 때문이다. 그것은 보통의 시민들이 하는 방법대로는 도저히 할 수 없는 일이기 때문이다. 신성한 국방의 의무를 이들의 아들들은 거의 하지 않았다는 것이다. 이유는 전부 신체검사에 불합격 판정을 받았다는 것이다. 자식들은 어찌 대한민국의 보통 남자들의 수준에 미치지 못한다는 것이다. 상식으로 생각하면 이들은 건강검진도 잘 받을 수 있고, 어디가 나쁘다면 치료도 잘 받을 수 있는 사람들이다. 나라를 경영하려는 고위직 관료들의 자식들이 군에도 못갈 정도로 신체가 부실한 까닭은 무엇일까. 신은 인간에게 두가지 능력을 주지 않기 때문일까. 아니면 신의 장난일까하는 엉뚱한 생각으로 자위를 해본다.

천리포

한국과학에코클럽에서 태안반도의 천리포 수목원을 답사하기로 하여 나도 회원의 자격으로 가게 되었다. 서울에서 승합버스를 대절하여 가다가 천리포 수목원에 다 가서 그만 운전수가 깜박 조는 사이에 도로공사중의 시설물과 부딪쳤다. 그때 나는 앞의 손잡이를 잡았는지 안 잡았는지 기억이 안난다. 나도 졸고 있었기 때문이다. 다행이도 큰 사고가 아니어서 천만다행이었다. 차가 고장이 나서 천리포 수목원의 차량의 도움으로 천리포까지 왔다. 이미 점심시간이 훌쩍 넘겨서 천리포 해안의 해물칼국수 집에서 식사를 마치고 수목원을 둘러보기 시작하였다. 안내는 천리포수목원 이사장이신 이은복 박사(전 한서대 부총장)의 자세한 설명을 들으면서 구석구석을 구경하였다. 내가 지금까지 보아 왔든 것보다는 처음 보는 것이 더 많았다. 천리포 수목원은 미국에서 한국으로 귀화한 민병갈(본명은 Carl Ferris Miller, 1921-2002)

씨가 한평생을 몸 바쳐 이룬 것이라 한다. 성인 민은 밀러(Miller)에서 연유하였다고 한다. 그는 처음 한국이 해방된 해에 통역장교로 왔다가 제대 후 다시 한국은행 고문으로 와서 이곳에 터를 잡은 것 같다. 자기의 월급전부를 이곳에 투자하여 훌륭한 수목원을 만들어 결국 한국에 희사한 셈이다. 나 같은 속인은 감히 꿈도 꿀 수 없고 생각할 수 없는 행동이다. 내 기억에 생생한 것은 미국의 목련이었다. 우리 한국 목련은 떨어 진지가 오래되었지만 이곳의 미국 목련은 지금 꽃봉오리를 내밀고 있었는데 그 크기가 어마어마하였다. 원주형의 모양으로 꽃이 활짝 피면 정말 장관이라 한다. 민병갈 기념관도 아담하게 한국의 초가집 형태로 지워 놓았다. 그가 생전에 쓰든 물건, 좋아하든 것을 수집한 것들이었다. 그중에서 개구리를 좋아하여 개구리의 수집품이 꽤 많았다. 내가 느낀 것은 기념관, 박물관하면 거창한 것을 떠올리는데 여기는 그가 쓰던 평범한 물건들이 전시되어 그 사람의 소박한 면을 보는것 같아서 잔잔한 감동이 내 마음을 흔들었다. 수목원을 둘러보면서 나는 버섯이 발생하나를 보았는데 마귀광대버섯을 발견하였다. 그러나 식생이 다양하고 잘 보호 관리되므로 버섯은 많이 발생하리라 생각이 들었다. 수목원의 면적은 18만평으로 다양한 특색으로 조성 되어 있어서 구경하는데 조금도 지루함이 없다.

민병갈 설립자의 흉상을 보고 느낀바가 많았다. 그분의 무덤의 시신을 화장하여 종이 항아리에 넣어서 흉상 옆 목련나무의 아래에 수목장으로 묻었다는 것을 보고 느낀바가 많았다. 나도 평소에 우리가족이 죽으면 하나의 비석 뒤에 차곡차곡 매장하였으면 하고 생각하곤 하였다. 앞으로는 부모의 산소를 찾는 것이 점차 사라져가는 현실이 아닌가. 추세가 화장하여 납골당에 모시는 것이 일반화 되는것 같다. 형제 자매들도 뿔뿔이 흩어져 살기 때문에 한자리에 모인다는 것이 쉽지 않다. 이런 방법은 경제적으로도 도움이 되고 부담없이 형제자매가 만나는 계기가 될 것 같아서 마음에 들었다. 천리포 수목원은 편의 시설도 잘 갖추어져 있다. 숙소도 깨끗하게 지어져 있어서 숙박하면서 수목원에서 힐링 휴가를 즐기기에는 안성맞춤이다. 여름에는 바로 앞의 해수욕장에서 휴가를 보내면 좋을것 같다.

이곳은 천리포 외에 만리포, 백리포가 있다. 만리포는 대중가요에서 너무 잘들어 알고 있다. 사실 나는 만리포는 섬으로 알고 있었다. 하지만 천리포, 백리포가 있다는 것은 이곳에 와서 처음 알았다. 만리포의 해안이 제일 길고, 그다음이 천리포, 백리포순으로 이름을 붙인 것이다. 그러니까 이 일대는 전부가 해수욕장이라 보면 될 것이다. 기회가 온다면 이곳의 버섯상을 연구하는 기회가 오기를 고대한다.

우면산

한국자연환경보전 협회에서 금년에는 서울의 우면산일대

를 학술조사하기로 되어서 본인도 참여하게 되었다. 사실 우면산은 서울 서초구에 있는 산으로 해발 290m 밖에 되지 않는 야트막한 산이다. 서울에 산지 2년째에 접어들었지만 말로만 듣는 산을 직접 가게 된 것은 이번이 처음이다. 반포역에서 이수역으로 갈아타고 오금행으로 6정거장, 예술의 전당 쪽에서는 3정거장 밖에 안되는 그야 말로 동네에 있는 산이지만 그동안 가보지 못했든 산이다. 우면산이 유명세랄까 사람들의 입에 오르내리게 된것은 작년(2011)에 폭우로 산사태가 엄청나게 일어난 계기로 생각된다. 그것도 소위 강남 3구(서초구, 강남구, 송파구)에서 인명을 앗아가는 산사태가 일어난 것에 대해서 경악을 금치 못한 것이다. 강남 3구하면 한국의 부동산 가격 상승과 하락의 진원지로 알려진 곳이 아닌가. 그리고 소위 서울에서도 제일 부자 동네로 알려진 곳이 아니든가. 이렇게 자타가 인정하는 부자 동네에서 산사태로 엄청난 피해가 일어난 것에 대해서 사람들은 의아해 하고 있는 것이다. 산사태의 원인과 결과에 대한 책임공방이 완전히 끝나지 않은 것으로 아는데 서울시와 재야의 학자간에 상당한 의견차가 있는 것으로 보인다. 이번에 사방 토목분양의 전문가도 참여하므로 어느 정도 공감가는 해결책도 기대해본다.

버섯조사는 같은 장소라도 계속하여 조사가 요하는 것이어서 나에게는 참으로 행운이라 생각된다. 처음은 선바위역에서 공군 기지가 있는 쪽으로 올라가는 등산로 길에서 거대한 말징버섯(지름 10~20cm)을 버섯도 발견하였고 그 외에 암회색광대버섯의 무더기 발생도 조사하였다. 물론 이런 것이 한 번에 이루어진 것은 아니다. 또 한 코스는 남부터미널에서 올라가는 등산로다 이곳은 도심에 가까워서 등산객도 많은 곳이다. 처음 우면산의 소망탑까지 가면서 조사된 버섯은 일본광대버섯의 엄청난 긴자루를 가진 버섯이다. 이 버섯은 검은회색가루의 돌기와 자루에 회색가루로 덮여 있어서 손을 갔다 되면 손에 회색가루가 붙는다. 제일 어려운 것은 사진을 찍는 작업이다. 자루가 땅속 깊숙이 묻혀 있어서 잘못하면 땅을 헤집다가 부러지기 쉽고, 잘못하여 손이 닿으면 가루가 거의 다 벗겨져서 본래의 모습이 다르게 보이기도 한다. 땅을 깊숙히 파내고 사진을 찍고 캐내어서 다시 찍고 하는 작업은 상당히 정성이 들어가는 일이다. 균모의 돌기 인편은 어떤 때는 다 벗겨진 것, 중앙은 벗겨지고 가장자리에만 남아있는 것이 있어서 사진을 찍을때 어떻게 버섯을 연출하느냐 하는 것도 어려움이 따른다. 잘못하면 사진을 보고는 다른 버섯으로 오인하기 쉽기 때문이다. 이런 것들은 비에 의한 것이 원인이어서 비가 온 후에 언제 채집에 나서느냐 하는 것이 중요하다. 비가 바로 온 후는 버섯이 물기가 많아서 채집을 하드라도 집에 돌아와서 말리려고 하면 벌써 썩어가 간다고 해야 할 것들이 많기 때문이다. 또 강한 햇볕이 아니면 소쿠리에 담아서 놓아도 파리떼의 유충(구데기)로 거의 썩고 자루만 남고나 검게 썩은 균모의 일부만 남게 된다. 그래서 비가 온 후에 하루나 이틀 후에 가려고 하지만 이것도 쉬운 일은 아니다. 왜냐하면 다른 일이 겹쳐서 채집 시기를 놓치기 십상이다. 사실 비가 온 후에 채집되는 것들은 잘못하면 오동정이 왕왕 일어난다. 버섯이 자라 올라오면서 인편이나 턱받이 같은 부속물들이 비에 씻겼기 때문이다.

그렇게 어렵사리 채집하다보면 미기록종도 몇 종 발견하는 즐거움도 있게 마련이다. 폭우가 지난 후에 남부터미널 쪽에서 소망탑 쪽으로 채집을 하면서 엄청나게 많이 발생한 꾀꼬리버섯의 무리를 발견하였다. 비가 온 다음 날이라 버섯들의 균모는 갈라지고 찢어지고 하여튼 볼품이 없었다. 하루나 이틀 후에 다시가고 싶었지만 다른 일정이 있어서 아쉬움이 남았다. 많이 따다가 일부는 표본을 만들고 나머지는 된장국에 넣어 끓여 먹는 호사도 누릴 수가 있었다. 다음번엔 어떤 버섯을 만날까를 생각하니 기대가 된다.

무등산

무등산은 광주에 위치한 산으로 입석대를 제외하면 산 전체가 밋밋한 것처럼 보이는 산이다. 올해 도립공원에서 국립공원으로 승격된 산이다. 그래서 자연자원조사를 실시하게 되었다. 나는 고등균류를 조사하게 되어 무등산을 가게 되었다. 무등산은 내가 30년전에 광주보건대학에 근무할 때 자주 가든 곳이다. 학교가 양림동에 있었기 때문에 그리 멀지 않아서 자주 버섯을 채집하러 갔든 기억이 새롭다. 주로 증심사 부근에서 버섯을 채집하여 오곤하였다. 그래서 논문도 2~3편정도 발표하기도 하였다.

오늘은 처음 합동조사가 있는 날이라 서울에서 새벽 첫 고속버스를 타고 광주터미널에 9시경 도착하였다. 장흥버섯연구소의 반승언연구원이 마중을 나와 있어서 국립공원사무실로 갔다. 총괄 팀장인 국립공원의 송재영박사와 간단히 인사를 나누고 차로 원효사까지 이동하였다. 벌써 시간은 12시를 넘고 있어서 간단히 점심 식사를 하였다. 음식점 뜰내에 고목에 버섯이 나고 있어서 2~3장 찍었다. 정상으로 올라가는 장발재를 거쳐서 입석대를 돌아 내려오는 여정이다. 바람이 세차게 블고 비까지 내리다 말다 하는 고약한 날씨다. 장발재의 대피소에서 쉬었다. 바람이 세차게 불어서 입석대를 올라가는 것은 포기를 하고 다시 하산하였다. 다음날 날씨는 화창하여 등산이나 버섯채집에는 아주 좋은 날씨다. 증심사에서 중머리재를 거쳐 다시 내려오면서 버섯조사를 하였다. 3일째 동쪽의 화순에 있는 사무실에서 출발하여 무등산을 휘돌아오는 코스였다. 사실 나는 광주에 있을 때는 원효사, 중머리재, 화순쪽을 등반한 적도 버섯을 채집하러 간적도 없다. 광주를 떠나 온지 수 십년이 지났다. 광주에 살 때는 가보지 않았든 곳으로 채집을 가는 기회가 온 것이다. 등잔 밑이 어둡다고 광주에 살 때는 가보지 않았든 곳을 가게 될 줄은 꿈에도 몰랐다. 그래서 무등산이 더 가깝게 다가오는 것 같다.

북해도(혹카이도)

일본 혹카이도를 관광하게 되었다. 사실 오래전부터 한번 가보고 싶은 곳이었다. 나는 삿뽀로에 국제공항이 있는 줄 알았는데 치토세에 있다. 북해도를 여행하면서 삿뽀로시에 들리게 되었다. 이곳에 오니 이제는 고인이 되신 김삼순 박사가 떠올랐다. 그분은 한국균학회창립에 공헌하신 분이다. 40여년전 서울의 모 다방에서 만난 적이 있다. 그때 나한테 자기가 북해도 제국 대학에 유학하든 이야기중에서 카톨릭을 믿게 된 이야기를 하였다. 여자의 몸으로 이 곳까지 유학하면서 많은 애로움이 있든 차에 마침 이 대학의 수녀회 수녀님들을 만나서 카톨릭에 귀의하게 되었다고 한다. 물론 그분이 유학하든 시절은 일제 치하였기 때문에 애로움과 고독을 달래주는데 많은 도움을 주었든 것 같다. 그래서 독실한 신자가 되었다고 하면서 나보고도 한번 믿어보라고 하든 생각이 떠올랐다. 이제 그분은 이 세상에 없다. 또 한 사람은 북해도 대학의 시로하마박사(白濱晴久). 이분은 버섯의 독성분 만을 연구한 세계적 석학이다. 학회에서 독버섯에 관한 특별 강연을 할 사람을 찾든 중 시가(滋賀)대학의 요코하마 교수가 소개를 하여 초청하였다. 특히 이분은 화경버섯의 독성분의 일종인 일루딘(illudin)대하여 연구한 세계적인 학자다. 한국은 처음 오게 되어 무척 기뻐하였다. 그분이 올때 약간 감기 기운이 있었다. 그래도 한국의 음식에 대해서 무엇이든 맛있게 먹으려고 애쓰든 모습이 선하다. 수건과 휴지로 연신 콧물을 닦으면서 매운 음식도 마다하지 않고 맛있게 먹었다. 특히 비빔밥에 고추장을 넣고 비벼 먹든 모습, 물론 우리가 비빔밥에 고추장을 넣는 대로 따라 하다보니 매울 수밖에 없었다. 학회가 끝나고 진안의 마이산으로 갈 때 음식점에서 애저(새끼밴 돼지를 도살하여 꺼낸 돼지새끼)를 먹었을때는 무척이나 신기한 듯, 일본사람답지 않게 먹든 모습이 떠오른다. 나보고 북해도에 오면 꼭 연락하라고 하였는데 나는 전화번호도 가지고 오지 않았고 실제 삿뽀로에 머문 시간이 짧아서 어려웠다. 아직도 살아 계실까 궁금하다. 한국에 올때는 이미 정년한지 오래 되었었기 때문이다.

울능도

내가 고등학교때 다닐 때 국어책에 유치환선생의 깃발이라는 시가 있었다. 그래서 그가 쓴 울능도라는 시가 있다는 것도 알게 되었다. 그 당시에는 울능도하면 아득히 먼 나라로 여길 정도였다. 지도에서나 알았고 거기서 좀 떨어진 곳에 독도가 있다는 것을 알 정도였다. 유행가에 오징어가 많이 잡히면 처녀들이 시집을 간다는 노랫말을 들었고, 호박엿이 유명하다는 것을 알았다. 기차는 구경못해도 비행기는 본다는 것을 대중가요 등으로 알려지든 시대다. 울능도의 옛 이름이 우산국이라는 나라 이름을 알 정도였다. 울능도를 한번 가보려고 벼르고 있었지만 기회가 오지 않았다. 최근에는 일본이 독도를 자기네 영토라고 억지 쓰면서 독도를 가보고 싶은 생각이 들었다. 그러나 울능도는 먼 동해바다 저편에 있어서 더욱이 내가 사는 곳과는 멀어서 좀처럼 기회가 오지 않았다.

5월달 어린이 날을 징검다리로 연휴를 맞이하여 울능도와 독도를 가기로 마음먹었다. 독도는 일본과의 영유권 문제로 두 나라에 비상한 관심을 불러 일으키고 있는 조그만 섬이다. 돌섬인 이섬이 무슨 대수냐고 하겠지만 영해문제, 바다속의 부존자원문제 등 여러 가지가 얽혀있기 때문이다. 잠실에서 새벽 3시 30분에 출발하여 6시가 조금 넘어서 묵호항에 도착하였다. 그런데 풍랑이 심하여 배가 출항을 할 수 없단다. 묵호항 근처의 촛대바위를 구경하게 되었다. 나는 처음으로 묵호에 왔으며 이 근처를 관광하게 된 셈이다. 풍랑이 좀 잔잔하여 12시 30분경에야 출항하였다. 3시간 40분 걸리지만 바다조건에 따라서는 그이상이 소요된다고 한다. 배는 순항하여 울능도 도동항에 정박하여 관광회사의 버스를 타고 숙소로 갔다. 일정이 한나절 까먹은 셈이다. 내일 독도를 갈 예정인데 날씨여하에 따라서 배가 출항할지 안할지 모른다고 한다.

제주도에 갔을 때도 마라도를 가기 위하여 배를 타러 가는데 갑자기 배가 출항하지 못한다고 하여 되돌아 온적이 있다. 반대로 아침까지만 하여도 배가 뜨지 못한다고 연락이 와서 다른 곳으로 이동중 배가 출항을 할 수 있다고 하여 다시 항구로 간 적이 있다. 이처럼 바다의 날씨는 변화무쌍하여 종잡을 수가 없는 곳이다. 다음날 독도로 가야하는데 날씨 때문에 많은 걱정이 되었다. 날씨가 안좋아서 독도로 배가 출항을 못한다고 가이드가 전하여 울능도 해안선을 따라서 관광하게 되었다. 별 볼만한 곳은 없고 말로만 듣든 나리분지를 갔다. 내가 지금까지 본 분지중에서는 정말 분지다운 분지였다. 성인봉 올라가는 등산로도 있고 하여 버섯채집하러 한번쯤은 올만한 곳이라 생각 들었다. 앞으로 비행장이 건설되면 올까, 배타고 오기에는 나한테는 버거운 곳이다. 하기사 비행장 건설공사를 곧 시작한다고 가이드의 자랑이다.

"동쪽 먼 심해선(深海線) 밖의 한점 섬 울릉도로 갈거나./ 금수(錦繡)로 굽이쳐 내리던 장백(長白)의 멧부리 방울 뛰어 / 애달픈 국토의 막내 너의 호젓한 모습이 되었으리니 / 창망(蒼茫)한 물굽이에 금시에 지워질 듯 근심스레 떠 있기에 동해 쪽빛 바람에 항시 사념(思念)의 머리 곱게 씻기우고 / 지나 새나 뭍으로 뭍으로만 향하는 그리운 마음에 / 쉴 새 없이 출렁이는 풍랑 따라 밀리어 오는 듯도 하건만 / 멀리 조국의 사직(社稷)의 어지러운 소식이 들려 올 적마다 / 어린 마음 미칠 수 없음이 아아, 이렇게도 간절함이여! / 동쪽 먼 심해선 밖의 한 점 섬 울릉도로 갈거나."

로 마

내가 처음 로마에 간 것은 2000년대에 이태리의 바비노(Baveno)에서 개최된 제17차 CODATA 2000에 참석차 들은 적이 있다. 서울에서 중국 항공을 타고 홍콩에서 다시 로마행 비행기를 갈아타고 로마의 레오나르도다빈치 공항에 도착하였다. 전철을 타고 시내로 들어가면서 전철 옆의 대우자동차 선전 간판을 보고 대우의 세계전략에 감탄한 적이 있다. 그 후 대우는 몰락한 것을 보면 세월의 무상함을 느끼게 된다. 처음 로마에 들리는 사람들은 다들 짚시들의 구걸 또는 도둑이 들끓는 도시로 알고 있다. 배낭을 뒤로 메면 배낭에서 물건을 훔쳐 달아나기 때문에 조심하라고 여행가이드 안내에 나와 있기 때문에 나도 배낭을 앞으로 메고 다녀야 했으니까 말이다. 그 때 약간 놀란 것은 숙소들의 엘레베이터이다. 보기에는 너무 엉성하고 오르내릴 때 덜컹거려서 약간 불안하기도 하였다. 세계 제1을 자랑하는 관광도시가 뭐 이런가하고 실망하였다. 로마에 가면 꼭 관광코스로 바티간 교황청을 관광하게 된다. 입장하기 위해서 사람들이 장사진을 치고 있는 것을 보면 입이 벌어질 정도다. 바티칸을 다 구경하려면 며칠을 구경해야 제대로 구경할 것이다. 그 어마어마한 미술, 조각, 벽화를 보면 그 웅장함에 놀라지 않을 수가 없다. 구경 코스를 잘못 잡으면 제대로 구경도 못하고 출구로 나오는 수가 허다하다. 출구로 나오면 베드로 성당의 내부를 구경하면서 그 화려함과 장식물에 압도 당하게 된다. 성당안을 구경하고 밖으로 나오면 베드로 광장, 우리가 흔히 TV, 신문지상에서 보는 광장이다. 이번에 이 바티칸의 주인이신 프란치스코 2세가 한국에 왔다. 남미 출신으로 파격적인 행동을 하므로서 세계인의 추앙을 받는 교황이다. 교황의 아낌없는 사랑과 자비의 은총이 우리 모두에게 와 닿기를 기원하여 본다. 로마하면 버섯으로는 네로 황제를 떠오르게 된다. 로마를 불바다로 만든 폭군으로 잘 알려져 있지만 그는 버섯을 사랑한 사람이다. 달걀버섯을 너무 좋아해서 달걀버섯을 가지고 오는 사람에게 달걀버섯의 무게만큼 황금을 주었다는 이야기가 떠오른다. 이처럼 자비의 교황과 폭군의 네로황제가 떠오르면서 나는 아이러니하게 만가지 상상을 하여 본다.

밀 림

초등학교 시절에 만화에서 밀림을 탐험하는 사람들의 이야기를 본적이 있다. 지금 기억에 떠오르는 한장면은 이 탐험가들이 많은 독사들에 둘러 싸여 생명의 위험을 받게 되었다. 근처의 나무 등에 올라가거나 급해서 나무의 가지에 매달려서 아주 위험한 상황에 이르렀다. 그때 어디선가 한떼의 독수리 떼가 날라와서 이 독사뱀들을 잡아먹기 시작하여 순식간에 뱀들은 없어져서 목숨을 구하는 장면이 생각난다.

그때는 밀림이 무엇인지는 잘 몰랐다. 그저 나무가 많고, 맹수들이 들끓고 뱀들이 우굴거리는 정도로 알고 있었다. 실제로 밀림이 무엇인지는 몰랐다.

그 후 밀림이란 말은 까맣게 잊어버리고 영화, TV 등에서 열대우림, 정글, 초원 등에 나오는 동물 등을 보아 왔다. 정글북에 나오는 늑대소년이 원숭이나 코끼리등과 생활하는 모습으로 밀림이란 말은 잊어버리고 말았다. 초등학교때 리빙스턴이라는 영국의 탐험가가 아프리카를 탐험하는 모험담이 국어교과서에서 배운 적이 있다. 그 탐험가가 아프리카의 밀림지대를 탐험하는 모험담을 공부하면서 나도 한때는 그런 탐험을 하고 싶은 어린 시절의 꿈이 있었다.

백두산(장백산)에 버섯을 채집하러 갔을 때 백두산 아래로 끝없이 펼쳐진 광경이 나무들로 되어서 나는 숲해(숲의 바다)라고 표현 한 적이 있다. 마을, 길, 인간들이 조성한 것이 전부 나무에 가려서 아무것도 안보이는 숲의 수평선 같았다.

스리랑카를 여행하면서 나는 어릴 때 상상했든 밀림을 볼 수 있었다. 그것은 내가 여행하든 때가 2월의 건기여서 비가 안오기 때문에 열대우림같은 단어가 생각 안났기 때문인지도 모른다. "시기리야(Sigiriya) = 사자"라는 고대국가의 궁전터가 있는 곳으로 가는 길가에 빽빽이 들어선 나무가 있고 가끔 씩 눈에 띄는 원숭이 무리 등을 보면서 이런데가 밀림이구나 하는 생각이 났다. 시기리야는 사자산이라는 스리랑카 말이다. 아버지 왕을 살해하고 왕위에 오르지만 동생의 복수가 두려워 사자산 꼭대기에 왕궁을 짓고 살았다고 한다. 위험한 맹수가 나온다는 팻말을 보면서 숲속으로 차는 달렸다. 드디어 목적지인 시기리야 산의 밑까지 왔다. 시기리야 산의 정상을 올라가는데 그 높은 깍아지른 가파른 산길을 인공으로 만든 지그재그 사다리를 타고 올라가는데 나는 어찔하여 현기증이 났다. 여기서 떨어지지 않을까? 하는 생각이 스치고 지나갔다. 내려가고 싶은 마음이 나가도 하였다. 몸이 약한 탓일까 아니면 나이 탓일까. 나이는 어쩌면 속일 수 없는 현실인 것 같았다. 다른 많은 외국인들도 나보다 나이가 많은 사람, 어린이들이 오르는 것을 보면서 나도 이를 악물고 사다리 난간을 꽉 붙잡으면서 올라갔다. 난간을 잡고 오르면서 눈아래 펼쳐지는 저 멀리를 보았다. 이것은 백두산에서 내려다보든 것과는 또 다른 감흥으로 내 마음에 닦아 왔다. 백두산의 숲의 수평선은 인간들이 사는 마을 쪽으로 뻗었지만 지금 이곳은 순수한 태고때 형성된 숲의 수평선이 펼쳐진 것이다. 산의 정상에 오르니 많은 관광객들이 저마다의 기념사진을 찍는다. 왕궁터인지라 여러 가지시설물의 흔적이 남았다. 이곳은 세계문화유산으로 지정된 곳이라고 한다. 서쪽을 향하여 밀림사이로 곧게 뻗은 길이 눈에 들어온다. 그 끝의 산마루에 우뚝 선 하얀 사원이 눈에 들어온다. 아마도 시기리야에서 볼 수 있도록 지은 사원인 것 같았다. 사방의 숲의 밀림을 보니 마음이 확 트이는 기분이었다.

숲이 울창하게 발달하였지만 버섯은 눈을 씻고 보아도 없었다. 건기여서 인지 아니면 마음이 구경에만 정신이 팔려서 인지 발견이 안되었다. 우기가 되어 비가 오기 시작하면 그야말로 우후죽순(雨後竹筍)이란 말에 어울리게 많이 나겠구나 하는 상상을 하였다. 그러나 열대지방에선 비가 너무 자주 내려서 버섯이 나오기 무섭게 금방 비에 휩쓸려 내려간다는 말을 들은 적이 있다. 경험을 하여보지 않고는 확신이 서지 않는다. 이제 어릴적 꿈의 나래를 펴서 밀림속의 버섯 탐험을 떠나고 싶은 생각이 든다.

V

인간과 버섯

Chapter V

인간과 버섯

장 마

지난 토요일에 인덕원의 청계사주변의 균류조사를 하려고 준비를 하였다. 그런데 갑자기 비가 온다는 소식에 후일로 미루었다. 사실 올해는 장마가 언제 시작되는지 몰랐다. 예년에 비하여 7월이 거의 끝이 나가는데 비소식이 없어서 올해도 그렇게 장마가 지나가나 보았다. 요 몇년은 장마다운 장마가 없었기 때문이다. 그런데 웬걸 8월로 접어들면서 매일 비소식이 전해진다. 그것도 아주 집중호우가 쏟아진다. 정부에서는 재난지역 선포도 할 모양이니 이것은 이만 저만 큰 장마가 아니다. 중부지방에 쏟아지는 폭우에 비하여 남부지방은 폭염에 휩싸이는 모양이다. 기상변화가 이처럼 변화무쌍하니 자연의 섭리에 놀라지 않을 수 없다. 장마가 일주

일이상 거의 열흘가까이 계속되니 마음이 괜히 우울하다. 일도 손에 잡히지 않는다. 다행이도 한국의 균류 원고를 출판사에 넘겨주니 안심이 된다. 그래서 머리말이나 참고문헌, 부록 등을 쓰는데 자꾸 헷갈려서 또 정신이 어안이 벙벙하다. 그래서 그동안 정리하지 못한 여러 가지 일을 정리하지만 그것도 제대로 안된다. 이제 마지막으로 전자현미경사진을 정리하여 버섯포자의 전자현미경사진의 미세구조를 책으로 낼려고 계획중이다. 물론 출판사와 이야기는 되었지만 계약이 남아 있다. 백두산의 버섯기행을 인쇄중에 갑자기 담당자인 팀장이 우환으로 쉬게 되고 대신 다른 분이 맞게 됨으로서 책이 어떻게 될지 모르지만 이번엔 제목을 조금 색다르게 하려고 한다. “버섯, 백두산 원시림에서 나오다” 이런 제목으로 고쳐서 보냈다.

유치원에 간 손녀를 데리러 가는데 비가 안와서 우산 없이 가는데 얼마가지 않아서 비가 쏟아져서 다시 집으로 와서 우산을 들고 가는데 언제 비가 왔냐는 등 감쪽같이 비가 그친다. 유치원에서 손녀를 데리고 오는데 처음에는 비가 안와서 지상으로 오는데 갑자기 소나기가 쏟아져서 비를 맞고 손녀를 데리고 오니 할머니의 잔소리가 시작된다. 사실 나는 어린 손녀지만 많은 경험을 쌓게 하여주고 싶다. 그런데 할머니의 잔소리는 끝이 없다. 요즈음은 피아노학원도 다니는데 또 태권도 배우러 가야한다고 성화다. 그래서 나는 어린 애도 쉬는 시간이 필요하다고 하지만 막무가내다. 다른 집

아이는 벌써 시작한지가 언제인데 그러냐고 나무란다. 이번 장마 비는 조금 간헐적으로 쏟아진다. 쏟아지기 시작하면 무서울 정도로 장대비가 쏟아지나 언론에서는 하늘에 구멍이 난 것 아니냐고 할 정도다. 비가 억수로 온다고 해야 할것이다. 장마가 계속되니 마음이 우울하고 어수선한 것은 물론이고 몸도 찌부등하다. 아침마디 헬스장에서 1시간 이상 운동을 한다. 집에 와서 손녀를 유치원에 보내려고 길건너 아파트에서 차에 실어서 유치원에 보내고 집에 오면 잠이 쏟아진다. 이것이 나이 탓인가 하고 생각하지만 그런것 같기도 하다. 그리고 가끔 여러 생각에 잠기다가 어제 저녁에 무엇을 먹었는지를 생각하면 잘 생각이 안난다. 그러나 그전에 먹은 음식 등은 생각이 나니 희한하다. 치매의 전조증상이 아닌가 생각이 들때도 있다.

신이 준 선물 망각

요즈음 내가 새로운 소식을 접하는 곳은 유투브다. 처음에는 흘러간 노래를 듣는 정도였지만 이제는 여러 문제도 보고 있다. 나의 흥미를 끄는 부분은 인생의 허무함을 노래하거나 이루지 못한 사랑을 노래하는 트로트풍의 노래다. 나는 가끔 그 노래가사의 애절함을 들으면 옛사람들의 그 가사를 쓴 것이 나는 상상도 못할 정도로 훌륭하다는 것을 새삼 느끼곤 한다. 나이 탓인지 이제는 모든 것을 버리고 떠나는 사람들의 마음을 순수한 마음을 느끼는 것 같아서 나도 괸스리 마음이 뭉클하고 마음이 저려옴을 느끼기도 한다.

망각은 신이 준 선물중의 하나로 생각한다. 아무리 슬픈 일도 시간이 지나면 그 쓰라린 일도 잊고 살아간다. 어쩌면 문득 문득 생각이야 나겠지만 금방 현실 앞에서 과거의 쓰라린 일에 몰두할 수가 없다. 아무리 어려운 속에서 사랑하는 자식을 잃은 사람도 의지할 사람이 없어진다 해도 잊게 마련이다. 흔히 하는 이야기가 있다. 산사람은 살아야한다. 이 말에는 비정함이 있는 것 같다. 그러나 이것은 정말 진실이다. 어떻게 과거에 매달려서 슬픔에 잠겨 있을 수는 없는 것이 아니잖는가.

신이 준 위대한 선물을 우리 모두는 다들 잘 이용하고 있다. 사랑하는 자식을 잃어버린 부모들도 시간이 흐르면 잊고 살아간다. 산다는 그 자체는 그 무엇보다 엄연한 현실이기 때문이다.

사람마다 다르겠지만 나이가 들어가면서 서서히 내려놓아야 하는 것들이 참 많다. 사랑하는 사람과의 이별에 대한 준비도 해야 하고 그 사람에 대한 아련한 추억도 내려 놓아야한다. 제아무리 황우장사라도 세월 앞에선 어쩔수 없는 현실이 우리를 기다린다. 과거에 남에게 피해를 주었다면 이제는 그 피해를 보상 할 수도 없고 또 사죄할 기회도 없다. 이 사람들이 이미 우리곁을 떠난 사람이 대분이거나 그들의 소재지를 모르기 때문이다. 이제는 그들에게 미안한 마음이라도 간직하는 것이 그들을 위한 것인지 모른다.

동창회명부를 보고 전화를 하지만 거의가 다 번호가 바뀌어서 통화가 되지 않는다. 괜스리 그럴 필요조차 없다는 것을 이젠 새삼 느끼고 있다. 우리주위에서 나와 대화하든 분들도 하나둘 떠나고 나 혼자만 남은 느낌이다. 생각하면 생각할수록 더 서글픔이 몰려오는 때가 한두번이 아니다. 야박하고 매몰차다고 하겠지만 모든 것을 잊어 버리자 이것만이 그들에 대한 예의가 아닐지 모른다. 나 역시 다 잊고 잘못한 것을 용서하라고 부탁한다. 이제는 모든 기쁨, 슬픔을 잊고 남은 인생 살아가는 현명한 방법을 찾아야 한다.

혈액암

30여년전 광주보건대학에서 가깝게 지내든 교수가 죽었다는 소식을 듣고 순간 나에게는 충격이었다. 나는 금년쯤 정년을 할 것 같아서 전화를 걸었는데 뜻밖의 소식을 들은 것이다. 나와 함께 같은 해에 부임하였다. 확실한 기억은 아니지만 몇 년전에 광주에 갔을 만난 적이 있다. 회포도 풀겸 거나하게 술도 하면서 담소를 한 것이 새삼스럽게 떠오른다. 그를 죽음으로 이끈 것이 혈액암이라는 것이다. 혈액암은 백혈병증상을 총칭하여 부르는 이름이다. 사람의 조혈기관, 임파절, 백혈구 등의 이상 장해로 생기는 병이다. 그는 술을 무척 즐기든 애주가다. 그리고 등산에 조예가 깊어서 자주 동료들과 등산도 하며 나와도 등산을 여러번 한적이 있다. 특히 암벽등반에 상당한 조예가 있어서 바위를 오를때는 거의 손톱에 의지한다는 말도 들었다. 그는 미남자고, 몸도 좋고 하여 모든 학생들의 선망의 대상이었다. 한평생 총각으로 살았는데 왜 장가를 안 가느냐고 하면 자기가 장가를 가면 광주의 처녀들이 통곡을 할 것 같아서 못간다는 말도 스스럼없이 하였다. 그만큼 멋지고, 잘 생겼다는 말이다. 그가 가르치는 분야가 생리학이였다. 그러니 혈액에 대해서는 어느 누구보다 해박한 지식을 가졌다고 생각된다. 등잔 밑이 어둡다고 자기 전공분야는 많이 알고 있지만 본인한테 일어나고 있는 현상에 대해서는 모르고 있었든 것이다.

난치병인 혈액암, 백혈병 등의 원인에 대해서는 확실히 밝혀진 것은 없지만 대체로 유전적요인, 환경적요인, 서구화된 식습관으로 추정들을 많이 하고 있다. 가끔 매스컴을 보면 암에 걸린 환자들이 공기 맑고, 자연식을 하기 위해서 산속으로 가서 생활한다고 한다. 맑은 공기, 물, 산나물, 야생의 버섯 등을 먹고 말기암 환자가 치유된 경험담을 심심찮게 듣고 있다. 정말 숲속으로 가서 자연과 더불어 생활하면 암은 치유 될까.

아마튜어

작년 여름에 구리시의 동구능에 채집을 갔었다. 서울로

올라와서 자주 채집가는 곳이다. 그곳에서 아마튜어 버섯전문가 한분을 만났다. 명함을 보니 인테리어 작업을 하는 분이다. 버섯을 거의 전문으로 찍으러 다니는 분 같았다. 나도 버섯을 채집하는 것을 보고 그냥 대수롭지 않게 생각하였든 같다. 처음엔 흰삿갓깔대기버섯을 들고 와서 혹시 꾀꼬리버섯이 아니냐고 묻는다. 처음에 나도 생김새가 너무 꾀꼬리버섯을 닮아서 흰꾀꼬리버섯이 아닌가 착각하였다. 나도 그 버섯을 채집하여보니 깔대기 버섯이어서 다시 멀리 사라진 사람을 찾아서 정정하여 준 적이 있다. 그래서 서로 명함을 주고 받은 적이 있다.

그 후 가을쯤에 그분으로부터 이메일로 버섯사진 몇 장을 받았다. 내가 쓴 도감을 사서 비교하여 보았지만 도저히 알 수 없어서 나한테 보내니 알려 달라는 내용이었다. 광대버섯류, 끈적버섯류, 홀트껄껄이그물버섯이였다. 광대버섯은 균모, 주름살까지 자세히 촬영한 것이었다. 그런데 한국에는 아직 보고가 안된 미기록 종이었다. 영국에서 구입한 최신의 광대버섯 도감을 보니 거기에 나와 있었다. 아마튜어들은 사진만 찍지 버섯을 채집하는 일은 거의 없다. 그러니 표본이 있을리 만무하다. 앞으로는 표본도 함께 확보하였으면 한다. 한국의 버섯상(flora)을 파악하려면 아마튜어 전문가들이 많이 참여해서 정보를 주고 받아야 한다. 버섯전문가들 만의 조사연구에는 한계가 있기 때문이다. 어느 나라나 아마튜어의 도움 없이 그 나라의 생물상을 파악하기는 어렵다. 아마튜어 버섯전문가들의 활약을 기대하여 본다.

세월은 말없이 물처럼 흐른다.

벌써 2021년도 벌써 두달이 지나고 있다. 세월이 유유히 물처럼 흐르는 것이다. 우리 인간이 아무리 세월을 붙잡으려고 하여도 흘러가는 세월을 손으로, 끈으로 붙들어 맬수가 없다. 그냥 우리도 모르는 사이에 세월의 흐름을 느끼고 있다. 보통 우리도 모르는 사이에 세상이 변해가는 것을 의미한다. 우리가 먹고 사는 일에 몰두하다보니 자기도 모르는 사이에 세상이 변해 있는 것을 보고 놀라는 것이다. 그리고 세월이 참 빠르구나를 느낀다.

어릴적 그러니까 초등학교 때가 아닌가 생각된다. 그때는 우리가 군산의 대야라는 시골에서 살때다. 그 당시 아마도 우리가 판자집에서 살때다. 그 당시는 아버지가 살아 계셨을 때다. 큰 형님이 서울에서 군생활을 하고 있었다. 그래서 우리집의 유일한 희망이 큰 형님이었다. 나와는 나이 차이가 16세 정도니 옛날로 치면 아버지뻘이 되는 그런 나이차다. 아마도 내가 초등하교 2~3학년 아니었나 생각된다. 그 당시는 소식을 편지로 주고 받든 시대다. 그래서 서울의 형님한테 편지쓰는 일이 우리집의 큰 일이었다. 그런데 우리집에서는 꼭 나보고 편지를 쓰라고 한다. 그러니 내가 어떻게 편지를 쓸 능력이 부족한 때다. 그때는 나보고 편지 쓰라면 우쭐

대면서 쓰든 때가 있다. 내성격이 얌전하지 못하고 나서기 좋아하는 탓인지도 모른다. 그래서 형들보다 나보러 편지쓰라고 하셨는지 모른다. 하기사 형들보고 쓰라고 하면 쓰지 안할 것이 뻔하기 때문이다. 그래서 첫머리에 무어라 쓸지가 난감하다. 아마도 아버지가 세월은 유수처럼 빨리 흐른다고 하셨다. 아니면 뉴스처럼 흐른다고 하셨는지 기억이 가물가물하다. 아버지는 뉴스라는 영어단어를 알 리가 없는 분이다.

그 생각이 머리를 스치는데 그만큼 세월의 빠름을 일컫는 말이다. 그리고는 시간이 나면 시골 우리집으로 오라는 부탁이다. 그 당시는 우리의 희망이 형님이었기 때문에 시골로 오는 날을 무척이나 기다렸다. 지금 생각하니 그땐 시골오기가 무척 싫었을 것이다. 시골오면 비좁은 판자집에서 온식구가 거의 한 이불아래서 잠을 잤으니 어마나 불편했을까를 생각하니 부모나 우리 모두 너무 불편을 주었을 것이다. 그래도 그때는 그런것을 모르고 시골오기만을 기다렸다. 형님이 오시면 우리집은 잔치 집처럼 들떠 있곤 했다. 음식도 먹어 보지 못한 쌀밥에 반찬은 아마도 닭을 잡았든 것 같다. 그래서 닭원반을 먹었든 것 같다. 그러나 지금생각하면 형님은 모두가 불편했을 것이다. 형님은 통역장교였기 때문에 먹는 것은 비교적 고급이었으리라 지금 생각이 든다. 잠자리가 바뀌었으니 그 불편함은 말이 아니었을 것이다. 그것도 모르고 시골오라고 편지로 쓰든 생각을 하니 이제는 미안함이 든다.

그런 시절이 이제는 까마득한 옛날이 되었으니 얼마나 세월이 빠른지 실감이 난다. 사람들은 흔히 엊그제 같다고 한다. 지나고 나면 정말 엊그제 같다. 사실 나도 형님댁이나 다른 사람의 집에 가서 자려면 얼마나 불편한지 모른다.

내로남불

내가하면 로맨스고 남이하면 불륜이다. 이것이 오늘날 흔히 이야기하고 흔히 듣는 이야기다. 사람은 자기가 한일은 그 일이 옳은 일이든 틀린 일이든 상관없다. 다들 자기를 합리화시키기 위해서 별의별 이야기와 억지로 합리와 시키려고 한다. 어쩌면 이것은 너무나 당연한 일이인지 모르다. 그런데 다른 사람이 이런 것을 보면 그때는 정반대의 논리로 잘못되었다고 열을 올린다. 그리고 자기가 언제 그랬냐는 식으로 몰아붙인다. 심지어는 자기는 그런 일을 한 적이 없다고 항변한다.

어쩌면 남의 허물을 잘 보면서 자기의 허물은 못보는 것이다. 이것은 장기나 바둑을 둘때 훈수를 하는 것과 비슷한 면이 있다. 인간이 살면서 이런 일은 비일비재하다. 누구나 인생의 희로애락이 반복하기 때문인지도 모른다. 인간들은 한치 앞을 못보기 때문에 무슨 일이 닥칠지 아무도 모른다. 나쁜일이 닥치면 자기가 생각했든 것과는 정반대로 행하는 수도 많다. 순간 순간의 판단이 그리 쉽지는 않다.

미국의 유명한 시사 주간지 뉴욕타임지도 한국의 내로남불을 우리말 그대로 보도한 적이 있다. 나도 한때는 이런 생각에 쩌든 때가 많나. 남한테는 정직하라고 하지만 실상 본인인 나는 정직해 본적이 있을까를 생각한다.

사람들은 자기 합리화를 위해서 갖은 핑계를 대지만 실상 상대방에 대해서 냉혹하리만큼 엄격하다. 인간이면 이것은 다 생각하는 일일 것이다. 그러나 자기의 말과 행동이 얼마나 모순이라는 것을 모르는 것이 큰 문제다. 그래서 반성이라도 할 수 있는 사람이라면 그래도 괜찮다고 나는 변명을 합리화 해본다.

혼돈의 세대

2020년도에 한국의 정치 현황은 혼돈의 한해를 보낸 것 같다. 소위 청와대 민정수석의 자녀 입시문제로 시끄러웠다. 민정수석의 자녀가 시험 한번 치루지 않고 들어가기 힘든 의학전문대학원까지 입학하였다. 그 내막인즉 스펙이라는 것을 쌓아서 그것을 이용하여 일반 서민들은 상상도 할 수 없는 대학원까지 입학을 한 것이다. 보통의 사람들은 스펙을 쌓으면 그것으로 대학을 들어가는 지도 모른다. 그 스펙이라는 것이 무엇인지 보통 사람들은 잘 모른다. 그런데 그 스펙이라는 것을 쌓는데 정말로 참여하고 노력을 하였는지 의심이 간다. 그런데 그 스펙을 하였다는 증명을 발급한 것이 정당하냐는 것이다. 그것이 본인은 한번도 참여하지도 않고 일도 안하였는데 기관의 장이 발급하였다는 데서 시끄러워지기 시작하였다. 다시 말하면 스펙의 일을 하지도 않았는데 증명원이 발급되었다고 해서 문제가 된것이다. 물론 본인은 규칙대로 하였다는데 그것을 직원이나 본 사람이 없다는 것이다. 그래서 법원은 그 스펙이 허위라는 것이다. 다시 말하면 그 기관에서 인턴같은 일도 안하고 더욱이 한번도 참여하지도 않고 허위로 발급을 해주었다는 것이다. 소위 그 기관의 기관장이 허위로 발급을 하였다고 한다. 문제는 그 허위 발급한 기관의 대표가 스펙 학생의 부모와 절친하고 한걸음 더 나아가 출세의 길로 들어섰다는 것이다. 또 하나는 이 학생들이 모대학의 논문 저자 제일 대표로 등재되어 논문을 썼다는 것이다. 그런데 이것도 이 학생이 실제로 실험을 통해서 한 것이 아니라는 것이다. 소위 부모들이 서로 잘 아는 사이라 서로 무언가 주고 받는 식으로 이루어 졌다는 것이다. 또 그 논문에 대해서 학생이 그런 논문을 쓸 수 있을 정도의 실력이나 능력이 있느냐는 것이다. 이 논문의 제일 저자인 이학생보다 더 열심히 한 연구원을 제치고 제일 저자가 됐다는데 문제가 있다. 그래서 이런 스펙을 쌓는 동안 다른 사람들이 본적이 없다는 것이다. 이런 것은 어쩌면 우리나라 대학에서 얼마든지 일어나는 일이다. 표창장 문제가 있었다. 그 표창장을 발행한 대학의 총장은 그런 표창장을 발행한 사실이 없다는데 표창을 받은 쪽은 표창장은 적법하게 받았다는 것이다. 문제는 표창장을 발행한 대학에 스펙 학생의 부모가 교수로 근무한다는 것이다.

그래서 총장과 표창장 받은 부모간에 다툼이 있었고 재판으로까지 이어졌다. 그리고 정치권의 모의원과 또 다른 같은 편의 유력인사가 그 총장에게 위증하도록 강요한 것이 알려지므로서 또 다른 논란이 일어나게 된다. 그런데 이런 것이 부도덕한 일을 솔선수범해서 하지 말아야 할 사람들이 권력을 이용해서 범법행위를 서슴없이 행하였다는 것이다.

나는 이런 사태를 보면서 많은 생각을 하게 한다. 우선 불법으로 스펙을 한 학생들의 문제다. 그 학생들이 외국어고등학교를 다닐 정도라면 실력이 만만치 않은 학생들이다. 그 아버지가 기자 회견에서 자기자식이 영어는 할만치하는 실력이 있다고 자랑도하였다. 어머니가 영어 교수가 아닌가 생각한다. 다시 말하면 한국사회에서는 머리도 좋고 자기가 원하는 대학을 입학시험을 치루어서 충분히 들어갈 수 있는 우수한 머리라 생각한다. 무어가 아쉬워서 그런 짓을 하면서 결국에는 이런 지경에 이르게 하는지 이해가 가지 않는다.

눈치가 있어야 절에서 젓국을 얻어 먹는다

혼자 여행을 할 때 사진을 꼭 찍어야 하겠는데 혼자서는 찍을 수가 없다. 그래서 부득이 남한테 부탁해서 찍어 달라고 한다. 그런데 그것이 그리 쉬운 일이 아니다. 일본 가고시

마대학에 방문연구 교수로 간적이 있다. 나를 초청한 기라(吉良)교수와 함께 오이타현으로 버섯재배견학을 간적이 있다. 하루를 묻고 나 혼자 가고시마대학으로 돌아오게 되었다. 그때 나는 오이타(大分)현의 평화의 탑을 구경하러 갔다. 평화의 넓은 광장에서 박수를 치면 그것이 평화의 탑에 부딪쳐 되돌아 오는 메아리를 들을 수 있다. 그래서 박수치고 하는 장면을 찍으려니 도저히 혼자는 할 수가 없다. 그때는 요즈음처럼 그 흔한 셀카가 없는 때였다. 삼각대를 세워놓고 찍든 시기다. 그것이 얼마나 번거롭고 또 시간을 맞추기가 여간 어려운 일이다. 그래서 누구한데 부탁하고 싶은데 그날따라 평화탑을 구경하러 온 사람도 많지 않아서 애를 먹은 적이 있다. 지금은 스마트폰으로 쉽게 찍을 수가 있지만 스마트폰이 나오기 전은 역시 불편한 시대가 있었다.

노르웨이의 오슬로에서 개최된 국제균학회에 갔을 때의 일이다. 노르웨이 수도 오슬로가 100주년이 되는 해였다. 물론 학회가 거기에 맞추어서 개최한 학술회의였다. 지금 생각나는 것은 전야제에서 만찬이었다. 나는 그때 처음으로 연어를 먹은 기억이 난다. 회의가 열리면 제일 기대되는 것이 전야제다. 그때 정말 연어를 배터지게 먹었다. 그래서 나는 연어에 대한 생각은 그때를 기리곤 한다. 국제학술 회의가 끝날 무렵에 우리 부부는 베르겐으로 여행을 하였다. 베르겐은 노르웨이의 옛 수도다. 그래서 많은 볼거리가 남아 있는 곳이고 노르웨이를 가면 거의 반드시 가보는 곳이 베르겐이다.

베르겐의 수산시장은 아침 10시까지 열렸다가 폐장하는데 바닷가에 있어서 즉석 요리도 맛 볼수 있어서 관광객에게 인기가 있다. 노르웨이는 선진국답게 그런데서 요리하는 것이 일반 음식점이나 호텔에서 요리하는 것과 똑같은 청결함과 위생상태가 좋아서 먹는데는 아무걱정을 하지 않아도 좋다. 가끔 포장마차도 보는데 여기도 마찬가지다. 베르겐은 전망대가 있다. 원데이 티켓을 구입하면 하루 종일 어느때나 전망대로 올라갈 수 있는 케이블카를 이용할 수가 있다. 우리는 아침에 전망대에 올랐다. 흔히 말하는 발아래에 펼치지는 베르겐 항구를 볼 수가 있고 뒤쪽으로는 산으로 둘러싸여 있다. 한폭의 그림처럼 아름다움이 눈아래에 펼쳐진다. 저녁때 베르겐의 야경을 보기 위해서 전망대에 올랐다. 주위는 거의 캄캄하고 눈아래 펼쳐진 야경은 멋있었다. 우리는 둘이어서 각자 사진은 찍을 수 있지만 둘이 같이는 찍을 수가 없었다. 그때 관광차 올라온 멀리서 구경하든 외국인이 자기가 우리 부부 사진을 찍어주겠다고 한다. 고마웠다. 우리 부부사진을 공짜로 찍어 준것은 아니다. 자기도 혼자서는 자기사진을 사진을 찍을 수 없기 때문에 먼저 우리 부부 사진을 찍어 준것이다. 자기도 야경을 배경으로 찍고 싶었지만 혼자라서 찍을 수가 없어서 찍을 수 있는 기회를 찾든 모양이다. 상당한 기지가 있는 분이었다. 나도 눈치가 좀 있는 편이라 서슴없이 사진을 찍어 주었다.

이렇게 되니 우리도 그 외국인도 서로 기분이 괜히 좋았다. 그래서 베르겐의 야경을 배경을 추억으로 남길 수가 있었다. 어쩌면 아날로그 시대의 사진을 찍든 시대다. 그러나 지금은 셀카가 있어서 남의 도움을 받지 않고도 찍을 수 있는 디지털시대에 있으니 격세지감이 난다.

가락국수

국수하면 흔히 결혼식때 먹는 음식중의 하나로 알고 있다. 그래서 처녀, 총각을 만나면 결혼을 언제 할 것인가를 묻는 말 대신에 언제 국수 먹여줄 수 있느냐고 묻곤 하기도 하였다. 왜냐하면 결혼식때 흔히 나오는 것이 국수였기 때문으로 생각된다. 또 국수처럼 적은 양으로 여러 사람이 먹을 수 있는 음식도 많지 않다. 사실 국수 한 묶음으로 국수를 삶으면 많은 사람이 먹을 수가 있다. 국수는 값도 싸고 국수에 들어가는 자료도 멸치국물 정도고 김치만 있으면 된다. 옛날에는 어려운 시기여서 혼인을 하려면 부대비용으로 하객을 대접할 수 있는 음식이었기 때문으로 생각된다. 그러나 현재는 국수 종류의 면 종류의 스낵음식이 많이 나와서 여러 종류로 되어 있다. 대표적인 것이 라면류로 그 종류도 많지만 그것을 재료로 여러 형태로 변형시켜 먹는 것이 발달하였다. 그러나 좀더 시간을 거슬러 올라가면 정말 순수한 흰국수가 주류를 이루었다.

내가 국수에 대한 추억은 아주 오래전으로 거슬러 올라간다. 그 당시는 기차를 타고 이동하여야하기 때문에 마땅히 먹을 수 있는 음식이 많지 않았다. 기차간에서는 홍익회라는 간판을 단 손수레에 여러가지 간식걸이나 먹거리를 팔고 있었다. 그중에서 생각나는 것이 달걀, 김밥이 제일 유명하다면 유명하였다. 그런데 마실수 있는 음식은 콜라종류였다. 그런데 이런 것들은 가격이 만만치 않았다. 그래서 큰 정거장에서는 프래트 홈의 중앙에 가락국수를 파는 가판대 같은 것이 있기 마련이다. 그리고 기차들이 장거리를 가기 때문에 승객들이 항상 붐비는 것이다. 이 가게가 정거장마다 있는 것이 아니고 큰 역에만 있었다. 작은 기차역은 정차 시간도 보통 1~2분정도인데 큰역은 10분에서 15분은 되는 것 같았다. 그래도 가게에서 주문해서 먹을라면 시간이 빠듯하여 큰 정거장 가락국수가 있는 정거장에서 정차하게 되면 문앞으로 미리 와서 대기하고 있다가 기차가 정차하면 가게까지 뛰어 가서 사먹게 된다. 요금은 15원정도 하다가 30원까지 올랐지만 그 맛은 정말 잊기가 어렵다. 나는 가락국수를 사면 고춧가루를 듬뿍 넣어서 먹곤하든 때의 기억이 주마등처럼 지나간다. 물론 그 당시는 모든 것이 어려운 시기여서 가락국수를 사먹을 수 있다는 것도 큰 행운이었다. 그 후 라면이 나오면서 가락국수는 예전만은 못하였다. 워낙 라면의 위력이 대단하였다. 그래서 식사대용으로 라면을 많이 끓여먹게 되었다. 라면가운데는 가락국수 비슷한 우동국수가 있어서 나는 이 우동국수를 좋아하게 되었다. 옛날처럼 기차를 탈 기회가 없어지면서 대신에 고속버스를 탈기회가 많아지게 되었다. 고속버스가 시간에 구애를 받지 않아서 나는 고속버스를 애용하는 편이다. 지금은 집이 고속버스 터미널과 가까워서 애용하게 되었다. 그래서 고속버스 휴게소에 들리면 우동을 사먹는 경우가 많아지게 되었다. 무엇보다 뜨근한 우동국물을 좋아 한다. 거기에다 김밥 한줄이면 아침 새벽에 전주를 출발하는 경우 휴게소에서 뜻뜻한 것을 먹으면 몸이 확 풀린다.

그래서 일본을 여행할 때도 자주 먹곤 하였다. 일본의 것을 보통 각기우동이라 하는데 이 맛이 지방마다 다르다는데 특성이 있다. 사누끼우동이라는 것이 있다. 나는 이것이 그 지방 고유의 음식으로 알고 있었다. 그런데 이 우동을 만드는 방식이 조금 색다른 것뿐이다. 이 우동은 밀가루 반죽을 손으로 밀어서 만들지만 사누끼우동은 밀가루 반죽을 발로 밟아서 만든다고 한다. 밀가루 반죽으로 손으로 하든 발로 하든 그것이 그것이라 생각한다. 다만 만드는 방식이 발로 하니 사람들의 마음속에 조금은 지저분한 생각이 들지 모른다. 그러나 그것이 사람들의 호기심을 자극하여 그 지방 특유의 음식으로 진화 하였는지 모른다. 그래서 그 우동을 먹으려고 그 지방을 관광하게 만드는 유인책이 되는지 모른다. 가령 소시지 맛도 유럽은 지방마다 다 다른 방식으로 하는 것 같다. 가령 뮨헨의 시청 광장에서 소시지를 먹은 적이 있다. 시청의 인형극(빙글빙글)을 보면서 먹었든 기억이 있다.

물론 광장의 반대편에서 먹었든 기억이 있다. 그런데 뉴런버그의 시청관장에서 소시지를 먹게 되었는데 거기는 소시지를 구워서 팔고 맛이 색다른 경험을 한적이 있다. 유럽에서 독일 관광단과 파리를 오게 되었는데 그들은 음식을 싣고 다닌다. 소시지가 색다른 흰색의 소시지였다. 맛도 약간은 다른 것이다. 이처럼 이들은 각기 자기들만의 소시지를 만드는 것이다.

그리움과 안타까움

요즈음은 만가지 생각이 나를 어지럽힌다. 산다는 어려움을 어쩌면 절실히 느낀다. 젊을 적에는 어려움이 있으면 어려운대로 해결이 되는 때가 많았다. 그래서 열심히 살았는지 모른다. 내 생각대로 주위환경은 되는 것이 아니라 그것이 또 나를 어지럽힌다. 이것은 순전히 나의 욕심에서 나오는 것 때문이다. 이렇게 어려움이 있을 때 나는 아득히 먼 그리움이 나를 외롭게 한다. 그리움이 있어 그때를 생각하면 잠시나마 현실의 안타까움이 사라지는것 같다. 어떤 그리움도 그것이 나에게 무한히 날개를 펴서 상상의 나래를 펴면 나는 희망을 찾아가는 파랑새가 되어 본다. 그리움이 있다는 것이 현실의 나의 꿈을 꾸는 지도 모른다. 현실의 아픔과 생각, 잊고 싶은 만가지 상념이 나의 주위를 맴돈다. 잊어버리고 싶은 것이 언제나 또렷이 더 머리를 휘감는 것이 모든 사람들의 생각이인지도 모른다. 세월이 흐르면 기억하고 싶은 것보다는 안타까움이 나의 미래를 흐리게 만든다. 멀리멀리 멀어지는 그리움을 그리워하면 사는 것이 인생인지 모른다. 그리움이 있다는 것은 안타까움이 동시에 있어야 하는 것이 정상일텐데 말이다. 안타까움보다는 그때 좀더 지혜스럽게, 용감하게 살았으면 하고 생각한다. 가끔 불현듯 생각나는 사람들의 얼굴을 떠올려보지만 얼굴에 대한 기억은 없고 그저 허공에 맴도는 이름만 나를 안타깝게 한다. 그래도 그것만으로도 나에게는 안타까워 그리워하는 사람들이 있다는 것에 위안을 삼으면서 살아야하는 현실이다.

세월이 약이라고 말하지만 이것은 시간이 흐르면 모든 것은 다 그리워지게 마련이다. 아픈 상처도, 억울함도 아문다. 사실 나에게 아픔의 상처가 있다는 것은 나도 모르게 다른 사람에게 많은 상처를 주었을 지도 모른다. 그런다고 그것이 서로 주고 받는 식의 상쇄가 되는 것은 아니다. 아픔의 상처로 더 그리워지는 것이 인지상정인지도 모른다.

나를 끔직이나 사랑했든 사람의 마음을 헤아리지 못하고 지나친 것이 너무나 마음 아프다. 얼마나 나를 원망하였을까를 생각하면 나도 모르는 눈시울이 적셔오고 있다. 무정한 사람의 마음을 이제는 이해하여 주기를 바랄뿐이다. 하지만 나도 남몰래 울어야 했든 사람도 있고 미워했든 사람도 있지만 이제는 흐르는 강물처럼 저멀리 흘러 어디로런가 갔을 거라고 위로를 나에게 해본다.

년말 년시

1919년은 나에게는 조금은 잔인한 것 같다. 나에게 편한 마음이 한군데도 없고 의지할 곳이 없다. 그래서 마음이 더 움츠려진다. 날씨도 으스스해서 을씨년스럽다. 몇 달전부터 발에 난 사마귀를 제거하러 다녀야하고, 동시에 충치 치료하러 다니는데 다른 사람들은 한해를 마무리하기 위해서 분주히 뛰어다닌다. 나도 무언가 금년에 끝내야 할 것 같은 많은 일이 있을것 같은데 도무지 일이 손에 잡히지 않으니 안절부절하다. 상가분양을 받은 것이 있는데 이제 막 등기를 끝내서 임대를 하여야하는데 지금의 경기가 너무 안좋아서 들어오려는 사람이 없으니 걱정이다. 매달 대출받은 이자는 꼬박 꼬박 나가야하니 말이다. 그래서 우선 금년에 끝내야하는 일을 무엇일까 곰곰이 생각하여본다.

자연보전협회의 금년도 칠보산연구 워크숍을 참석하는 일이 남았다. 우선 그것이라도 잘 마무리해야 할 것같다. 내가 나이가 들수록 마음이 안정되지 못하고 허둥지둥 대는 것 같기도 하다. 이제 모든 것을 자연의 이치에 맡기고 순리대로 될것이라고 위안을 하지만 막상 닥치고 보면 그렇지가 않다. 나라가 어수선하다. 주변국의 움직임도 그렇고 더욱이 미국과 북한의 비핵화 협상이 답보상태를 면치 못하고 있다. 어쩌면 나하고는 아무 관련이 없는것 같지만 사실 중요한 문제가 걸려있다. 이렇게 되니 경제가 어려워지고 있다. 경제가 어려우니 모든 것이 순탄치 않다. 현재는 나는 경제적 어려움이 없어서 안도하지만 그렇지 못한 사람들은 어떨까. 하루가 멀다하고 생활고로 극단적 선택을 하는 사람들이 있다는 보도다. 더군다나 독거노인 등 여러사람이 그렇다.

먼저 한국의 균류 5권의 교정본이 아직 안와서 기다리는 중이다. 금년 말까지는 정리하여 보내 주리라 기대가 된다. 또 한국의 균류 6권의 마지막 부분인 변형균류를 마무리하려고 생각중이다. 그렇게 되면 6권도 거의 끝나고 내가 바라든 한국의 균류 전 6권을 끝나게 된다.

12월이 되면 마음이 괜히 어수선해진다. 매스컴에선 크리스마스 캐롤이 울려 퍼지고 무언가 기쁜마음과 즐거움이 있어야하는데 나는 그렇지 않은 때가 많다. 예전에는 거리에서도 캐롤이 울려 퍼지고 했는데 요즈음에는 방송에서만 간간히 캐롤이 나오지 옛날처럼 요란하지가 않다. 어떻게 보면 차분히 크리스마스를 맞고 또 한해를 마무리하는 것같다.

지금 나는 발바닥에 난 사마귀 치료에 애를 먹고 있다. 금년에 발바닥에 무슨 아주 작은 혹 같은 나오기 시작했는데 처음에는 대수럽지 않게 생각하고 손톱으로 뜯어내는 정도였다. 그러다 건강검진 받으러 가서 보여주니 티눈이라 하여 간단히 수술을 받았다. 그 후 잘 낫지를 않아서 동네 병원에 가니 사마귀라 하면서 피부과나 정형외과로 가라고 한다. 걷기가 약간 불편할 따름이라 차일피일하다가 종합병원으로 이빨 스켈링하러 갔다. 스켈링 도중에 충치도 발견하고 피부과에 가서 발바닥사마귀 치료도 받게 되었다. 발바닥 사마귀치료는 주사를 맞는데 간호사가 약간 따금할 정도라고 해서 대수럽지 않게 생각하였는데 주사 바늘이 사마귀에 꽂으니 그 아프기가 말이 아니다. 지금까지 이렇게 아픈 주사를 맞아 본적이 없다. 그래서 3대를 맞는데 2번째부터는 내 다리를 와이프가 힘을 다해서 누르고 해서 이를 악물고 맞았다. 년말이라 그런지 날씨도 끄므릇하다. 생각을 자꾸 어둡게 생각하니 모든 것이 어둡게 보이고 어두운 생각이 든다. 다행이도 년말에 자연보전협회에서 조사한 워크숍이 있어서 가게 됐다. 실제 내용은 미기록종을 발견한 것이 전부다. 다른 팀들도 내용을 보니 대수롭지 않다. 그럴수 밖에 좁은 지역에서 연구 하다보니 한계가 있기 마련이다. 또 테마가 복원 위주니 더욱 그렇다. 복원이라 하면 이미 존재하든 것이 지금은 없어져서 예전대로 해놓는 것이 복원이 아닌가 생각하는데 말이다. 그렇게 하려면 이미 조사되었거나 상당한 자료가 있어야 하는데 자료가 없다. 복원이란 말을 쉽게 안이하게 쓰다 보니 앞뒤가 안맞는 경우가 많다. 가장 큰 문제는 용역을 주는 기관에서 내세울 수 있는 그럴듯한 테마가 없다보니 복원이란 말을 하게 되는 것 같다. 복원하면 마치 없든 것이 생겨난 듯한 착각을 불러 일으켜서 무슨 큰일을 한 것으로 안다.

기 억

내가 요즈음은 어제 저녁에 무얼 먹었지 하고 생각하면 잘 생각이 안난다. 특히 반찬에 대해서 생각하면 더 기억이 떠오르지 않는다. 그러다가 안사람한테 물어보면 어제 저녁에 먹은 반찬이야기를 들으면 생각이 떠오른다. 또 스페인을 여행하면서 보았든 카사블랑카 술집을 생각하면서 거기에 출연했든 배우이름이 생각이 안나서 애를 먹었다. 생각이 머리에 떠오르는 것 같은데 막상 이름이 생각이 안난다. 그러다가 어떻게 여배우 이름인 잉글리드버그만을 생각해 내었다. 영화의 제목과 여배우를 생각해낸 것은 카사블랑카(하얀집) 때문이다. 그런데 이번에는 배우이름은 생각나는데 영화제목이 안떠올라서 애를 먹기도 하였다. 왜 이렇게 기억이 무디어가는 지모르겠다. 그래서 가능하면 이것 저것 자꾸 기억하려고 애쓴다.

사람들은 나이를 먹으면 기억력이 떨어지는 것은 누구나 다 아는 사실이다. 그런데 요사이는 기억력이 치매와 매우 연관이 깊은 것으로 알려져 기억력에 관한 관심에 대해서 많이들 신경을 쓰는 모양이다. 하기사 치매는 기억력이 떨어져 전연 생각이 안나는 것이 치매 특성 중의 하나로 인식한다. 그러니 기억력에 자꾸 관심이 간다. 의사들 이야기로는 지금의 나같은 경우는 힌트를 주거나 알려주면 생각이 떠올라서 인지 사실을 아는 것은 치매가 아니고 건망증에 가깝다고 이야기 한다. 치매는 이런, 저런 힌트에도 전연 생각이 떠오르지 아니하는 것을 치매로 진단하는 것 같다. 옛날에는 제일 무서운 질병이 암이라 생각하였다. 지금도 암은 불치의 병으로 생각하는 경우가 많다. 그러나 암은 이제는 불치병이 아니다. 조기 발견하면 거의가 다 나을 수 있는 질병이다. 그러나 암보다 더 무서운 병은 치매라 생각한다. 가장 무서운 질병인 암을 극복하는 단계에 이르니 이제는 치매가 더 무서운 질환으로 생각한다. 그래서 치매를 조기에 알 수 있는 방법으로 기억력 테스트를 하는것 같다. 나도 기억이 잘 안 나는 것을 보면 노화가 많이 진행되었구나 하는 생각을 한다. 그래서 그런지 요즈음은 사실 의욕이 많이 떨어져 있는 것도 사실이다. 꿈꾸고 계획했든 것에 대해서 열정적으로 생각을 못하고 있다. 그중의 하나가 버섯의 미세구조연구다. 사실 포자같은 미세구조의 사진을 많이 촬영하였다. 이것을 책으로 엮어내는 것인데 어디서부터 해야 할지 엄두가 안난다. 머리는 쓰면 쓸수록 좋아진다고 한다. 사실 우리 뇌의 일부분의 신경세포를 쓰고 대부분 나머지는 쓰지 못하고 죽는다고 한다. 생물학의 진화설에서 용불용설이란 것이 있다. 이것은 쓰면 쓸수록 발달하는 것이라 한다. 이 학설은 틀린 학설이지만 하나만은 확실하다. 사실 우리도 운동을 하면 몸이 좋아지고 근육이 불어난다. 다만 이러한 것이 다음 후손에게 물려지지 않는다. 다시 말하면 유전이 안된다는 것이다. 그러나 당대에는 상당한 효과가 있는 것은 틀림없다. 그래서 운동선수를 보면 그들은 몸을 단련하여 훌륭한 선수가 되는 것이다. 불행이도 이런 선수의 재능이 자식에게 전달이 안된다는 것이 조금은 아쉬울 뿐이다. 그러나 한편 생각하면 이것이 얼마나 다행인지 모른다는 생각도 한다. 자식에게 그대로 물려주는 재산처럼 되면 그 집은 대대로 운동으로 유명해질테니 말이다. 그러나 절대로 그런 일이 일어나지 않으니 신에게 고마움을 드려야한다. 기억력을 되살려 지나간 세월과 일들을 반추 해보아야 별것 없는 것들이지만.

자연사 박물관의 단상

경주자연사 박물관 포럼이 지난 2월 17일 경주의 보문단지내에 있는 콩코드호텔에서 개최되었다. 포럼 조직위원에서 교통비, 숙박비를 부담한다고 하여 정연구원과 함께 가게 되었다. 17일은 올 들어 제일 추운날씨로 영하 10도 이하로 수은주가 내려가는 맹추위였다. 서울서 경주를 가는 것은 이번이 처음이라 사실 약간 마음이 설렜다. 나는 무엇보다 휴게소에서 간식거리로 우동 사먹는 것을 기대를 한다. 옛날에 기차를 타고가다 잠간 쉬는 시간에 우동을 사먹든 즐거움이 아련한 추억을 불러일으키기 때문이다. 8시 10분 고속버스에 몸을 싣고 잠을 청하였는데 잠간 눈을 뜨니 터널을 지나가고 있다. 경부고속도로로 가는 것이 아니라 중부 내륙고속도로 가는 것 같다. 지금은 도로망이 잘 되어서 빠른 지름길로 가는 것이라 생각되었다. 중간 휴게소는 선산에서 휴식을 위하여 정차하였다. 경주는 3시간 50분정도 소요되어 12시경에 도착하였다. 버스에서 내리니 거리가 거의 경주빵, 황남빵을 파는 가게가 즐비하다. 대개 터미널 주변은 음식점이 많은 것이 보통인데 웬 빵 가게가 많은지 놀랐다. 경주 버스터미널 근처의 농협에서 돈을 찾고 점심을 먹고 택시를 타고 호텔로 갔다. 호텔에 도착하니 마침 포럼 위원장인 호서대의 홍성수 교수를 만나서 인사를 나누었다. 참석자들은 주로 사립박물관을 운영하는 분들과 경주시청 직원들 같았다. 새와 환경, 공룡, 지질 다양성 등에 대하여 발표하고 토론를 하는 순서로 진행되었다. 막대한 돈과 시간을 들이는 포럼인데 주제도 엉성하기가 짝이 없었다. 토론 시간에 문화관광부 관계자의 이야기가 귀가를 스치고 있다. 지금 지방 자치단체에서 국립자연사박물관의 건립을 유치하려고 하는데 문제가 많다는 것이다. 국가에서 돈을 주면 건물을 짓는 데는 별 어려움이 없다. 그러나 전시할 유물이나 자료는 어떻게 하려고 하느냐 물으면 돈을 주고 외국에서 사다 놓겠다고 한다는 것이다. 그러면 그것이 진정 한국의 자연사 박물관이라 할 수 있겠는가 하는 것이다. 경주도 사전 연구같은 계획도 없이 추진하려고 한다는 생각이 들었다. 조언을 한다면 타당성이나 경제성을 따져볼 필요가 있다. 그리고 경주에는 국립경주박물관이 있다. 이 박물관과의 차별화 같은 것에 대한 사전 연구가 있어야 하지 않을까 생각한다. 그리고 경주는 국립공원으로 되어 있기 때문에 종합적인 사전 연구가 있어야 할 것이라 생각되었다. 나도 지금 모 군과 버섯박물관을 건립하려고 하는데 건물짓는 데만 신경을 쓰지 박물관에 전시할 내용은 별 관심이 없는것 같은 느낌이 든다. 사실 자료가 있으면 이것을 가공하여 어떻게 보여 줄 것인가 생각을 하지 않고 있다. 자료를 어떻게 전시하는가는 박물관을 찾는 관람객들에게 중요하다. 박물관의 역할의 하나는 과거와 현재를 연결시키고 미래를 예측하는 가교가 되어야 한다. 그리고 경제성을 많이 따지는데 그것은 박물관에 오는 사람들이 즐겁고, 재미있고, 공부가 되어야 하고 추억거리를 만들 수 있어야 한다. 그래야 다시 찾아오는 박물관이 된다면 경제성은 어느 정도 확보 된다. 자연사 박물관이 전세계에서 없는 OECD 국가 중 우리나라가 유일한 나라일 것이다. 북한도 자료에 보면 2개의 자연사 박물관을 보유한 나라로 나와 있다. 자연사박물관의 건립에 뜻을 가졌다면 건립의 기본적인 연구가 선행되어야 할 것이다. 아무튼 좋은 자연사 박물관이 세워 지기를 기대한다.

30여년 전 영주의 영광여고에서 같이 근무했든 정환무선생 내외분을 커피 타임시간에 호텔에서 만나기로 약속하여서 반갑게 해후를 하였다. 저녁 만찬에서 정선생 내외와 담소하면서 즐거운 시간을 보낼 수 있었다. 이렇게 옛 동료 선생님을 만날 수 있는 기회가 있어서 경주까지 오게 된 것이다. 오늘의 만찬은 상당히 좋은 음식이 제공되었다. 먹거리가 고급스러워서 제일 늦게까지 여러 이야기를 나누는 즐거움이 있어서 이곳 먼 경주까지 온 보람이 있었다.

병문안

오래전에 나의 대학원 지도 교수였든 분이 와병중이라는 것을 문자 메시지로 연락받고 모처럼 시간을 내어 고려대구로병원으로 갔다. 파킨슨병으로 오래동안 투병하다가 최근 4개월 전에 병세가 악화되어 병원을 전전하다가 이곳까지 온 것 같다. 환자의 손을 꼭 잡았지만 할말은 없다. 이미 상대방을 알아보기도 어려운 상황이고 말도 제대로 못하여 흥얼대지만 무슨 말인지는 알아들을 수가 없다. 간병인이 대신 이런 말일 것이라고 하지만 그것도 정확치가 않다. 그래도 냉장고쪽을 가리키는 것을 보고 먹을 것을 주라는 것이라고 짐작할 뿐이다. 5명이 입원한 병실인데 4분은 거동에 큰 불편이 없는것 같았다. 환자이지만 사람들이 말하는 것은 잘 알아 듣는것 같았다. 지도교수인 환자를 다른 분들이 이런말 저런 말을 하는 것을 듣고 내가 고려대학교 명예교수라고 말하였다고 한다. 사실 거의 식물인간에 가깝지만 남들이 자기를 두고 수군거리는 것에 자존심이 상한 모양이었든 같다. 몸과 언어가 잘 안될 뿐 생각은 멀쩡한 모양이다. 내가 누군지 아는지 모르는지 몰라서 연필로 내 이름을 써서 보여주었다. 간병인 말로는 급한 것은 이렇게 지필로 써 보여

주지만 정작 본인은 쓰질 못한다. 마침 사모님이 오셔서 최근의 병세를 들을 수 있었다. 입원 전에 자기가 입원한 것을 아무에게도 말하지 말라고 하여 안 알렸다고 한다. 아마도 본인은 곧 병이 나아지리라 믿기 때문일 것이다.

아주 오래전에 나의 누님이 위암으로 입원중일 때 병문안을 가니 말도 잘하고 생각도 잘하시었다. 이제 얼마 안 있으면 병이 나아서 빨리 집으로 가고 싶다고 말하였다. 그런데 며칠 후에 돌아 가셨다. 내가 잘 알든 서울대학교 농대 임모교수가 설암으로 투병하시다가 거의 말기에 입원하였다. 병문안을 가니 이제 병원서 손쓸 수 없는 상태여서 임종을 기다리는 독방으로 옮겼지만 정작 본인은 모른다. 나를 보고 병이 다 나으면 무슨 연구를 하자고 간신히 말하였지만 역시 며칠 후에 돌아가셨다. 병문안을 갈때마다 환자들의 생명에 대한 애착심은 그야 말로 말로 표현하기가 어려울 정도다.

몇년 전에 저의 큰 형님이 돌아가셨다. 살으려고 규칙적으로 오후에 걷기를 하였다. 걷기가 건강에 좋다는 정보는 다들 알고 있지만 그것도 한계가 있는 것이다. 병문안 때마다 우리는 한마디도 하지 않았다. 내가 하는 말이란 고작 오래 살라고 할 뿐이데 그것은 인사치레로 하는 말인 것을 우리는 알고 있다. 나이가 들면 면역력이 떨어져 질병에 감염되면 다른 병이 와서 합병증으로 발전한다. 지도교수도 파키슨병 이외에 치매, 전립선같은 것이 왔다고 한다. 큰형님도 방광암이었다고 하지만 전립선같은 합병증으로 면역력이 떨어져 돌아가신 것이다.

흔히 노인들이 이제 빨리 죽어야지 말은 하지만 사실은 더 오래살고 싶은 욕망이 있다는 것을 알아야한다. 더 살고 오래 살고 싶은 욕망을 반대로 이야기하는 것이다. 곧이 곧대로 더 살고 싶다고 하면 남들이 욕할까봐 반어적으로 이야기한다는 것을 이제는 알아야할 것 같다.

나는 요즈음은 인간이 공부하고, 수련하는 모든 것이 죽음을 대비하기 위한 것은 아닌지 하는 생각이 들기도 한다. 결국 죽음에 이르기 때문에 누구나 죽음을 두려워하고 무서워하지만 남들 앞에서는 대수롭지 않게 이야기하는 것을 우리는 주위에서 본다. 마음의 수련을 통하여 깨닫는 것은 인간은 한계가 있다는 것이다. 깊이 생각하면 언젠가 산자는 죽는다는 것을 깨달으면 마음이 편안하여진다. 길흉이 마음먹기에 따라 종이 한 장의 차이라는 것을 깨닫게 된다.

사람들은 죽음을 두려워하지만 버섯들은 죽음에 대하여 초연하다. 자기가 태어난 곳이 어디든 거기서 생을 마감하면서도 생태계를 정화시키는 것이다.

장기와 바둑

내취미가 특별한 것이 있는 것은 아니지만 장기는 나도 심심풀이로 둔다. 그러나 상대는 나다. 나 혼자서 청, 홍을 바꾸어 가면서 둔다. 그러니 그것이 뭐 장기 두는 것이라고 할 수 있겠는가. 우리집에는 장기판과 바둑판이 있는 것이다. 그것은 조그만 얇은 널판지를 가운데에 편철하여 접었다 폈다하는 것이다. 한쪽은 장기판을 그리고 반대쪽에는 바둑판을 그려놓은 것이다. 바둑도 나 혼자서 흑을 놓고 다음에 흰돌을 놓아가면서 두었다. 이것은 전부 그냥 시간을 무료하게 보내는 것을 막는 것이다. 이런 장기판과 바둑판을 마련한 것은 어머님의 배려이다. 어머니는 집에 혼자 있는 아들이 심심할까봐 마련한 것이다. 그때는 그냥 집에 있는 것이라고 가볍게 생각하였다. 그러나 지금와서 생각하니 어머니의 깊은 뜻을 나는 모르고 지냈다. 얼마나 내가 어머니께 무심 했는지를 모른다.

내가 그래도 바둑에 조금 관심이 있게 된 계기는 고등하교 하숙생활을 하였는데 하숙집주인 아들이 있었는데 대학생이었다. 그대학생이 가끔보면 친구들이랑 바둑두는 것을 보면 구경하는 나도 호기심이 가고 두고 싶어 졌다. 그래서 바둑에 관심이 갔든 것이다.

대학교때 꽤나 기원에 둘려서 친구들이랑 바둑을 두었다. 시간가는 줄 모르고 두든 그런 때가 있었다. 그런 인연으로 집에 오면 바둑을 어떻게 접하게 되었는지 모르지만 혼자서 장기나 바둑을 두게 되었다. 어머니는 그런 나를 보고 바둑판과 장기를 마련했든것 같다. 어머니의 깊은 마음도 몰랐다. 지금 와서 생각하니 문득 어머니의 앞을 보는 아들의 마음을 읽고 있었다니 한없이 그 마음이 그립고 보고 싶어진다.

부부 싸움

어릴 때 들은 이야기로 이 세상에서 제일 재미있는 구경거리로 불 난것 구경 하는것, 비가 너무 많이 와서 뚝에서 물 구경 하는것, 또 하나는 사람들이 싸우는 것을 구경하는 것이 제일 재미있는 구경거리라는 말을 들은 적이 있다. 사실 이것들은 구경꾼들은 자기는 아무 상관없이 즐길 수 있는 것이기 때문이다. 이것들은 오래전에는 놀 거리가 없어서 이런 것들이 겉으로는 안타까워하면서도 속으로 쾌재를 부르든 사람들이 많았다.

그러나 이중에서 지금도 흔히 하는 싸움이 있다. 아마도 부부싸움일 것이다. 사실 부부들은 매일 만나서 티격태격하는 부부들이 많다. 아무것도 아닌 사소한 것이 빌미가 되어 말다툼을 하게 된다. 그러나 금새 화재가 바뀌면 언제 말다툼을 했냐는 것처럼 화기애애한 것도 부부의 싸움아닌 말다툼이다. 그래서 부부싸움을 칼로 물베기라 말한다. 그런데 부부싸움은 처음은 말다툼으로 시작하지만 나중엔 심각한 문제로 번지는 수가 많다. 부부싸움의 발단은 여러 가지가 있다. 그것은 그들이 결혼하기까지의 여러 사정이 얽히는 수도 있다. 그리고 부모를 모시는 문제, 가족 문제 등이 있다. 지금은 핵가족 시대로 되어서인지 자식들의 교육문제가 제일 큰 문제다. 부부의 의견이 어쩌면 그렇게 반대로 나가는지 모르겠다. 과외를 시키자고 하면 안시켜도 된다고 반대의견을 내면 거기서 옥신각신하다가 서로 말도안하고 냉전에 돌입한다. 자식들 문제로 부부가 말다툼하는 것은 어느 가정이나 다반사로 한다. 이것은 현실성이 많다. 그러나 결국은 부인의 뜻대로 결론이 난다.

하마터면 열심히 살번 했다.

며칠전 일요일에 서점에 들렀다. 나는 가끔 내가 전공하는 분야의 책들이 꽂힌 여러 가지 전문서적을 살펴보곤 한다. 물론 내가 쓴 도감들도 있는가를 찾아본다. 옛날에는 2~3권 꽂혀 있었는데 이제는 1권 정도만 꽂혀 있다. 내 책들은 전문서적이어서 거의 팔리지도 않으니 진열의 필요성이 없는 것이다. 괜히 공간만을 차지하여서 다른 책들의 진열에 지장을 준다는 것이다. 서가사이를 걸어 다니면서 어떤 책이 잘 팔리나를 본다. 그리고 특히 제목이 재미있게 부쳐진 책을 보면 빼서 한번 훑어보기도 한다. 내가 최근에 재미있는 제목의 책을 발견하였다. 내가 재미있다는 것은 순전히 나만의 기준에 의한 것이다. 무슨 베스트셀러가 아니다. 노벨상을 받은 책도 아니다. 그저 평범한 작가가 평범하게 쓴 책일 것이다.

비소설류의 진열대에서 나는 특이한 제목의 책을 보았다. "하마터면 열심히 살 뻔했다." 이 제목을 보면서 나는 입가에 웃음이 감도는 것을 알았다. 내 딴에는 상큼한 웃음을 짓게 하는 제목이라 생각했다. 내가 이 책을 읽어 본것도 아니고 저자가 누구인지도 모른다. 그저 제목이 내 마음에 잔잔한 감흥을 일으키는 것이다.

그 내용을 나는 모르지만 내 나름대로 유추해 본다. 남보다 먼저 일어나고 남보다 먼저 목적지에 도착하려고 허둥지둥 집을 나서는 것이 현대인 대부분의 생활이다. 자기가 직장에 간다면 웬만한 것은 참고 회사에 도달하여 자기의 존재감을 나타내서 상사에게 잘 보이려고 하는 현대인의 조급함과 목적 달성을 위해서는 물불을 가리지 않는 우리의 현실을 풍자하는 내용으로 나는 유추하여 본다. 지금 우리 모두가 아등바등 살아가면서 남보다 잘살려는 것을 풍자하는 것이라 본다. 자기의 출세를 위해서는 물불을 가리지 않으며, 거짓말도 밥먹듯이 하는 현실태를 빗대어서 말하는 것 같다. 오히려 이런 식으로 사는 것보다는 조금 뒤로 물러서서 내 소신껏 사는 것이 더 좋을지 모른다는 뜻일지 모른다. 인간이 마지막으로 도달하는 곳은 다 똑같지 아니한가. 어쩌면 남보다 먼저 달리다보면 뜻하지 않은 난관에 부딪쳐서 낭패를 보는 수도 있다. 눈코 뜰새없이 일한다고 자기가 원하는 부가 쌓이는 것도 아니다. 또 쌓인다하여도 자기의 기대치에 훨씬 못미치는 수가 대부분이다. 그런 때에 그 절망감은 성취한 것을 상쇄하지 못해서 더 깊은 자괴감에 빠질 수가 있다. 세상을 사는 모든 사람이 다 그렇게 되는 것은 아니지만 대다수에 이런 지경에 빠진다는 것은 우리가 주위에서 흔히 보는 현실이다. 내주위의 사람들처럼 뛰면서 살지는 않지만 내가 생각하는 대로 살아가는 것도 좋을 것이라고 생각하는 사람들이다. 남보다 승진이 늦어져도 좋고, 남보다 출세가 늦은 들 어떤가.

열심히 살다보니 자기생활은 없고 남의 생활을 살아 온것은 아닌지, 많은 사람들이 이야기한다. 다 거기서 거기라고. 열심히 살지 않으니 경쟁자들이 없어서 오히려 홀가분히 살아 갈수도 있지 않을까 생각한다. 열심히 살지 않으니 남을 미워하고 질투할 일 없을 것이고, 적들이 만들어지지 않으니 사실 얼마나 홀가분하겠는가.

지금은 옛날처럼 끼니를 거르거나 하는 사람은 없다. 다들 자가용에 그럴듯한 아파트에서 사는 시대에 접어 들었다. 당신은 더 벌고 출세를 하려고 정신없이 살지만, 그 대신 남들이 누리지 못하는 인생의 즐거움을 만끽하면서 사는 것도 썩 나쁜 것은 아니라는 것을 터득한다.

이 책의 제목이 나를 어쩌면 뒤돌아보게 하는 것을 느낀다. 정말 열심히 사느라고 사람다운 일도 하지 못하고 사람다운 생활도 못했다면 잘살아온 것이라고 말하기는 어렵다. 우리주위에서 흔히 보는 것 중에서 어려운 살림살이를 잘 꾸려서 살만한 위치가 되어 편히 살면서 그동안 누리지 못했든 편안함을 느낄만하면 아주 몹쓸병에 걸려서 이 세상을 하직하는 것을 종종본다. 인생은 열심히 살아도 대충 대충 살아도 결국 모두 똑같은 곳으로 간다는 사실을 알자.

시각장애 엄마의 사랑

TV를 틀었더니 시각장애 엄마가 어린 아들과 생활하는 것을 보여준다. 처음에는 언제나 보는 방송이려니 했다. 그런데 엄마는 시각장애자다. 그것도 미혼모다. 이제 20대 초반의 시각장애 엄마가 애를 키우는 것을 보면서 참 많은 생각이 머리를 스쳐간다. 다행인 것은 어린 아들은 아주 정상적인 아들인 것이 얼마나 다행인지 모른다. 아마도 아빠는 떠나가고 어린 엄마가 애를 키우며 사는 것이다. 그런데 엄마의 아들에 대한 사랑이 정상인보다도 더 훌륭해보였다. 자식에 대한 생각이 이만 저만이 아니다. 자기가 정상적인 엄마가 아니기 때문에 더 심혈을 기울이는 것이다. 아기를 위하여 책상의 모서리를 스카치테잎으로 붙였는데 더덕더덕 붙였다. 혹시나 아기가 가다가 부딪쳐도 다치지 않도록 하기 위해서 너무 붙여서 그 두께가 보통이 아니다. 눈이 안보이기 때문에 얼마나 붙였는지 만져봐서 가름하는데 그것이 쉽지 않다. 목욕도 꼬박꼬박 매일 시킨다. 정상적인 엄마도 힘든 일인데 앞이 안보이는 사람의 어려움이 어느 정도인지 상상를 초월한다. 아기의 아빠는 아마도 집을 나간것 같다. 아직 20대 초반의 사람들이니 그저 순간적 성적충동에 의해서 저질러진 것이 아닐까. 그런데 아빠는 어디론가 가버렸으니 엄마의 마음은 오죽하겠는가. 그런데도 엄마는 아빠를 원망하는 기색이 하나도 없다. 남편은 정상의 남자인지 아니면 같은 장애인지 모르지만 오직 이 애를 잘 키우겠다는 일념으로 애가 불편함이 없도록 애쓰는 모습이 너무나 내마음을 안타깝게 하였다. 처음은 친정집에서 같이 살다가 애 엄마도 독립을 하여야겠다는 결심이 있었든 같다. 이유인즉, 언젠가는 독립을 하여야하고 그래야 애를 위해서 좋겠다는 생각인 것 같았다. 그래서 독립에서 제일 중요한 것은 경제적 문제다. 그래서 자기가 배운 안마술을 이용해서 돈을 벌려고 애쓴다. 그래서 안마시술소에 취직하려고 원서를 넣고 면접시험과 실습을 하는 것이다.

엄마는 애의 사진을 찍어서 훗날 추억이 많은 아이로 키우려고 사진찍는 기술을 익히는 모습은 정말 대단하다. 앞을 볼 수 없으니 어린애의 어디를 맞추었는지 모른다. 그래서 시행착오를 여러번하게 마련이다. 그래서 사람들의 도움을 받아서 사진을 찍어서 스크랩북을 만들고 있었다. 사진을 정리한다는 것도 어디 쉬운 일인가 정상인 우리도 실수를 하게 되고 사진 찾기가 쉽지 않은데. 그러나 엄마는 애가 자라서 많은 추억을 갖게 하려고 하는 마음이 찡함을 아니 느낄수가 없다. 이렇게 애지중지 키운 아이가 커가면서 자기엄마의 시각장애를 알고 나면 어떤 마음을 가질까를 생각하니 괜히 안쓰러움이 내 마음을 슬프게 한다. 엄마의 생각대로 어려운 역경속에서 자기를 키운 엄마를 얼마나 위하고 사랑할까를 생각하니 마음이 아린다. 잘못하여 자기를 상상도 할 수 없는 역경속에서 키운 공도 모르고 반대로 이렇게 태어난 것을 한탄하고 엄마를 미워하지는 않을까를 생각하게 되는 것은 나만의 편협된 생각일까. 우리는 흔히 이런 경우를 많이 주위에서 보고 느끼고 있다. 그래서 엄마의 의지와는 반대로 방탕한 생활로 빠져드는 것은 아닐지. 사실 이렇게 자란 아이들 상당수가 반항과 방황을 하지 않기를 기도하여 본다.

이러한 숭고한 마음으로 자기를 키워주고 사랑한 사람이 있다는 것만으로 아이는 행복하였으면 좋겠다.

우울증

나는 일어날 때 살아야지 하고 벌떡 일어난다. 잠이 깨고도 이불속에 있으면 일어나는것 자체가 싫고 왜 사는가하고 하는 생각도 든다. 모든 것이 귀찮고 하기 싫고, 시무룩하는 때가 있다. 이렇게 살다가 죽는 것이 인생인가. 더욱이 내가 뜻하는 바가 이루어지지 않을때 그렇다. 또 내가 하려는 일이 끝내지 못하고 중도에 그만 두게 되면 심하게 말하면 죽는 다든지 하게 되면 어떻게 될까하고 하는 걱정이 앞서는 때도 있기 때문이다. 그럴때 나는 살아야지 하고 말을 하면서 일어나서 옷을 들고 서재로 간다. 옷을 입고 글을 쓰거나 운동하러 나간다. 이런 증상이 우울증의 한 패턴이라고 나는 생각한다. 아주 유치한 방법이지만 나는 이런 식으로 나의 무기력하여 지는 심신을 추스리고 있다. 그래서 나는 일거리를 만드는데 사실 그일 때문에 고민에 빠지는 경우도 왕왕 있다. 운동하러 갈때도 운동 가방을 들고 문을 나설때까지는 정말 힘이 하나도 없는 사람처럼 보일 것이다. 그러나 헬스장에서 운동을 하기 시작하면 사정은 달라진다. 남들이 열심히 운동하는 모습을 보면 나도 경쟁심이 일어나서 그들처럼 열심히 하게 된다. 그러면 기분은 싹 바뀌어서 언제 기분이 시무룩하였나를 생각하게 된다. 운동이 끝나고 샤워를 하고 집으로 올 때의 그 기분은 날아갈 것같다.

어느 선배 교수님이 하시든 말이 생각난다. 늙으면 세 사람이 필요하다고 한다. 자기와 생사고락을 할 마누라가 있어야 한다. 아내는 뒷바라지를 하여 의식주의 동반자이기 때문이다. 속담에 열명의 효자보다 한명의 악처가 낫다고 한다. 나의 엉성한 뒷바리지를 도와주고 가려운 곳을 긁어줄 사람은 아내뿐이기 때문이다. 아들 딸이 그렇게 하기는 어렵고 생활 패턴이 바뀌어서 기대를 할 수없는 시대에 살기 때문이다. 또 한사람은 내가 아프다고 하면 즉시 달려와 줄 친구란다. 위로를 받고 싶은 사람의 절실한 소망인지도 모른다. 또 한사람은 누구일까. 생각하여보자. 나는 대화가 통하는 사람이 필요할 것 같다. 누구나 고독을 느끼기 때문에 맘 맞는 사람하고 대화를 하다보면 마음이 푸근하여 지고 근심걱정이 조금은 사라지기 때문이다. 울고 싶을 때 참지 말고 울라고 권한다. 울고 나면 한결 시원해지기 때문이다. 이야기거리로는 과거 현재 미래를 넘나드는 다양한 이야기면 좋을 것이다. 우리 주변의 생활, 자기의 솔직한 사생활, 숨기려고 하면 이런 것이 우울증의 하나가 된다. 아무 것도 아닌 것도 생각하기에 따라 심각해지기도 하고 쉽게 잊어버리기 때문이다. 우울증은 누구에게도 찾아온다. 아니 사람이면 누구나 괴롭고 슬픈 일이 있기 마련이기 때문이다. 그렇다고 자기가 생각하는 방법으로 자기를 다스리기는 어렵다. 내가 왜 이런 쓸데없는 생각을 하지 마음먹었다가 금방 다시 생각하게 된다. 이런 경험을 거의가 해보았을 것이다. 자기의 우울증을 의사의 진단을 받기 전까지는 모르는 사람이 많다.

우울증으로 젊은 엄마가 어린 자식을 데리고 동반 자살하는 것이 심심찮게 매스컴에 보도되고 있다. 우리는 모두가 거의 똑같은 아픔과 슬픔을 가지고 살아간다. 즐거움도 기쁨도 마찬가지다. 다들 말을 하지 않을 뿐이지 누구나 똑같은 우울증을 가지고 살아간다는 사실을 알자. 이것은 사람으로 태어나면 당연히 겪는 현상이라는 것도 안다면 조금은 마음의 위안이 될지도 모른다.

불면증

나이가 들면 누구나 다 겪는 고통중의 하나가 불면증인 것 같다. 나 역시 예외는 아니다. 저녁밥을 먹고 나서 얼마 안 있으면 졸리기 시작한다. 그 시간이 잠자기에 알맞은 9시가 넘어서라면 괜찮은데 흔히 말하는 초저녁이라 고통이 심하다. 어떻게 해서 졸음을 참다가 9시경에 자리에 누우면 비교적 일찍 잠이든다. 그래서 자다가 한밤중이라 생각하고 잠이 깨면 12시 전후가 많다. 물 한 모금을 마시고 다시 소변을 보고 잠을 청해보지만 그것이 쉽게 되지 않는다. 뒤치닥거리다가 또 잠이 들어서 자다가 또 잠이 깨는데 그때는 새벽 2시 전후가 많다. 그러면 화장실 갔다와서 잠자리에서 뒤치닥 거리는데 이때는 잠이 거의 오지 않는다. 어떤 때는 그러다가 5시경에 일어나는 때가 많다. 아니면 잠이 든다 하지만 잠깐 고양이 잠이 들다가 일어난다. 그래서 나는 잠이 보약중의 보약이라고 말한다. 사실 일찍 일어나서 운동하러 나가면 몸이 찌부둥해서 운동을 해도 개운치가 않다. 그래도 운동을 하여야 그날 하루가 기분이 좋다.

잠을 잘 자기위해서 저녁에 가벼운 운동을 권하는 사람도 있다. 그리고 자기전에 따뜻한 우유 한잔을 마시라고 권하는 사람도 있다. 하여튼 사람들이 권유하고 좋다는 모든 방법을 다 나는 수용해서 해본다. 그러나 어느것 하나 나를 만족시키는 불면증 해결은 되지 않는다. 그래서 작심 3일이 된다. 그러나 이런한 것들이 하루아침에 안된다는 것을 알지만 당사자로서는 서두르는 경향이 있다. 또 이러한 것들이 나 혼자만으로서는 어려운 현실이다. 동반자인 옆의 안사람이 같이 호응하지 않으면 어렵다. 자기전 샤워를 한다든지 따뜻한 우유를 마신다는 것이 서로 협력해야지 그렇지 않으면 하루 이틀은 가능하지만 며칠이 지나면 흐지부지 되는 수가 많다.

이러한 것도 시도도 해보았지만 며칠이 못간 예가 많다.

불면증이 오는 경우의 또 하나는 걱정거리나, 스트레스에 의한 것이 많다. 이런저런 생각에 골몰하다보면 혼자서 분도 느끼고 괴로워서 더욱더 잠이 오지 않기도 한다. 그래서 모든 것을 멀리하려고 하지만 어디 그것이 내 뜻대로 되는 일이 아니다. 내가 나를 다스리지 못하는 상황이다 보니 불면증은 사라지지 않는다. 그래서 지금 생각하는 것은 불면증을 더 가까이 하면서 같이 생활하는 것이 최선의 방법이 아닌가 생각해본다. 불면증을 너무 생각하지 말고 잠이 안오면 일어나서 다른 일을 하는 것이다. 그리고 조금 일하다보면 스르르 잠이 오는 수도 있기 마련이다. 그래서 밤에 할 일거리를 만드는 것이다. 그런데 요즈음 내가 해야 할 일이 그리 만만치 않은 일들이다. 그런대로 한국의 균류 전 6권을 마무리는 하였고, 이제는 새로운 일을 하려는 것이 버섯의 미세구조 집필이다. 내가 의도한대로 촬영한 것은 아니고 그때그때 남의 도움을 받아서 이것저것 찍은 것들이다. 주로 외대버섯의 포자의 미세구조다. 어찌보면 단순한 것이다. 이것이 그럴만한 가치가 있는 저서가 될지 모르겠지만 한번 시도는 하려고 한다. 중요한 것은 아이디어다. 그래서 우선 포자의 종별 분류작업을 하여야 할 것 같다.

말불버섯과 민달팽이

무등산의 입석대, 서석대를 이번에 처음 가 보았다. 광주에 7년 살았고 무등산에 채집하러 거짓말 쬐금 보태서 수백번을 갔든 기억으로 생각된다. 입석대, 서석대에 올라서니 시내는 찜통더위라고 하는데 이곳은 서늘하다. 이곳은 관목림으로만 이루어진 임상을 이루고 있다. 내려와서 무등산 옛길에서 말불버섯을 만났다. 그런데 말불버섯을 민달팽이가 정신없이 먹고 있다. 말불버섯은 어린 것으로 거의 밑바닥까지 파먹었다. 그래서 기본체인 속은 하얗게 속살을 드러내있었다. 민달팽이가 주름살버섯류를 먹는 것은 많이 보았지만 말불버섯을 이렇게 많이 포식하는 것은 거의 본적이 없다. 또 말불버섯을 먹어서 자실체에 이렇게 구멍을 만들어 마치 보금자리처럼 만든 것을 거의 본적이 없다. 말불버섯을 먹이로부터 떼어 놓으려고 하여도 쉽사리 떨어지지 않는다. 보통은 자실체에 붙은 민달팽이를 건들기만 하여도 쉽게 땅으로 떨어지는데 이번은 조금 특이하다고 하여야 할까. 자실체를 보니 표면은 거의 밋밋할 정도로 되어있다 아마도 먼저 표면의 과립같은 것을 먹어 치운 것으로 생각되었다. 자실체로부터 떨어진 민달팽이를 다시 먹든 구멍으로 옮기니 별 의심없이 먹기 시작한다. 보통은 다시 먹이에 놓아도 민달팽이는 슬슬 이동한다. 이 친구는 무척이나 배가 고팠든 모양이다. 그도 그럴것이 그동안 가뭄으로 먹이감이 신통치 않았으리라 생각된다.

말불버섯은 모양이 말불알 같다고 해서 처음 붙인 것으로 생각된다. 말의 불알은 사실 원기둥모양이다. 어릴 때 말불버섯은 거의 공모양인 것이 많다. 아마도 말불알의 귀두를 해서 붙인 이름은 아닌지. 그러나 주름버섯과의 키다리 말징버섯같은 것들은 모양이 말불알을 연상될 정도로 닮았다. 말불버섯은 어릴적에는 흰색이지만 자라면서 색도 칙칙한 살색으로 되며 내부의 살도 흰색에서 갈색을 거쳐 거의 흑갈색으로 된다. 내부의 살이 흰색일 때 식용이 가능하며 성숙하면 내부의 살은 전부 포자로 변하고 중앙이 찢어져 포자를 비산시킨다.

버섯과 생활한지 50년

우여곡절 끝에 우선 백두산의 버섯도감을 출간하려고 결심하였다. 백두산 원고를 마무리하고 출판사를 물색하고 있었다. 그러나 어느 곳 하나 출판하려는 회사가 없었다. 참으로 난감하기가 이루 말할 수가 없었다. 그래서 월간 버섯사 사장한데 부탁해서 나의 사정을 이야기하고 잘 아는 출판사의 견적서를 부탁하였다. 그런데 월간버섯사장으로부터 받은 견적서가 두 군데였는데 너무 차이가 나서 어떻게 해야할지 난감하였다. 그러든 차에 학술정보회사가 홈페이지에 출판에 관한 상담을 한다는 난이 있어서 마지막으로 되면 되고, 안되면 말지하고 백두산의 버섯원고에 대하여 보내었다. 사실은 기대는 하지 않았다. 그런데 출판사에서 연락이 왔다. 출판사는 백두산이라는 것에 마음이 끌린것 같았다. 그래서 저희집에 와서 필름 등을 확인하러 왔다. 그 당시 김인건 이사가 실무자를 데리고 와서 내 서재의 필름을 확인하였다. 모르긴 몰라도 필름의 엄청난 것에 만족하였는지 모른다. 그래서 백두산 버섯도감에 대해서 계약을 하게 되었다. 나로서는 기사회생의 기회였다. 그래서 이미 원고와 필름은 준비된 것이므로 바로 계약대로 출판사에 원고와 필름을 인도하였다. 종수는 1,300종의 필름과 원고를 인도하였다. 그런데 난관에 부딪쳤다. 진행이 지지부진하였다. 그것은 김이사가 퇴사하는 바람에 모든 것이 일이 순탄치 않았다. 담당자가 거의 짜증부리고 여러 가지일로 일이 지지 부진하였다. 가만히 보니 자금 문제였다. 그런뜻의 이야기도 하였다. 그래서 나는 내가 일을 도울 수 있는 몸으로 때우겠다고 까지 이야기하였다. 그러니 일이 제대로 될 일이 없었다. 그래서 내가 출판사에 들려서 출판부장과 이야기하였지만 시원치 않았다. 하여튼 계약은 하였기 때문에 일은 진행하여야 한다. 담당자도 도감작업을 제대로 해보지 않은 탓인지 아니면 모든 것이 서툴기 짝이 없었다. 살살 달래서 일을 해나갔다. 그래서 도감이 출간 되었지만 조금 성의가 없는 도감이 되고 말았다. 그래도 이 도감이 세종우수도서에 추천되면서 출판사의 태도가 확 달라졌다. 추천도서가 되니 어느정도 출판비를 보상받아서 숨통이 터였다. 그랬더니 과장이란 분은 처음에는 그렇게 쌀쌀하든 사람이 180도 달라져 친절하게 대하는 것을 보면서 사실 돈의 위력을 실감하는 순간이었다. 이것을 계기로 한국의 균류에 대해서 의논하여 6권으로 계약을 하게 되었다. 그래서 다시 한국의 균류를 6권 출간하기로 계약을 맺었다. 나로서는 한숨 돌리는 순간이었다. 만약 자비로 하였다면 백두산의 버섯도감 수천만원이므로, 한국의 균류는 그것의 3배로 계산하면 전부 합산하여 2억에 가까운 출판비가 드는 것이다. 인세는 출판사 하자는 대로 계약하였다. 그때부터 나도 다시 활기를 찾아서 일하게 되었다. 이 기분, 이 마음 누가 이해할 수 있겠는가. 또 얼마 안 있어 중국으로 수출하게 될런지 모른다는 낭보도 있어서 더욱 고무되었다. 그래서 매년 한국의 균류 1권씩 차례차례로 출간하게 되었다. 학술원 추천도서로 선정되어서 출판사와 나 모두 큰 행운이었다. 또 한국의 굴지의 인터넷 회사와 한국의 균류 4권의 내용을 제공하는 계약을 체결하게 되었다. 이렇게 되어 출판사와 나역시 모두 큰 도움이 되었다. 이제 마무리로 6권째 출판이 끝나니 나로서는 천만다행으로 생각하고 감사한다.

버섯공부를 1970년대에 시작한 셈이니 50년이 흘렀다. 내가 특별히 좋아서 하고 싶어서 시작한 공부는 아니지만 나도 모르게 버섯공부를 시작하였다. 10만점의 표본과 10매의 사진이 모이다보니 욕심이 생긴 것이 도감을 출간하는데 까지 이르렀다.

평 등

사람이 살다보면 나도 다른 사람처럼 대접받으며 살고 싶다는 생각을 하게 되는 때가 있다. 이것은 인간이면 가지게 되는 아주 자연스러운 현상이다. 이런 특별한 대접을 받을 수 있는 방법에 인간들은 부, 명예, 권력 등에서 찾으려고 한다. 때로는 아무런 힘도 들이지 않고 남이 힘들여 쌓은 성과물을 똑같이 나누자고 하는 사람도 있다. 사람들이 어떤 일을 할 때 일하는 정도나 양은 같지 않다. 정도와 양에 따라 차등 대우를 받는 것이 진정한 평등일지 모른다.

그러나 평등이란 말은 이것과는 거리가 있는 것처럼 들린다. 사실 평등이란 단어는 초등학교 때부터 익히 배운 기억은 무엇이든 똑같아야 하는 것이었다. 그런데 이 평등의 의미가 나라마다 뉴앙스에 차이가 있는 것도 사실이다. 영국은 평등이 가장 완벽한 나라로 생각하지만 영국처럼 계급사회도 없을지도 모른다. 가령 주택가에 가보면 자기만의 길(Private way)이 있어서 도로에 크게 써 놓았다. 처음에 나는 그 길을 가는데 누가 제지하지 않을까 겁도 났다. 그러나 한 번도 제지를 받은 적은 없다. 레딩(Reading) 대학에 갔을때 총장길(Chancella way), 개인길(Private way), 일반학생 다니는 길이 따로 구분되어 있다. 또 주차장도 교수, 스태프, 방문객 등의 주차구역으로 나누어져 있어서 민주주의가 발달한 나라가 왜 이렇게 계급적으로 되어 있나 조금은 의아 했다. 학교구내 식당도 먹는 장소가 엄연히 자리가 구분되어 있다. 모든 것이 계급적적으로 구분되어 있다.

재미있는 것은 이런 것에 누구하나 불평하거나 불편해 하지 않는다는 것이다. 이런 것을 당연히 여긴다는 것이다. 다른 한편 생각하면 신분 상승하여 올라가고 싶으면 열심히 노력해서 올라가라는 것이다. 현재 이런 특권을 누리는 것은 그 사람의 노력의 산물로 생각하는 것 같았다. 상대방이 노력하여 고생할때 나는 편히 놀고 쉬어서 그런 결과가 나왔으니 당연하다고 생각한다. 그렇기 때문에 지위 높은 사람을 부러워하지도 않는 것이다.

스리랑카에는 세계 공동체 마을을 건설하는 곳이 있다. 이곳은 한 말로 말하면 모든 인류가 한마음 한뜻으로 다 똑같이 평등하게 살자는 의미를 가지고 있다. 정말 이런 세계 평화마을이 만들어 진다면 세계는 평등한 세상이 될 것이다. 그런 마음을 가진 사람들이 세계도처에서 이곳에 살기위하여 모여들고 있었다. 우선 이들은 재산, 권력, 이념에 구애받지 않고 자기 생각대로 사는 것이다.

스리랑카를 여행하면서 느꼈든 것은 이들의 종교에 대한 평등사상이 아닌가 생각되었다. 사원을 찾으면서 그들이 받칠 수 있는 유일한 것은 꽃을 사들고 사원에 들어가서 부처님께 받치는 것이다. 그러므로 부처님의 사리를 모신 곳에는 수많은 인파로 북적되고 있었다. 신발을 벗어서 보관 장소에 맞기고 뜨거운 돌바닥을 걸어서 법당에 들어서서 부처님께

기도를 드린다. 웬만한 석굴로 된 곳에는 부처님을 모신 곳은 소박하게 꾸며져 있다. 이들은 신발을 벗고 맨발로 부처님께 나아가는 것은 신분의 고하를 막론하고 다 똑같다는 것을 의미하는것 같았다. 나는 성당을 나가지만 주님이 마음에 와 닿는 것을 못 느끼면서도 누가 물으면 신자라고 말하는 것에 부끄러움을 느낀다. 평등에 대한 생각을 사람마다 다르겠지만 나는 자기 노력에 대한 댓가가 아닌가하는 생각을 한다. 무턱대고 다른 사람이 쌓아올린 것을 같이 공유하자는 것은 다시 재고해 보아야 한다.

버섯들은 생태계에서 평등한 먹이를 취하여 종족보존을 하고 있는 것은 아니다. 큰 테두리에서 유기물을 분해하여 그 부산물로 종족보존과 자기의 삶을 영위하지만 속을 들여다보면 엄청난 차이가 있다. 식물을 분해는 것, 동물을 분해하는 것, 또 우리가 생각지 못한 것을 분해하여 살아가는 것이 있다. 다른 생물도 생태계에서 불평등한 여건속에서 살아가고 있다. 어째서 인간만이 평등이란 말을 사용한다. 평등이란 사람들이 자기가 꿈꾼 것이 이루어지지 않을 때 이상향으로 하는 말이 아닐런지 모른다. 진정한 의미에서 평등이란 과연 있을까를 곰곰이 생각하여 본다.

맨 발

구정에 남인도를 여행하게 되었다. 처음의 계획은 인도북

부를 여행하려고 하였지만 일정이 남인도와 스리랑카를 가게 되었다. 거기는 열대성기후라 따뜻한 지역이다. 무엇보다 지금 한국은 추운 계절이지만 그곳은 따뜻한 곳이다. 인도는 불교가 생성된 나라지만 인구의 대부분이 힌두교를 믿는 국가다. 불교가 생겨나기 전부터 토속신앙으로 힌두교를 믿었기 때문일 것이다. 그래서인지 인도보다는 주변국에 불교 국가가 많다. 그 대표적 국가가 스리랑카다.

보통 가이드는 그곳 교민이 하는 수가 많은데 이번 여행에는 그 나라 현지민이 가이드를 하여서 처음에는 소통에 문제가 많고 불편하리라 생각하였다. 그러나 불편한 점도 있지만 좋은 점도 많았다. 무엇보다 쇼핑에 무관심이어서 얼마나 좋은지 몰랐다. 작년에 호주, 뉴질랜드에 갔을 때는 관광을 왔는지 쇼핑하러 왔는지 구분이 안될 정도로 현지교민 가이드가 상품소개를 너무 많이 하였다. 자기의 이민사의 고생담을 관광객들은 재미있게 경청한다. 가이드들은 이렇게 무료한 시간을 때우고 있었다. 그 때문에 우리도 몇 백만원 하는 메리노 양의 털로 만든 이불을 사가지고 왔다. 스리랑카의 콜롬보 공항에 도착하여 다시 환승하여 인도의 첸나이 공항에 도착하였다. 가이드는 공항 밖에서 우리를 기다리고 있었다. 테로로 여행객들은 공항 밖으로 나와야 마중나온 사람들을 만날 수가 있다. 남인도와 스리랑카는 열대성 기후지만 2월은 건기여서 비가 오지 않으므로 여행하기에 좋은 계절이다.

힌두사원을 들어 갈때는 신발을 벗고 들어가는 사원이 있다. 어마 어마하게 큰 사원을 들어가는데 신발을 벗어야했다. 신발을 신지 않고 거리를 활보하는 사람도 있다. 그렇지 않아도 거의 흑인에 가까운 사람들인데 신발까지 신지 않으니 발을 보면 거의 시커멓게 되어 있다. 신을 벗고 경내를 걷고 기도를 드린다. 나는 신발을 벗고 걸으며 기도하는 인도 사람처럼 기도도하였다. 무엇을 빌어야할까?

신 앞에서는 평등하고 모두가 경건한 마음을 갖지만 이곳에서의 평등은 나에게 또 다른 의미로 다가왔다. 기도하러 온 사람들의 모습은 그들이 못사는 나라지만 얼굴이나 행동은 정말 평화스럽고 행복을 느끼는 것 같다. 그들이 모시는 신들은 다양하다. 가이드의 말로는 인도에서 섬기는 신들이 3억 3천개 이상이라고 한다. 다시 말하면 각 개인, 가족이 섬기는 신들이니 많을 수 밖에 없다. 사원에 모셔진 소(牛)의 제단 등은 불결하기가 짝이 없다. 물을 뿌리고, 향을 피우고, 꽃을 갖다놓고 청소를 거의 하지 않는것 같았다. 그러나 모두가 그 앞에서 기도하는 모습은 신 그 자체와 하나가 되는 마음인 것 같았다. 결국 맨발로 걸으면서 신들도 맨몸인 것처럼 우리 인간도 맨몸으로 당신에게 다가가는 나를 받아주기를 바라는 것 같았다. 수많은 신들이 몸에 걸친 것은 없다. 신을 벗고 맨발이 되는 것은 신들과 하나가 되는 것이다. 따지고 보면 인간도 옷을 벗고 나면 그들과 똑 같은 모습의 되는 것 아닌가. 경내에 들어온 모든 사람들은 경내와 신이 모셔진 곳의 딱딱

한 돌 위를 걸으면서 모두가 하나가 되는 것이다. 이곳에서는 사회적 지위, 빈부는 문제가 안된다. 신에게 바치는 예물이 마음이기 때문이다. 인도 사람들은 우리처럼 돈 많이 벌고, 출세하는 등의 개인적인 것보다는 내세의 행복을 기원하는 경우가 많다고 한다. 평등은 이런 것이 아닐까.

나는 가이드에게 버섯을 신으로 모시는가 물으니 없다는 표정이다. 그래서 이번에 꼭 버섯의 신을 하나 만들어 섬겨보라고 하였다. 그렇게 하겠다고 대답은 하였지만 실천 할지는 의문이다. 이번 여행에서 평등의 참다운 의미를 다시 생각하는 기회가 되었다

사마귀

발바닥에 뭔가 돋아나서 사람들에게 물으니 티눈이라 한다. 그래서 건강 종합검진때 의사도 티눈이라 하면서 간단히 제거수술을 받았다. 그런데 이것이 없어지지 않고 또 아프기까지 하며 특히 바닥에 닿으면 더 아프고 따금 거려서 보행에 불편하였다. 그래서 동네 의사한데 보여주니 사마귀라고 하면서 피부과나 정형외과로 가라고 한다.

서연이 엄마가 이화여자대학교 목동 병원에 예약을 잡아 주었다. 병원에 가니 의사는 사마귀라고 하면서 주사 2대를 놓았다. 사실 나는 지금까지 맞아본 주사중에서 이렇게 아픈 주사는 없었다. 나도 모르게 염치불구하고 아프다고 소리 쳤

다. 다 맞고 나서 소염진통제 연고와 무좀약을 타가지고 집에 왔다. 소염진통제는 주사바늘자리에 바르고 무좀약은 발바닥에 바르곤 하였다. 사마귀는 무좀이 많은 사람한데 많이 난다고 한다. 사실 나는 고등학교 때 왼쪽 발의 무좀 때문에 무척이나 고생하였다. 사마귀도 같은 왼발에서 나는 것이다. 엄지발가락과 발바닥 사이의 관절에서 조그맣게 돋아나는 것이 있는데 사마귀라고 의사 선생님이 말한다. 치료 후 한 달후에 다시 예약날짜를 정하고 집에 왔다. 그런데 1주일은 물에 접촉하지 말라고 해서 목욕도 제대로 못하였다. 한달 후에 다시 병원을 갔다, 주사 맞은 자리의 검은 딱정을 면도날로 잘라서 보고는 냉동 치료를 받았다. 지난번의 주사때 보다는 덜아파서 견딜만 하였다.

그런데 별로 차도가 없어서 이번에는 아내와 함께 갔다. 또 발에 항암주사를 맞게 되었다. 사마귀는 암세포에 의한 것이어서 암세포를 죽이기 위행서는 항암주사를 맞는 것인데 물론 이 항암주사는 다른 항암 주사와는 다르다. 여하튼 이번에 주사는 그동안 너무 아파기 때문에 아내가 내발을 꽉 누르라고 했다. 그러나 얼마나 아픈지 소리가 저절로 나왔다. 이 주사는 너무 아파서 흔히들 아프다고 소리를 지른다고 한다. 정말이지 죽을 만큼 아프다. 진료실에는 언제나 꾀 많은 환자들이 있는데 상당수가 사마귀환자로 대부분 젊은 층이 많았다. 그래도 낫지 않아서 다시 병원가서 젊은 의사는 다시 주사를 맞아야 한다고 이번에도 항암주사를 맞게 되었다. 며칠이 지나니 이번에는 주사맞은 부위가 새까맣게 되고 며칠이 있으니 검은 딱정이 생기고 이 딱정이 살갗으로부터 떨어지려고 한다. 그래서 손으로 일부 떼어내고 하다 보니 거의 다 떨어지고 약간 남은 상태다. 무엇보다 보행에 별 지장이 없고 아프지 않아서 병원을 안가고 있다. 이제 한 번 더 가서 살갗에 약간 붙은 딱정을 떼어내려고 한다. 코로나19 때문에 가기가 더 무섭다. 사마귀는 암이다 소위 양성 암이다. 그런데 사람들은 보통 1~2개의 사마귀를 가지고 있다. 다만 그것이 암세포에 의한 것이라는 것을 모르고 있을 뿐이다. 어떻게 보면 사람들은 암은 물론 다른 바이러스, 세균과 함께 살아가는 것이라고 보아야 할 것 같다.

2021년의 단상

작년까지는 발바닥의 사마귀로 너무너무 고생을 하였는데 금년은 나에게는 너무나 많은 시련과 아픔, 그리고 외로움을 겪었든 한해다.

이 모든 것이 나의 오만함과 안이함의 일이라 누굴 탓하지도 못하고 원망도 못하는 그런 해였다. 우선 그중의 하나가 건강검진이었다. 코로나19 확산으로 인하여 백신 접종 등을 하다 보니 차일피일 늦추다보니 11월에 들어서야 건강검진을 받았다. 여느 때와 마찬가지로 별 문제가 없으라 생각하였다. 그런데 검진 결과는 충격적이었다. 나의 대장내시경에 용종이 폴립형이어서 입원시술을 해야 한다고 한다. 아내는 위에 선종이 있어서 역시 입원시술이 필요하게 되었다. 그래서 서연엄마가 근무하는 이대목동 병원으로 옮기기로 하였다. 그것은 직원가족에게는 많은 수술비가 감액되기 때문이다. 목동병원에서 시술날짜는 11월 30일로 정하여지고 아내는 그보다 더 늦게 날자가 잡혀 졌다. 나는 코로나 검사 음성, 양성인가를 검사하고 시술 하루 전에 입원하였다. 다음날 그 먹기 역겨운 약물을 먹고 30일 오후에 시술에 들어가서 거의 3시간 이상 걸렸다. 나의 용종이 다른 사람보다 까다로운 시술이었다고 한다. 또 용종 밑에 암세포가 있어서 그것도 제거하는 등 상당히 어려운 시술이었다고 한다. 시술 상태를 보기위하여 금식과 물을 못 마시고 5일을 보냈다. 그런데 퇴원 하루전 간호사가 코로나 양성이 나와서 한밤에 다시 코로나 검사를 받았는데 다행히 음성으로 판정되었다. 그래서 시술후에 X-ray 검사가 이루지고 하여 차질이 많았다. 사실은 5일째 CT 촬영 등을 다 끝마칠 예정이었으나 간호사의 양성으로 씨티 촬영이 연기되어 며칠 쉬다가 다시 CT 촬영을 하기로 하는 등 나에게 너무 심리적 타격이 컸다. 다행이도 CT상에 문제는 없었다. 확인하기 위하여 3개월 후인 4월초에 다시 대장내시경을 받았고 검사결과는 아주 깨끗하게 나왔다. 그런데 일년 후에 CT검사를 예약하였다. 이제 일년에 한번 내시경을 검사하고 그래도 5년 이상이 없으면 완치로 보는 것 같았다.

치과는 2년 전부터 치료를 받아오다 코로나로 중단하고 있다가 다시 진료를 시작하였고, 나도 모르는 사이에 오줌이 새어서 비뇨기과에 진찰을 받았다. 아내의 선종 제거시술시 병원에서 밤샘을 하였다. 이런 것이 겹치니 심리적 불안감이 배가 되었다. 그러나 서연아빠가 직장을 옮기게 되어 한달간의 휴가가 있어서 나를 태우고 병원을 가느라 고생이 많았다.

사람에게 충성하지 않는다

대통령으로 새로 선출 된 윤석열의 유명한 어귀는 "나는 사람에게 충성하지 않는다"는 것이다. 이 말을 들으면서 20여 년전의 내가 대학에 있을 때 우리대학의 일어일문과에 "다누마"라는 일본인 여교수가 있었다. 내가 일본어를 좀 배우려고 다누마교수의 방에 들리곤 하였다. 내가 가끔 총장이나 이사장에 충성하지 않는 다고 하니 다누마교수는 상당히 긍정적이었다. 대학이라는데도 보면 학생을 열심히 가르치기보다는 총장이나 이사장에 잘 보여서 보직을 하려고 하는 것을 보면서 다누마교수는 나의 생각에 상당히 공감하는 눈치였다. 그래서 그런지 나는 언제나 왕따신세였다. 사람에게 충성한다는 것은 대가를 바란다는 것이다. 그대가가 고작 보직자리를 바라거나 유지한다는 것이다. 문제는 대학같으면 총장이나 이사장이 그걸 좋아하기 때문이다. 그러니 충성하는 사람들이 얼마나 자기연구에 열심히 하겠냐는 것이다. 사실 위의 이야기는 말은 쉽지만 실천하기란 어렵다. 몇 년전에 보직에 대해서 보직교수와 이야기한 적이 있다. 솔직히 우리학교처럼 보수가 열악하다고 생각하는 교수는 보직을 해면 보직수당과 시간외수당이 있어서 생활에 도움이 된다고 솔직히 이야기하는 것을 들은 적이 있다. 또 사실 연구도 제대로 하지 않는 교수에게는 이것도 큰 도움이 된다. 이사장이나 총장에게 충성하지 않는 교수들은 그 흔한 보직도 못하는 수가 많다. 그런데 어떤 교수는 보직을 이것 저것 다 거치는 것도 허다하다. 자기 소신대로 산다는 것이 어찌보면 신탁받은 사람만이 할 수 있는 일이 아닌지 모른다.

정직이 경쟁력이다

나는 학생들에게 열심히 공부하여 취직할 것을 이야기하지만 무슨 뾰족한 방법을 제시하지 못하는 내가 한심스러운 적이 한 두번이 아니다. 생물학과가 인기있는 과도 아니고 순수 학문이다 보니 참으로 난감하기가 이루 말할 수가 없었다. 그렇지만 나는 자기만의 “무기”를 만들라고 강조하였다. 무기라고 말하니 전쟁에서 사용하는 무기가 아니라 사회에 나가서 자기만이 쓸 수 있는 전문적, 기술을 연마라는 의미다. 얼마나 많은 학생들이 받아들이지는 모른다. 또 얼마나 내말을 귀담아 듣는지 모른다. 예를 들어서 나는 균류중에서 버섯의 분류와 생태를 전공하였지만 이것은 다분히 이론에 치우친 부분이 많다.

그래서 나는 버섯표본을 확보하고 나아가서 사진을 많이 찍어서 생태적 사진을 많이 확보하려고 노력하였다. 방대한 균류표본과 사진이 나만이 가질 수 있는 무기가 되리라고는 상상도 못하였다. 그 당시는 누구하나 거들 떠 보지 않는 때였다. 그러나 지금은 사정이 많이 달라졌다.

그래서 이 분야에서 은퇴를 하고 나면 할 일이 없지만 나는 나름대로 일거리가 생겨서 가끔 여러 곳에서 일거리를 맡겨오기도 한다. 그래서 지금도 나는 앞으로 할 일을 꿈꾸면서 살아간다.

조덕현

- 버섯칼럼니스트
- 한국에코과학클럽
- 자연환경보전협회
- E-mail. chodh4512@hanmail.net
- 그로우마스터 클래스: www.grow.co.kr

• 약력

전주고등학교
경희대학교(학사)
고려대학교(석사, 박사)
영국레딩(Reading)대학 식물학과
일본가고시마(鹿児島)대학 농학부
일본오이타(大分)버섯연구센터에서 연구

• 경력

우석대학교 교수
광주보건대학 교수
경희대학교 객원교수
한국자연환경보전협회 회장
한국자원식물학 회장
과학기술 앰배서더
새로마지 친선대사(인구보건복지협회)
세계 버섯축제 조직위원장
전라북도 농업기술원 겸직연구관
숲해설가 강사(광주, 대전, 충북)

• 수상

황조근조훈장(대한민국)
자랑스러운 전북대상(전라북도)
사이버 명예의 전당(전라북도)
전북대상(학술언론부문, 전북일보)
교육부장관상(교육부)
제8회 과학기술우수논문상(과총)
자연 환경보전협회 공로패(자연환경보전협회)

• 버섯DB구축

한국의 버섯 http://mushroom.ndsl.kr
가상 버섯박물관 http://biodiversity.re.kr
한국의 균류 http://www.epops.kr

• 방송

마이산 1억년의 비밀(KBS 전주방송총국)
과학의 미래(YTN 신년특집)
갑사(MBC)
숲속의 잔치(버섯, KBS)
싱싱농수산(KBS)
한국의 균류(HCN 서초방송 : 4회)

• 저서(버섯부문)

균학개론(공역)
한국의 버섯
암에 도전하는 동충하초
버섯(중앙일보우수도서)
원색한국버섯도감
푸른 아이 버섯
제주도 버섯
자연을 보는 눈 "버섯"
나는 버섯을 겪는다
조덕현의 재미있는 독버섯이야기
(과학창의재단)
집요한 과학씨, 모든 버섯의 정체를 밝히다
한국의 식용, 독버섯도감(학술원추천도서)
옹기종기 가지각색 버섯
한국의 버섯도감(공저)
버섯수첩
백두산의 버섯 도감(1권, 2권, 전2권)
(세종우수학술도서)
한국의 균류 1-6권(전 6권) : 담자균류, 자낭균류, 변형균류 (학술원추천도서)
버섯과 함께한 40년
버섯, 백두산의 원시림에서 나오다
외 전문서적 10권, 논문 200여편

버섯의 산책

인 쇄 2023년 1월 2일
발 행 2023년 1월 6일

지 은 이 조덕현
펴 낸 곳 한림원(주)
펴 낸 이 조민재
주 소 서울시 중구 퇴계로 51길 20 1302호(오장동, 넥서스타워)
전 화 02-2273-4201
편집·인쇄 한림원(주) http://www.hanrimwon.com

ISBN 978-89-93512-84-7 (93480)

* 이 책의 무단 전재 또는 복제를 금합니다.